现代西班牙语系列

现代西班牙语
ESPAÑOL MODERNO

学生用书 **4**

董燕生 刘 建 ◎ 编

自学辅导

外语教学与研究出版社
北京

图书在版编目（CIP）数据

现代西班牙语学生用书 4 自学辅导 ／ 董燕生，刘建编. —— 北京 ：外语教学与研究出版社，2023.3
（现代西班牙语系列）
ISBN 978-7-5213-4358-8

Ⅰ. ①现… Ⅱ. ①董… ②刘… Ⅲ. ①西班牙语－高等学校－自学参考资料 Ⅳ. ①H349.39

中国国家版本馆 CIP 数据核字 (2023) 第 049034 号

出 版 人　王　芳
责任编辑　李欣欣
责任校对　美　仑
封面设计　彩奇风
出版发行　外语教学与研究出版社
社　　址　北京市西三环北路 19 号（100089）
网　　址　https://www.fltrp.com
印　　刷　三河市紫恒印装有限公司
开　　本　787×1092　1/16
印　　张　17
版　　次　2023 年 3 月第 1 版 2023 年 3 月第 1 次印刷
书　　号　ISBN 978-7-5213-4358-8
定　　价　60.00 元

如有图书采购需求，图书内容或印刷装订等问题，侵权、盗版书籍等线索，请拨打以下电话或关注官方服务号：
客服电话：400 898 7008
官方服务号：微信搜索并关注公众号"外研社官方服务号"
外研社购书网址：https://fltrp.tmall.com

物料号：343580001

出版说明

外研社全力打造的"现代西班牙语系列教材"之《现代西班牙语 学生用书》为高等院校西班牙语专业精读课程编写。学生用书已出版1—4册。

《现代西班牙语 学生用书》具有下列特点：

- 经典与交际融合：在全新编排的语法讲解基础上贯彻交际法原则，使语言学习更加精准且实用。
- "现代"特点突出：提供大量日常交流中的词汇、例句、高频话题，让精读学习与时俱进。
- 练习丰富多彩：为强化听说读写各方面能力，设置丰富且形式多样的练习，给学习者及教师提供自主使用及发挥的空间，充分调动练习语言的主动性。
- 社会文化点击：配有大量特点鲜明的彩图并特设"社会文化常识"板块，为学习者了解西班牙语国家及地区的社会文化提供课外阅读思路。
- 语言纯正地道：内容由西语外籍专家审订，并对课文、语音、词汇及部分练习进行录音，使学习者领略纯正西班牙及拉美口音的特点。

为方便广大学习者自学及检验学习成果，特推出《现代西班牙语 学生用书4自学辅导》，内容包括两部分，第一部分是课文参考译文，第二部分是练习参考答案及听力材料。希望本书能为您的西班牙语学习提供帮助。

本书编写过程中，北京外国语大学的胡婧翻译了学生用书的课文，在此表示感谢。

综合语种教育出版分社西班牙语部

2023 年 3 月

目录

12. Afortunadamente, en los últimos años, muchas de las profesiones de cara al público están cubiertas por inmigrantes latinoamericanos, muchos de los cuales saben mantener con tenacidad sus buenos modales, pidiendo cosas con "por favor", dando las gracias cuando alguien les ayuda, y muchos otros hábitos que corren el riesgo de desaparecer en España.

13. En realidad, la autora está criticando a algunos de sus compatriotas, que para ella, son unos asnos, o sea, brutos sin educación.

14. Es la fusión de *celta* e *ibero*, nombres de dos grupos de pueblos que poblaron la península Ibérica antes de su romanización.

15. Eso nos recuerda lo que dijeron los conquistadores españoles que llegaron al Nuevo Continente con la cruz y la espada: "Hemos venido a civilizar a estos bárbaros, refiriéndose a los aborígenes." Pero ahora resulta que son algunos de sus descendientes los que necesitan ser civilizados por la gente que algún día fue esclavizada por ellos.

16. Por lo visto, lo que pasa en España en el asunto de la educación cívica no es un caso aislado ni extraño. Aquí, en China, no nos quedamos atrás: los vientos de modernidad que parece soplar en nuestro país parecen dejar entre los jóvenes un aire de individualismo que se manifiesta en el olvido de muchas cosas, como la solidaridad, la gratitud, los buenos modales. Como en el caso de España, es, seguramente, una anomalía social, superable con la acción educativa y el buen ejemplo.

IV. Aclare, por escrito, a qué se refieren los términos en cursiva; y en caso de que sean verbos, diga cuál es el sujeto. Todas las oraciones son del texto.

1. *su*: de la amiga de la autora

   ella: la misma amiga

   su: de la amiga

2. *una*: la misma cajera

3. *cobraba*: la cajera

   le: a mi amiga

   contó: la cajera

   llevaba: la cajera

4. *llegó*: la cajera

   se habían saltado: las lágrimas

   le: a la cajera

   pedían: los clientes

   daban: los clientes

   contestaban: los clientes

   sus: de la cajera

5. *pensaba*: yo

   estaban: los clientes

   eran: los clientes

   así: era su manera de ser

6. *es sabido*: que el español tiene modales de bárbaro

7. *ella*: la grosería

8. *así*: que consideramos nuestra grosería un rasgo idiosincrásico y hasta nos enorgullecemos de ella

   se gastan: otros pueblos

9. *al*: un país de pelo en pecho

   le: un país de pelo en pecho

10. *Resulta sorprendente*: que nos hayamos convertido en un pueblo tan áspero y tan zafio

    se enseñaba: *impersonal*

11. *fueron construyendo*: las sociedades

    parecen: esos usos corteses, esas convenciones amables

    barridos: esos usos corteses, esas convenciones amables

12. *se llegó*: *oración impersonal*

    de derechas: una práctica vetusta solo propia, en cierta medida, de gente de derecha

13. *como hago*: defender los buenos modales

    puede: parecerles a muchos una reivindicación casposa y obsoleta

    les: a muchos

14. *esta educación*: acción y efecto de educar

    la mala educación: los malos modales

    quienes: los chicos más jóvenes

    aprenden: los chicos más jóvenes

15. *es bastante raro*: que un muchacho o una muchacha levanten sus posaderas del asiento para ofrecerle el sitio a la ancianita más renqueante y temblorosa que imaginarse pueda

le: a la ancianita más renqueante y temblorosa que imaginarse pueda

el sitio: el asiento

imaginarse pueda: impersonal

empieza a ser bastante común: ver a una madre por la calle cargada hasta las cejas de paquetes y flanqueada por el gamberro de su hijo adolescente, un grandullón de pantalones caídos que va tocándose las narices con las manos vacías y tan campante

cargada: una madre

flanqueada: una madre

el gamberro de su hijo adolescente: su hijo

campante: su hijo

16. *acompañadas*: algunas de estas madres

    lo que: algunas de estas madres llenas de impedimenta y acompañadas de hijos caraduras son inmigrantes

    demuestra: lo que

    se hacen: las nuevas generaciones crecidas en España

17. *lo contrario*: mejoramiento de los modales en la gente

18. *se realizan*: muchos de los trabajos

    han sido cubiertos: muchos de los trabajos

19. *Dulces, amables y educados*: esas mujeres y esos hombres

20. *Algunos*: aquellos que vinieron hace años, como la cajera que se encontró mi amiga

    hayan relajado: aquellos que vinieron hace años, como la cajera que se encontró mi amiga

    su: de aquellos que vinieron hace años

    contaminados: aquellos que vinieron hace años, como la cajera que se encontró mi amiga

21. *están*: la mayoría de los emigrantes latinoamericanos

    al personal celtíbero: a los españoles

22. *se han dado cuenta*: ustedes, los lectores

23. *sus*: de los supermercados

    educación cívica: la cortesía, los buenos modales

24. *los inmigrantes*: los latinoamericanos que viven en España

V. **Entre las interpretaciones presentadas debajo de cada oración, marque con una V la acepción más adecuada a la parte en cursiva. Todas las oraciones son del texto.**

  1. C   2. B   3. A, C   4. A   5. C   6. B, A

7. C　　　8. B, A　　9. C　　　　10. A　　　11. A　　　12. C

13. B, C　　14. B, A　　15. A　　　16. C　　　17. B　　　18. A

VI. Traduzca al chino las siguientes expresiones extraídas del texto.[1]

1. 1) 收款员，看样子是来自安第斯国家的女孩，吃惊地抬起头来。

   2) 收款员，一副安第斯国家女孩模样，吃惊地抬起头来。（这一句虽然形式上较为贴近原文，但少了猜测的语气。）

2. （待在这里）最终人会变得没有了规矩。（这句话虽然简单，但译成汉语时，却很难保留原文的表达方式。首先，汉语里当然也有用第三人称代替第一人称、具有多种不同色彩的说法，比如：**人家不是说了吗，不想去**。这种腔调大多出自女性之口，倒是与文中的女收款员相配，但是听起来很有些娇嗔的语气，用在此语境中显然不伦不类。其次，原文中的termina perdiendo是一个动词短语，用来表示过程的结果。在这句话里的意思是：到头来，我终于还是忘了规矩。可是中国人很少这样说话。）

3. 她不止一次掉眼泪。

4. 更糟糕的是：我们（居然）认为自己的粗鲁无礼是个性特征。

5. 我们是不好打交道（我们是有些态度生硬），但却表里如一。（ásperos用来形容人的性格和行为举止时，是指其待人态度生硬，难以交往。）

6. 这样其实更好，何必像外国人那样假模假样、故作优雅地装腔作势呢。

   （请注意，译文没有套用原文的比较级，听起来是不是更加通顺流畅？）

7. 遗憾的是，在很多事情上，咱们依然是一群粗鄙鲁莽的人，很喜欢自诩为硬汉。

8. 彬彬有礼的规矩，和蔼可亲的习俗……

9. 经济发展的大潮和所谓与时俱进的习俗（huracán是一种热带气旋，通常译为飓风，此处译文采用了汉语这类文中很常见的搭配**经济发展的大潮**。）

10. 不约而同的结论（tácito本意是：不公开道出的。）

11. 一种社会规则，教导我们如何相互尊重、相互帮助（考虑到汉语的搭配习惯，只好舍弃原文的比喻：**一种社会语法，教给我们如何使用相互尊重、相互帮助的语**

---

1 本套教材的编者不主张过早地引入翻译练习，尤其是西译汉练习。相反的意见认为，将外语译成汉语有助于理解原文，此见谬矣，实际情况恰恰相反。理解固然是翻译的前提，但并不一定得出既忠实又通顺的译文，因为两者是同一过程的不同阶段，不能混为一谈。由于西班牙语和汉语两种语言的表达方式差异悬殊，而且越是地道的原文越不容易翻译。为了汉语表达的顺畅，往往需要进行某些变通处理，从而不可避免地掩盖，甚至扭曲了原文的特征、色彩和韵味。这一点，任何一个懂行的翻译工作者都深有体会。下面的练习在很大程度上就是为了揭示这个行业的苦衷的。注意：提供多个译文时，编者较为认可的排在最前面。

言。这种直译显然十分生硬。）

12. 在这种教人没有教养的氛围中（注意：不得已只好添加"**氛围中**"三个字。）

13. （身边就是）她那个半大不小的儿子，人高马大，裤腰低垂，空着两手，一副置若罔闻、满不在乎的德性（请注意词语的不同排列。知道为什么吗？）

14. 那些面对公众的（或者：窗口）行业的雇员大都是拉丁美洲移民（原文的意思是：**都被拉美籍人士占据**。你觉得汉语这样说行吗？）

15. 正在帮助消除伊比利亚野人（西班牙人）的倔驴（粗鲁）劲头（当然，无论原文和译文都显得有些过分。这在修辞学中称为**夸张**，其目的在于加深印象、引起注意。）

16. 依我看，最近一年，情况似乎有所好转。（请注意diría的时态，这个简单条件式表达的是一种委婉语气，意思是：**我可以不揣冒昧地断言**。）

17. 礼貌教育速成班

VII. **Busque en el texto todos los sinónimos de** *buenos modales* **y** *malos modales*.

buenos modales: amable (amabilidad), atento (atención), cívico (civismo), civilidad, cortesía, (buena) educación, (bien) educado, gentil (gentileza), respeto (respetuoso)

malos modales: áspero (aspereza), descortés (descortesía), grosero (grosería), incivil (incivilidad), irrespeto (irrespetuoso), maleducado (mala educación), malos modales, rudo (rudeza), zafio (zafiedad)

VIII. **Frente a cada una de las palabras que aparecen al pie, ponga otras de la misma familia. Haga lo mismo con las que están en cursiva, pero diga el significado de cada una de ellas. En caso de dudas, consulte el diccionario.**

acelerar: aceleración, acelerado, acelerador, aceleramiento

acento: acentuación, acentuadamente, acentuado, acentual, acentuar

adolescente: adolescencia

amable: amabilidad, amablemente

andar: andador, andadura, andante, andanza

año: añoso

aparecer: aparente, aparentemente, aparición, apariencia, desaparecer

áspero: aspereza

auténtico: auténticamente, autenticidad, autentificar

bárbaro: barbaridad, barbarie, barbarismo

caja:	cajero, cajista, cajón
capaz:	**capacidad**: ① propiedad que le permite a una cosa contener, dentro de sí, cierta cantidad de otra; ② disposición, aptitud para hacer o desarrollar algo.
	capacitación: acción y resultado de *capacitar*
	capacitar: hacer que una persona sea apta para algo
cesta:	cestería, cestero, cesto
civil:	**cívico**: ① propio del buen ciudadano o de la educación de los ciudadanos; ② relativo al conjunto de ciudadanos.
	civilidad: sociabilidad, urbanidad, educación
	civilización: conjunto de ideas, costumbres y organización propias de un determinado grupo humano
	civilizar: convertir a una persona inculta e insociable en culta y sociable
	civilmente: de forma civil
	civismo: comportamiento correcto y educado
considerar:	consideración, considerado
construir:	construcción, constructivo, constructor
contaminar:	contaminación, contaminante
cortés:	cortesía, cortésmente
costumbre:	acostumbrar, acostumbrado, costumbrismo, costumbrista
cubrir:	cobertizo, cobertura, cubierta, cubierto, descubrir
cultura:	culto, cultural, culturizar, culturización
cursis:	cursilada, cursilería
defender:	defensa, defensiva, defensivo, defensor
económico:	economía, economista, economizar
educar:	educación, educacional, educado, educativo
eficiente:	eficiencia, eficientemente
inmigrante:	inmigración, inmigrar, emigratorio
empleo:	empleado, emplear
fácil:	facilidad, facilitar, fácilmente
favor:	**favorable**: que favorece o beneficia
	favorecer: actuar en apoyo o en beneficio de algo o de alguien
	favoritismo: comportamiento de la persona que muestra preferencia por otra y le hace favores en perjuicio de las demás
	favorito: persona que recibe favores especiales de otra

gente:	**gentío**: aglomeración de gente
	gentuza: gente despreciable
grande:	agrandar, engrandecer, grandeza, grandioso, grandote, grandulón
grosero:	grosería
hipócrita:	hipocresía
hora:	horario
imaginar:	imaginación, imaginario, imaginativo
insistir:	insistencia, insistente, insistentemente
joven:	jovencito, juvenil, juventud, jovenzuelo
lágrima:	**lagrimal**: dicho de un órgano, de secreción o excreción de las lágrimas
	lagrimear: segregar lágrimas
	lacrimoso: que tiene lágrimas
mejor:	mejora, mejoramiento, mejoría, mejorar
moderno:	modernidad, modernismo, modernista, modernizar
natural:	**naturaleza**: Todo lo que existe en el universo en lo que no ha intervenido la mano del hombre.
	naturalidad: espontaneidad, normalidad, comportamiento sin afectación ni fingimiento
	naturalismo: corriente literaria de carácter determinista surgida en Francia a finales del siglo XIX (Representa la realidad con toda crudeza.)
	naturalmente: como es natural, claro
orgullo:	enorgullecerse, orgulloso
pedir:	**pedido**: conjunto de productos que se encargan a un fabricante o a un vendedor
	petición: acción y efecto de pedir
perder:	pérdida, imperdible
práctica:	practicar, prácticamente, practicable, practicante
público:	publicación, públicamente, publicar, publicidad
puro:	puramente, pureza
referir:	referencia, referente
respeto:	**respetable**: que merece respeto
	respetar: tener respeto o consideración a una persona o a algo
	respetuoso: que trata con respeto y cortesía
rudo:	rudeza
simple:	simplemente, simpleza, simplicidad, simplificación, simplificar

situación:	situado, situar
social:	**socialismo**: doctrina que propone la organización de una sociedad igualitaria sobre la base de la propiedad social de los medios de producción
	socialista: relativo al socialismo, partidario de él
	socializar: transferir al estado bienes privados a fin de que estos beneficien al conjunto de la sociedad
	sociedad: conjunto de personas organizadas en una comunidad según ciertas normas
	sociología: ciencia que estudia la sociedad humana
sorpresa:	sorprendente, sorprender, sorpresivo
suave:	suavidad, suavizante, suavizar
temblor:	temblar, tembloroso
temer:	**temerario**: que actúa con imprudencia y se arriesga sin reflexionar ni tener en cuenta los peligros
	temeridad: acción o dicho temerario
	temeroso: que siente temor
	temible: que provoca temor
	temor: sentimiento de inquietud, angustia o incertidumbre que se siente ante algo que se considera perjudicial o peligroso
tenaz:	tenacidad, tenazmente
trabajo:	**trabajador**: persona que trabaja
	trabajar: realizar una actividad que exige esfuerzo físico o intelectual durante un tiempo más o menos largo
	trabajoso: que cuesta o implica mucho trabajo
vacío:	vaciado, vaciar, vaciedad

IX. **Diga las acepciones de los siguientes vocablos polisémicos e indique cuál de ellas se ha empleado en el texto. En caso de dudas, consulte el diccionario, preferentemente el español-español.**

áspero:　① de superficie rugosa, no agradable al tacto;

② brusco, de trato nada amable;

③ sonido desagradable por estridente;

④ terreno accidentado, difícil de transitar;

⑤ (tiempo) que es desapacible y poco agradable.

convertir: ① cambiar una cosa en otra distinta;

② hacer que una persona adquiera una creencia, generalmente religiosa.

cubrir: ① poner una cosa encima de otra para protegerla u ocultarla;

② ocupar un puesto de trabajo;

③ seguir un periodista el desarrollo de un suceso e informar sobre él.

educación: ① acción formativa dirigida a la adquisición de conocimientos o al desarrollo intelectual, social o moral de las personas;

② comportamiento adecuado a las normas de trato social.

gentil: ① que se comporta con amabilidad y cortesía;

② que es apuesto y bien parecido;

③ que profesa una religión no cristiana.

práctica: ① realización continuada de una actividad o acción;

② experiencia o habilidad que se obtiene en la realización de una actividad;

③ ejercicio o prueba que, durante cierto tiempo y bajo la dirección de una persona, se realiza para adquirir habilidad en un trabajo o profesión;

④ uso continuado de algo, como costumbre o estilo.

sostener: ① mantener una cosa sujeta o firme;

② mantener o defender una proposición o una opinión;

③ realizar una actividad de forma continuada.

suave: ① algo liso y agradable al tacto;

② (clima, tiempo) agradable;

③ color, carácter, movimiento no fuerte ni violento;

④ que no exige esfuerzo o no ofrece resistencia.

suceder: ① ocurrir, producirse;

② ir o producirse una cosa a continuación de otra;

③ ocupar una persona el cargo o posición dejado por otra.

X. **Traduzca al español las siguientes expresiones propias del lenguaje coloquial.**

1. el gamberro de su nieto

2. el bárbaro de tu primo

3. la tonta de mi sobrina

4. la cursi de su mujer

5. el grosero de su marido

6. el hipócrita de tu amigo

7. el muy sabio de vuestro profesor (irónico)

8. la muy guapa de tu cuñada (irónico)

9. el salvaje de nuestro vecino

10. la simple de tu exnovia

XI. Ejercicios del léxico.

A. Complete el siguiente texto utilizando, en forma adecuada, los vocablos dados a continuación.

Habíamos oído decir que, allá, oculto en lo más profundo de la montaña, había un pueblecito tranquilo con un clima *suave*, nada parecido al bochorno que estábamos soportando en esta gran urbe. Tras haber reflexionado y discutido, llegamos a la *conclusión* de que era el lugar idóneo para que pasásemos ahí las vacaciones, huyendo del calor y bullicio de la ciudad, sin *gastar* mucho dinero. Como no quedaba muy lejos y había una buena carretera que conducía a él, decidimos ir en bicicleta. Además, estando en verano, no iríamos *cargados* de mucho equipaje. Todo eso *facilitaba* bastante el viaje que, con seguridad, sería muy placentero.

Para evitar el calor del mediodía, nos pusimos en camino muy de madrugada y antes de las once ya estábamos al pie de la montaña. Fue entonces cuando nos detuvimos *sobresaltados*: ahí se cortaba en seco la carretera. La salvaje exuberancia de la vegetación *demostraba* que era un paraje poco frecuentado por la gente. Todos los demás afirmaron que nos habíamos equivocado de camino y teníamos que retornar al punto de partida para informarnos de la ruta correcta. Pero yo *insistí* en que siguiéramos adelante por un sendero que se divisaba en medio de las plantas. Hicimos bien, pues hallamos, al lado de la carretera, una choza *vacía*, probablemente el albergue de algún cazador. Dejamos ahí las bicicletas y nos lanzamos a la aventura, a pie.

¿Saben lo que descubrimos en lo más profundo de aquel paraje? La choza en la que habíamos dejado nuestras bicicletas: nos habíamos extraviado en el bosque y, sin darnos cuenta, habíamos vuelto al punto en que creímos haber emprendido una gran aventura.

B. Traduzca al español las siguientes oraciones.

1. ¿Sabes cómo demostrar la redondez de la Tierra?

2. ¿No ves que nadie está de acuerdo contigo? No insistas más.

3. Apreciamos mucho el trato sincero de usted con la gente.

4. Me sorprendió bastante la rapidez con que el salón se vació de espectadores una

vez acabada la función.

5. La voz temblorosa con que me contestaba la chica demostró que se hallaba muy sobresaltada.

La chica me contestaba con la voz temblorosa, lo que demostró que se hallaba muy sobresaltada.

6. Has gastado demasiado dinero en comprar cosas totalmente inútiles.

7. El terco del gerente insistió en instalar aquel equipo obsoleto en la empresa.

8. En la reunión de ayer insistí en que dejáramos de facilitarles materiales, porque sospechaba que los utilizarían para fines nada claros.

9. Me vi obligado/da a abandonar el proyecto, porque todos mis amigos insistían en que era irrealizable.

10. Ha llegado el camión cargado de muebles. Hacen falta cuatro obreros para descargarlo.

11. Susana, vacía el armario de toda ropa. Veo que es necesario limpiar su interior.

12. El comportamiento educado facilita el trato con la gente.

13. Oye, Mario, deja de alardear ya (de) tu nueva adquisición. Este tipo de aparato gasta mucha electricidad.

14. A media noche, un estridente grito de una mujer sobresaltó a todos los vecinos.

15. Desde hace varios años, la opinión pública viene insistiendo en que el gobierno tome urgentes medidas para solucionar el problema de la contaminación.

C. Al escuchar la perífrasis, diga el vocablo o expresión correspondiente.

1. acelerar 2. adolescente 3. barbarie 4. conclusión
5. convención 6. cursi 7. de pelo en pecho 8. enorgullecerse
9. hipócrita 10. insistir

XII. Conjugue los infinitivos en el tiempo y la persona correspondientes y use en forma adecuada las formas no personales del verbo.

La noche caía lentamente sobre una playa de la costa portuguesa. La roja cara del sol todavía *aparecía* entre las nubes del cielo, y el mar *tenía* una luz oscura y triste, como un espejo *roto* en mil cristales. El viento *empujaba* las sombras hacia la tierra, *mojada* desde *hacía* días por una lluvia salada.

Al final de la playa *se encontraba* una pequeña casa de madera hacia la que *iban* tres personas, dos hombres y un niño. El pequeño *corría* cerca del mar *tirando* piedras al agua; los hombres *andaban* despacio, con pesadas bolsas *llenas* de pescado sobre sus espaldas.

De repente, el niño, *asustado*, *dio* un grito. A su lado, en la arena, *había visto* algo extraño: el cuerpo de un hombre casi sin ropas y *cogido* a un trozo de madera. Todavía *respiraba*. Lo *levantaron* con cuidado y lo *llevaron* rápidamente hacia la casa.

—Pobre hombre— *dijo* uno de los pescadores mientras lo *acostaban* sobre una cama—. *Parece* que *ha estado* muchas horas en el agua. Gracias a Dios que todavía *vive*.

—Seguro que su barco *se ha perdido* por culpa del mal tiempo. *Son* muchos en estos últimos días los marineros que no *consiguen llegar* al puerto y *desaparecen* en el mar— *recordó* su compañero en voz baja.

Una mujer *entró* entonces en la habitación con una taza de sopa caliente entre las manos y *se sentó* en la cama, al lado del marinero. Este casi no *podía beber*: *estaba* demasiado débil. De repente *levantó* su mano derecha, hasta *coger* el brazo de la mujer.

—¡Lisboa!— *Repitió* varias veces —¡*Tengo* que ir a Lisboa!

Luego, *volvió* a *cerrar* los ojos y *se quedó* profundamente *dormido*.

—¡*Mirad*! *Hay* un nombre *escrito* en este collar— *dijo* la mujer mientras se lo *quitaba* del cuello suavemente, para no *despertarlo*.

Uno de los hombres *se acercó* y lo *miró* con cuidado.

—Cristóbal— *leyó* por fin—, *se llama* Criostóbal Colón.

(*El Secreto de Cristóbal Colón*, Luis María Carrero, pp.7-8, Santillana/

Universidad de Salamanca, Madrid, 1994)

XIII. Siguiendo las exigencias del sentido, rellene los espacios en blanco con los artículos y preposiciones, o la forma contracta de artículo y preposición.

El 9 *de* mayo *de* 1453, *el* Imperio turco se hizo Ø dueño *de la* vieja ciudad *de* Constantinopla; *para los* países europeos, *el* comercio *con* Asia ya no era posible. Fue entonces cuando Portugal, abierto *al* Atlántico, empezó *a* buscar *un* nuevo camino *por* Ø mar. *El* plan era sencillo, pero su realización demandaba mucho tiempo, pues consistía *en* navegar *por la* costa *de* África, encontrar *el* paso *al* océano Índico, y luego, *desde* allí, dirigirse *hacia la* India. *En* Ø 1487, cuando Bartolomé Días dio *la* vuelta *al* Cabo *de* Ø Buena Esperanza, Portugal había encontrado su camino.

Por aquellas mismas fechas, *un* hombre llamado Cristóbal Calón, intentaba conseguir *la* ayuda *de los* reyes españoles, doña Isabel y don Fernando, *para* probar *un* camino distinto: él quería ir siempre *hacia el* oeste, cruzando *el* Atlántico.

Durante mucho tiempo, Colón no pudo convencer a nadie. Todos pensaban que era *un* viaje imposible: los que no creían todavía que *la* Tierra era redonda, *por* supuesto, pero también los que sí lo creían; *para* éstos, *la* distancia *entre* Asia y Europa era demasiado grande. *Sin* embargo, *por* fin, *en* Ø 1492, *los* Reyes Católicos decidieron ayudar a Colón. Este cambio *de* Ø opinión fue importantísimo porque *el* 12 *de* octubre *de* ese mismo año, Ø tres barcos españoles encontraban Ø tierra *al* otro lado *del* Atlántico. *De* esta manera, Europa había llegado a Ø América.

(*El Secreto de Cristóbal Colón*, Luis María Carrero, pp.5-6, Santillana/
Universidad de Salamanca, Madrid, 1994)

XIV. Dictado.

录音（Transcripción）

Rosa Montero critica muy severamente los malos modales que se observan en muchos españoles. Estos creen que la brusquedad y grosería constituye un símbolo de la modernidad e incluso forma parte de la idiosincrasia de la nación. Mientras tanto, la escritora elogia la suavidad y la buena educación de los inmigrantes latinoamericanos, citando el caso de una cajera ecuatoriana que una amiga suya ha encontrado en el supermercado.

Mi propia experiencia puede comprobar que ella tiene razón. Efectivamente, en comparación con los latinoamericanos a quienes los españoles dicen *sudacas* despectivamente, estos últimos suelen comportarse con bastante rudeza.

Más allá de la crítica de Rosa Montero, es posible percibir entre España y los países hispanoamericanos muchas diferencias culturales que no marcan superioridad alguna, pero que dejan constancia de la natural diversidad humana. Como se sabe, en uno y otro lado se habla la misma lengua, el español, pero con explicables variantes dialectales. Incluso, hay una notable diferencia en el grado expresivo del lenguaje coloquial. Así, el español peninsular es ostensiblemente brusco (*parir, culo, follar*), acentuado por el frecuente uso de palabrotas, en tanto que el hispanoamericano tiende a la suavidad y al eufemismo (*dar a luz, trasero, hacer el amor*).

El artículo de Rosa Montero conduce a la reflexión sobre lo que significa perder el buen sentido de las cosas, la educación y los buenos modales, y destaca, ante esa especie de debacle social, la presencia de signos alentadores —foráneos, eso sí— que bien podrían erigirse en modelos de comportamiento social para los nativos.

XV. Escuche la grabación y luego haga una versión oral resumida.

录音（Transcripción）

Ignacio se sentía cada día más viejo y más débil y comenzaba a pensar si ya era hora de dejar la administración de la enorme hacienda y repartir su inmensa propiedad entre sus tres hijos. Sin embargo, no quería hacerlo con un sentido igualitario sino proporcionalmente según el trato que cada uno estuviera dispuesto a darle cuando ya no pudiese valerse por sí mismo.

Entonces los convocó para anunciar su decisión.

—Papá, pierde cuidado—, se apresuró a prometer el primogénito.— Te construiré un palacete con jardín y todo para que vivas ahí rodeado de criados...

Pero el segundo hijo lo interrumpió antes de que concluyera de hablar:

—Te acompañaré en persona a recorrer el mundo en cruceros de lujo o en avión particular y nos alojaremos siempre en suites presidenciales de hoteles de siete estrellas.

—Todavía no sé qué me puede ofrecer la vida— dijo con modestia el más pequeño, —pero te aseguro, padre, que siempre tendrás una cama cómoda y un pan fresco en mi casa.

El resultado del reparto era previsible —al último solo le tocó una pequeña choza—, pero también lo que ocurrió más tarde: cuando el anciano apenas podía andar, los hijos que le habían prometido el paraíso le cerraron sus puertas, y fue el hijo menor quien lo acogió en su humilde casa.

XVI.Trabajos de casa.

3. Traduzca al chino el siguiente texto:[1]

罗莎·蒙特罗是西班牙女作家，她对在自己国家所面对的种种负面社会现象持有相当**严厉的**批判态度。她发表了不少文章，**抨击面甚广，诸如**政客们的腐败**行径**，充斥各个领域的不公平**现象**，种族和性别歧视，以及形形色色的**愚昧无知**和**偏执狂热**。在刚刚学过的课文中，她批评了许多同胞的不良举止：不跟人打招呼，要东西时不说"劳驾"，得到别人帮助后不表示感谢，他人有难处也不主动伸出援手，等等。更糟糕的是，**这些人认为**自己**粗俗无礼的举止是**个性特征。罗莎·蒙特罗在批评某些同胞**举止**粗鲁的同时，十分赞赏大多数拉美移民的好教养。近年来，这些移民逐渐承担起多种工作岗位，特别是那些面对公众的工作。

显然，要保证一个国家社会**机体**的正常运转，不能没有像罗莎·蒙特罗这样的知识**精英**，需要他们睁大警觉的双眼**展开**批评，揭露**毒化**整个社会的丑恶**现象**，并唤起**根除这些丑陋现象**的迫切需求。

---

1 这段西译汉练习再次证明了我们在本课提出的译文难免走形的行业悖论，而且，原文越是地道，翻译难度越大，越需要更多的变通处理。参考译文中那些黑体部分都是为了汉语行文通顺而采取的变通处理，其中大多为增加词语，目的在于改善汉语语流的节奏感。增添的词语大多含义宽泛，不致过多扭曲原文的意思。

第二课

米格尔·德·塞万提斯·萨阿韦德拉

米格尔·德·塞万提斯·萨阿韦德拉1547年生于埃纳雷斯堡。1605年1月，57岁的他出版了不朽杰作《奇情异想的绅士堂吉诃德·德·拉曼查》的上部。

人们对塞万提斯的生平了解甚少。据一些传记资料记载，他是一位外科医生的儿子，先后在埃纳雷斯堡、马德里、萨拉曼卡和塞维利亚求学。1569年，塞万提斯去了意大利，在那里参军，成为一名西班牙海军士兵。两年后，他在希腊勒班陀港口参与著名的勒班陀海战。这场战斗导致塞万提斯的左手伤残，因此得名"勒班陀的独臂人"。在返回西班牙的途中，塞万提斯被几名阿尔及利亚海盗俘虏，在阿尔及尔被囚禁五年之久。根据传记资料，在此期间他多次可以获救并重返西班牙，但他却把机会让给了共患难的同伴。后来，在他妹妹向海盗缴纳了赎金后，塞万提斯终于重获自由，但仍然是克服重重困难后才回到西班牙。回国后，他找到了一份收入微薄的工作，为西班牙无敌舰队募集资金和口粮。在此期间，塞万提斯两次入狱，原因至今不是很清楚。一种说法是，他有一次被捕入狱是因为有一天早晨，警察在他家门口发现了一具尸体，但始终没人知道到底是谁把尸体放在那的。

让塞万提斯享誉世界文坛的就是《奇情异想的绅士堂吉诃德·德·拉曼查》。

　　这部小说讲述了一位落魄贵族的故事。此人上了年纪，又高又瘦，脸长颊凹，髭须稀疏。他目光中透着严肃，总凝视着远方，似乎在寻找什么。众人皆知，他痴迷于骑士小说，最终失去了理智。就在这种神志不清的情况下，他不仅决定将自己打扮成游侠骑士，还要凭此身份出门冒险，以求为世人治愈伤痛，拨乱反正，锄奸扶弱。在画家们笔下，堂吉诃德总是手执长矛，身骑一匹瘦骨嶙峋、被他命名为罗西南特的老马。为了严格践行骑士道的法则，堂吉诃德找到一名侍从随护左右。此人不过是他的邻居，一个名为桑乔·潘萨的乡野村夫。桑乔又矮又胖，脸圆皮黑，挺着圆鼓鼓的肚子，骑着一头慢吞吞的笨驴，并时常冒出几句俗语民谚。就这样，主仆二人踏上征程，寻求冒险，但大多数情况下都以狼狈收场。

　　这部作品不仅享誉西班牙，在欧洲其他国家也取得了巨大成功。然而在很长一段时间里，无论是专业评论家还是普通读者都只看到书中那一件件由滑稽主人公出演的搞笑事件，认为小说的目的无非是娱乐消遣，引人发笑。直到欧洲浪漫主义兴起，学者们才隐约体会到这部作品蕴含的人文主义精神，例如，它揭示出无论在社会环境中，还是在每个个体身上，都同时存在现实主义，即对现实的直观感受，和理想主义，即脱离现实的幻想。二者相互冲突，又彼此交融。

　　在作品的上部出版后，塞万提斯承诺还会写下部，但过了十年都没有兑现承诺。由于小说大获成功，一个名叫费尔南德斯·德·阿韦利亚内达的人便出版了《奇情异想的绅士堂吉诃德·德·拉曼查第二部》，企图以此为自己捞取功名。此时，塞万提斯也正在续写他的不朽杰作。1615年，也就是阿韦利亚内达那一本出版一年后，名副其实的下部问世。除了这部里程碑式的文学作品外，塞万提斯还写下了大量优秀的小说、故事集、戏剧和诗歌。

　　1616年4月23日，穷困潦倒的塞万提斯在马德里逝世。同一天去世的还有伟大的英国作家威廉·莎士比亚和另一位西班牙语世界的人文巨匠、秘鲁人印加·加西拉索·德拉维加。

· 练习参考答案 ·

I. **Siguiendo la grabación, lea las siguientes frases hechas, poniendo atención en la fonética y en la entonación.**

略。

II. **Conjugue los siguientes verbos en todas las personas de los modos y tiempos indicados.**

略。

III. **Escuche las preguntas sobre el texto y contéstelas oralmente en español.**

录音（Transcripción）

1. Diga el nombre completo de Cervantes.
2. ¿Cuándo y dónde nació?
3. ¿En qué año y a qué edad publicó la primera parte de su inmortal obra *El Ingenioso Hidalgo Don Quijote de la Mancha*?
4. ¿Qué es lo que se sabe de su familia, de su infancia y adolescencia?
5. ¿Cómo llegó a ser un soldado?
6. ¿Por qué le dieron el sobrenombre de *El Manco de Lepanto*?
7. ¿Pudo regresar a España después de la batalla naval de Lepanto?
8. ¿Por qué no fue rescatado, aunque se le presentaron varias oportunidades?
9. ¿Quién le pagó el rescate para que lo pusieran en libertad?
10. Entonces, ¿pudo retornar a su país fácilmente?
11. ¿De qué vivía una vez vuelto a España?
12. ¿Por qué lo metieron en la cárcel en dos ocasiones?
13. ¿Qué importancia adquirió con la publicación de *El Ingenioso Hidalgo Don Quijote de la Mancha*?
14. ¿Quién es el protagonista de la novela y qué característica tiene el personaje?
15. ¿Qué pensaba hacer don Quijote cuando tomó la decisión de armarse caballero andante y salir en busca de aventuras?
16. ¿Sabe cómo se llama este tipo de acción?
17. ¿Salió él solo en busca de aventuras?

18. ¿Recorrían el mundo los dos a pie?

19. ¿Salían siempre victoriosos en sus combates?

20. ¿Qué repercusión tuvo esta obra de Cervantes?

21. ¿Comprendieron los lectores de entonces el verdadero significado de la obra?

22. ¿Por qué un tal Fernández de Avellaneda se apresuró a sacar a la luz el *Segundo Tomo del Ingenioso Hidalgo Don Quijote de la Mancha* antes que Cervantes publicara el suyo propio?

23. *¿El Quijote* es la única obra que nos dejó Cervantes?

24. ¿Falleció Cervantes cubierto de gloria?

25. ¿Qué coincidencia hay en lo que se refiere a la fecha de la muerte de Cervantes?

26. Describa la figura tanto de don Quijote como de Sancho Panza.

答案（Clave）

1. Su nombre completo es Miguel de Cervantes Saavedra.

2. Nació en 1547 en Alcalá de Henares.

3. En enero de 1605, a los 57 años de edad, publicó la primera parte de su inmortal obra *El Ingenioso Hidalgo Don Quijote de la Mancha.*

4. Poco se sabe de su vida y menos aún de su infancia y adolescencia. De acuerdo con algunos datos biográficos, era hijo de un médico cirujano y estudió sucesivamente en su ciudad natal, en Madrid, en Salamanca y en Sevilla.

5. En 1569, viajó a Italia donde se incorporó a la armada española.

6. Eso se debe a su participación en la batalla naval de Lepanto, donde se le quedó inutilizada para siempre la mano izquierda.

7. No. Cuando iba camino de España fue hecho prisionero por unos piratas argelinos y estuvo preso en Argel durante cinco años.

8. Porque se las cedió todas a sus compañeros de infortunio.

9. Una hermana suya pagó el rescate para que lo pusieran en libertad.

10. No, todavía tuvo que superar múltiples dificultades antes de retornar a su país.

11. Cuando por fin regresó a su país, consiguió colocarse de simple empleado cuya labor consistía en recaudar dinero y víveres para la Armada Invencible.

12. Los motivos de esos dos encarcelamientos no se han aclarado suficientemente hasta hoy día. Una versión asegura que una de esas condenas se debió a que un amanecer la policía descubrió, en la puerta de su casa, un cadáver que alguien había dejado ahí.

13. La publicación de esta inmortal obra lo ha colocado en la cumbre de la literatura universal.

14. Se llama don Quijote, un hidalgo venido a menos que perdió el juicio debido a su afición por los libros de caballería.

15. Decidió armarse caballero andante y salir en busca de aventuras para reparar los daños, enderezar lo torcido, combatir a los opresores y amparar a los débiles.

16. Se llama hacer justicia.

17. No, lo acompañaba un rústico campesino llamado Sancho Panza, a quien él, de acuerdo con la costumbre de los caballeros andantes, lo había nombrado su escudero.

18. No, ambos cabalgando, él en su Rocinante, un caballo tan flaco como su jinete, y Sancho en su asno.

19. ¡Qué va! De sus batallas salían, en la mayoría de los casos, mal parados.

20. La obra tuvo gran éxito tanto en España como en otros países europeos.

21. No, durante mucho tiempo, la mayoría de los lectores de aquella época no logró percibir la profundidad de la obra, se limitaron a ver en ella una simple recopilación de aventuras entretenidas.

22. Porque el éxito de la obra fue tan grande que mucha gente trataba de adjudicarse su fama. El tal Fernández de Avellaneda quizá fuera el más impaciente y ambicioso.

23. No, aparte de este gran monumento literario universal, Cervantes nos dejó, entre novelas, cuentos, comedias y poemas, múltiples escritos de notable importancia.

24. En absoluto. Murió en la pobreza, en Madrid, el 23 de abril de 1616.

25. En la misma fecha del mismo año también fallecieron William Shakespeare, el gran escritor inglés, y otro grande de las letras hispanas: el peruano Inca Garcilaso de la Vega.

26. Don Quijote es un hombre mayor, alto, flaco, de rostro enjuto y alargado, bigote y barba escasos, mirada seria, fija en la lejanía, como si buscara algo. Lleva una lanza en mano mientras va sobre un caballo tan flaco y viejo como él. Sancho Panza, un rústico campesino, es bajo y gordo, con cara redonda y morena y abultada barriga. Anda montado en un asno lento y torpe. Les gusta decir refranes y dichos populares.

IV. Aclare, por escrito, a qué se refieren los términos en cursiva; y en caso de que sean verbos, diga cuál es el sujeto. Todas las oraciones son del texto.

1. *librada*: la batalla

   el mismo nombre: Lepanto

2. *ella*: la batalla de Lepanto

   se inutilizó: *la mano izquierda*

   le: a Cervantes

   hecho: en la batalla de Lepanto se le inutilizó para siempre la mano izquierda

   el cual: el hecho

   su: de Cervantes

3. *sus biógrafos*: los autores de la biografía de Cervantes

   se presentaron: varias oportunidades de ser rescatado y regresar a España

   le: a Cervantes

   se: a sus compañeros de infortunio

   las: las oportunidades

   sus compañeros de infortunio: los demás cautivos en Argel

4. *lo*: a Cervantes

   pusieran: *impersonal*

   su país: España

5. *él*: su país

   cuya: del modesto puesto de empleado

6. *este período*: cuando servía de modesto recaudador de dinero y víveres para la Armada Invencible

   se han aclarado: motivos de sus dos encarcelamientos

7. *esas condenas*: sus dos encarcelamientos

   ahí: en la puerta de su casa

8. *el libro*: *El Ingenioso Hidalgo Don Quijote de la Mancha*

   se cuenta: la historia de un hidalgo venido a menos ...

9. *Su*: de don Quijote

   fija: la mirada

   buscara: don Quijote

10. *Se sabe*: *oración impersonal*

    su: de don Quijote

    le: a don Quijote

hizo: su exagerada afición

11. *tal*: caballero andante

    le: a don Quijote

    permitieran: aventuras

12. *lo*: a don Quijote

    montado: don Quijote

    al: un caballo flaco y viejo

    le: un caballo flaco y viejo

    ha puesto: don Quijote

13. *se hace acompañar*: don Quijote

    su: de don Quijote

    un hombre: Sancho Panza

14. *Posee*: Sancho Panza

    su: de Sancho Panza

    anda: Sancho panza

15. *ambos*: don Quijote y Sancho Panza

    las cuales: aventuras

    salen mal parados: caballero andante y su escudero

16. *La obra*: *El Ingenioso Hidalgo Don Quijote de la Mancha*

17. *se limitaron*: críticos especializados y lectores comunes y corrientes

    ella: la obra

    protagonizados: sucesos cómicos

    cuya: de una simple recopilación

    les: a los que la leyeran

    los: los lectores

    la: la obra

    leyeran: los lectores

18. *la segunda*: la segunda parte del *Ingenioso Hidalgo Don Quijote de la Mancha*

    pasaron: los años

    cumpliera: Cervantes

    su palabra: sacar a la luz la segunda parte de su obra

19. *se*: a él mismo

    su: de la obra

    atribuido: *Segundo Tomo del Ingenioso Hidalgo Don Quijote de la Mancha*

20. *su novela*: el *Ingenioso Hidalgo Don Quijote de la Mancha*

    la: la novela

21. *este gran monumento literario universal*: el *Ingenioso Hidalgo Don Quijote de la Mancha*

    una buena cantidad de obras notables: el conjunto de las obras cervantinas

22. *otro grande*: escritor

V. Conjugue los infinitivos que están entre paréntesis en el tiempo y la persona correspondientes.

1. Uno de los soldados de Atahualpa le *informó* de que un extranjero montado en un extraño animal *venía* a visitarlo.

2. Como el padre de Cervantes *ejercía* de cirujano recorriendo diversas ciudades españolas, él *tuvo* que cambiar de escuela constantemente en su infancia y adolescencia.

3. Cerca de un bosque, don Quijote *oyó* que alguien *gritaba* pidiendo ayuda. *Se dirigió* ahí y *vio* que un hombre robusto *estaba* pegando duramente a un débil muchacho.

4. Al ver que don Quijote *se disponía* a lanzarse sobre el molino de viento, Sancho Panza *se apartó* rápidamente de él, pero sin dejar de advertirle a gritos que no *era* un gigante sino un molino de viento.

5. Cervantes *se incorporó* a la armada española cuando *viajaba* por Italia.

6. Cuando Avellaneda *sacó* a la luz el apócrifo *Segundo Tomo del Ingenioso Hidalgo Don Quijote de la Mancha*, Cervantes todavía *estaba* escribiendo el suyo propio.

7. Siento no poder describir todos los detalles. Solo recuerdo que el hombre que *vino* a buscarte ayer *usaba* abundante barba y *tenía* una barriga abultada.

8. En aquel entonces el trabajo que me *habían encargado* en el equipo de investigación *consistía* en recoger datos biográficos de los novelistas latinoamericanos modernos de mayor importancia.

9. Aquella noche mucha gente *presenció* cómo don Quijote *permanecía* inmóvil y sereno recibiendo las piedras que le *lanzaban* los arrieros.

10. En aquella ocasión les *dije* a todos los presentes que no *trataba* de convencer a nadie y que *me limitaba* a revelar la verdad.

VI. Conjugue los infinitivos que están entre paréntesis en el tiempo y la persona correspondientes.

En 1569, cuando *tenía* 22 años, Miguel de Cervantes publicó sus primeros poemas. Dos años más tarde, *tomó* parte en la batalla contra los turcos (土耳其人) en Lepanto. Justo aquel día *estaba* enfermo, de modo que su jefe y sus compañeros le *aconsejaron* que *se quedara* bajo cubierta (甲板) a descansar. Cervantes *se negó* muy enojado e *hizo* que el jefe lo *colocara* en un puesto importante, pero peligroso. *Combatió* en forma muy valiente hasta que la batalla *terminó* con el triunfo de los españoles. Pero a él lo *habían herido* en el pecho y en la mano izquierda.

De regreso a España, el barco en que *iba fue* atacado por un grupo de piratas argelinos, quienes lo *hicieron* prisionero y lo *llevaron* a Argel. Mientras *estaba* cautivo, *se le presentaron* varias oportunidades de ser rescatado, pero se las *cedió* a sus compañeros de infortunio. *Organizó* cuatro fugas (越狱), pero *fracasó* en todas. Por fin, el 19 de septiembre de 1580, gracias a una hermana suya, que *pagó* el rescate, el escritor *fue* puesto en libertad y *pudo* retornar a su tierra natal.

En 1587, Cervantes *se trasladó* junto con su familia a Andalucía. *Encontró* allí un modesto puesto de empleado cuya misión *consistía* en recoger cereales y aceite para financiar a la Armada Invencible. El cargo le *proporcionó* oportunidades de recorrer ciudades y pueblos de la zona donde *se puso* en contacto directo con el pueblo.

VII. Busque en el texto las palabras que contengan las mismas raíces que las que se dan a continuación.

andar — andante	lejos — alejar — lejanía
arma — armada	muerte — inmortal
biografía — biógrafo — biográfico	nombre — sobrenombre
bulto — abultado	olvidar — inolvidable
caballo — caballero — caballería — cabalgadura	oportuno — oportunidad
cárcel — encarcelamiento	pobre — pobreza
claro — aclarar	prisión — prisionero
cubrir — descubrir — cubierta	profundo — profundidad
cuerpo — incorporar	referir — referencia
fama — famoso	rescate — rescatar
fortuna — infortunio	seguro — asegurar
genio — ingenioso	útil — inutilizar
largo — alargado	vencer — invencible

VIII. Transforme los siguientes sintagmas verbales en sintagmas nominales.

el abultamiento de la barriga	la incorporación de un nuevo capítulo
la adjudicación de un premio	la inutilización de la pierna derecha
el alargamiento del camino	el lanzamiento de piedras
el amparo a los débiles	la limitación de los gastos
la atribución de culpas	la publicación de libros
la colocación de estanterías	la recaudación de víveres
la descripción del paisaje	la recopilación de poemas
el encarcelamiento del criminal	el rescate de prisioneros
el fallecimiento de Cervantes	la superación de dificultades

IX. Diga los gentilicios correspondientes a los siguientes topónimos.

A.
argentino/na	boliviano/na	chileno/na	colombiano/na
costarricense (costarriqueño/ña)		cubano/na	dominicano/na
ecuatoriano/na	guatemalteco/ca	hondureño/ña	mexicano/na
nicaragüense	panameño/ña	paraguayo/ya	peruano/na
puertorriqueño/ña	salvadoreño/ña	uruguayo/ya	

B.
asunceno/na (asunceño/ña)		barcelonés/sa	bogotano/na
bonaerense	caraqueño/ña	habanero/ra	limeño/ña
montevideano/na	paceño/ña	quiteño/ña	santiaguino/na
sevillano/na			

X. Ejercicios del léxico.

A. Rellene los espacios en blanco con las preposiciones adecuadas o la forma contracta de artículo y preposición.

1. El embajador y su señora se colocaron *a* ambos lados *de* la puerta *para* dar la bienvenida *a* los invitados que acudían *a* la recepción.

2. Sancho Panza le aseguró *a* don Quijote que, instruido *por* su señor amo, llegaría *a* ser el mejor escudero, superior *a* la mayoría *del* oficio.

3. Sospeché que habías perdido el juicio cuando supe que querías tomar parte *en* ese tipo *de* actividades.

4. Cuando se sacó *a* la luz el supuesto *Segundo Tomo del Ingenioso Hidalgo Don Quijote de la Mancha*, atribuido *a* un tal Fernández *de* Avellaneda, Cervantes se vio obligado *a* adelantar la publicación *del* suyo propio.

5. La labor que nos ha encargado el decano *a* Martín, *a* Laurencia y *a* mí consiste *en* organizar un acto conmemorativo *del* 60 aniversario *de* la facultad.

6. Te recomiendo *La montaña iluminada*, una comedia recién publicada que, según se dice, no tardará *en* ser puesto *en* escena *por* una prestigiosa compañía *de* teatro.

7. *De* acuerdo *con* algunos biógrafos, *a* pesar *de* su enorme éxito literario, Cervantes falleció *en* la pobreza.

8. *Tras* haber reflexionado *sobre* lo que le había dicho su asesor, *por* fin, el gerente decidió incorporar *al* proyecto las propuestas hechas *por* este.

9. Dime algunos adjetivos que sirvan *para* describir los rasgos físicos *de* una persona.

10. El campesino lanzó una piedra *al* pozo *para* saber su profundidad.

11. Antes *de* que el león se lanzara *sobre* él, el cazador se subió *al* árbol que tenía *al* lado.

12. ☐ Cuando veas *a* Carolina, limítate *a* escucharla y no le digas nada, *por* el momento.

   ◼ *De* acuerdo.

B. Complete las oraciones utilizando en forma apropiada los vocablos que se dan a continuación, o, si el caso lo requiere, los de su misma familia.

1. *De acuerdo* con algunos datos biográficos, fue una hermana de Cervantes quien pagó el rescate para sacarlo del cautiverio.

2. Al comienzo, esas dos empresas no querían firmar el convenio de cooperación, pero tras prolongadas negociaciones, *ambas* se dieron cuenta de lo conveniente que era y llegaron a un acuerdo.

3. Si Cervantes no *hubiese tomado parte* en la batalla de Lepanto, no habría sido hecho prisionero por piratas argelinos ni tampoco habría estado preso en Argel.

4. Cuando Cervantes *publicó* su *Segundo Tomo del Ingenioso Hidalgo Don Quijote de la Mancha*, quedó al descubierto el engaño del autor de la obra apócrifa.

5. Evidentemente, Sancho estaba mintiendo cuando *aseguró* que había visitado a Dulcinea en el pueblo de Toboso.

6. ¿Dónde piensas *colocar* el sofá recién tapizado?

7. Para protegerla del ataque del perro, Osvaldo *se colocó* delante de su hermana.

8. A fin de publicar un nuevo refranero, Gladis se ha planteado un nuevo plan de trabajo que *consiste* en recopilar la mayor cantidad posible de refranes españoles.

9. No nos imaginábamos que hubiera que *superar* tantas dificultades para llevar a cabo nuestro proyecto.

10. Al ver que yo me proponía decirle algo al desconocido, Inés me *lanzó* una mirada de advertencia.

11. No debes limitarte a leer el periódico. Tienes que ampliar tu lectura a otro tipo de *publicaciones*, como libros y revistas.

12. Esta casa está por venirse abajo de un momento a otro. Ya no vale la pena que la *aseguremos* de esta manera.

13. Queda muy lejos el puerto y ustedes están cansados, pero no podemos quedarnos aquí. Tenemos que irnos y lo vamos a hacer caminando, *¿de acuerdo*?

14. En un principio, Alfonso no quería colaborar con nosotros, pero tras conversar con él durante tres horas, *por fin* conseguí convencerlo.

15. El joven *se lanzó* al río y pudo rescatar a la niña que se había caído al agua.

16. Estoy seguro de que si *se publican* esas noticias, habrá un gran escándalo.

17. Les *aseguro* que el encarcelamiento de esta gente es totalmente injusto.

18. *Se han superado* todos los obstáculos. Creo que el trabajo puede avanzar con mayor rapidez.

C. Escuche la perífrasis y luego diga el vocablo o la expresión que corresponda a su significado.

1. aclarar   2. adjudicarse   3. amparar   4. armada   5. biógrafo

6. cadáver   7. escaso   8. inmortal   9. invencible   10. refrán

XI. Conjugue los infinitivos que están entre paréntesis en el tiempo y la persona correspondientes.

De pronto sentí el calor de una mano que me *empujaba* por la espalda. *Había* un hombre a mi lado. *Era* el guía que nos *acompañaba* en el viaje, un hombre del país que *conocía* bien aquellos caminos y lugares. Sus ojos me *miraban* con un miedo imposible de describir. Me *empujaba* una y otra vez como diciéndome: "Señor, deprisa, *acompáñeme* lejos, muy lejos de aquí". Yo no *entendía* qué *pasaba*. No *sabía* qué hacer. *Estaba* entre enfadado y asustado.

—¡Por la memoria de su madre!— *dijo* de pronto—. ¡Por lo más querido! ¡Por favor, señor, *póngase* ese sombrero y *márchese* de este lugar! ¿Cómo *puede* estar rezándole a esta cruz? ¿No *sabe* que *es* la Cruz del Diablo? ¿O *es* que no *tiene* usted bastante con la ayuda de Dios?

Lo *miré* un rato en silencio. Ese hombre *estaba* loco.

(*La Cruz del Diablo*, Gustavo Adolfo Bécquer, p.8,

Español, Santillana/Universidad de Salamanca, Madrid, 1991)

XII. **Cuando haga falta, rellene los espacios en blanco con preposiciones y artículos o formas contractas de artículo y preposición.**

(Continuación del texto del ejercicio anterior)

—Usted— dijo— quiere llegar *a* Francia. ¿No es así? Pues escuche: si delante *de* esta cruz le pido ayuda *a* los cielos, nunca lo conseguirá. Las montañas se levantarán *hasta* las nubes. Se esconderán *en* la niebla los caminos. La nieve caerá *sobre* los campos y usted se verá perdido *para* siempre. Nadie podrá encontrarlo.

Las palabras *del* guía me hicieron sonreír.

—No me cree usted, ¿verdad? Usted piensa que esta es una cruz normal, como las que hay *en* las iglesias.

—¿Quién lo duda?

—Pues se equivoca usted, señor, y mucho. Créame y márchese ahora mismo *de* este lugar. Esta cruz no es *de* Ø Dios, sino *del* diablo.

—¡La Cruz *del* Diablo!— me repetía *a* mí mismo *en* voz baja— ¡La Cruz *del* Diablo...!

La verdad es que empezaba *a* sentir miedo. Tenía ganas *de* salir pronto *de* allí, lo más rápido posible, *sin* esperar *a* mis compañeros. Pero, intentando parecer tranquilo, le dije *al* hombre...

(*La Cruz del Diablo*, Gustavo Adolfo Bécquer, p.10,

Español, Santillana/Universidad de Salamanca, Madrid, 1991)

XIII. **Dictado.**

录音（Transcripción）

Poco se sabe de la vida de Miguel de Cervantes Saavedra, especialmente de la época de su juventud. De acuerdo con algunos datos biográficos, estudió sucesivamente en varias ciudades españolas. Luego, después de haberse incorporado a la armada, tomó parte en la batalla de Lepanto, pero luego, cuando retornaba a España, desgraciadamente fue hecho prisionero y estuvo preso en Argel. Gracias a una hermana suya que le pagó el rescate pudo regresar a su país. En 1604 publicó el primer tomo de *El Ingenioso Hidalgo Don Quijote de la Mancha*, obra maestra que lo ha colocado en la cumbre de la literatura universal. El protagonista del libro es un hidalgo venido a menos que se volvió loco por tanta lectura de libros de caballería y decidió armarse caballero andante y salir en busca de aventuras para reparar los daños, enderezar lo torcido, combatir a los opresores y amparar a los débiles. En esa locura lo acompañaba como escudero un rústico campesino llamado Sancho Panza.

La segunda parte de este monumento literario salió a la luz en 1615.

Cervantes murió en la pobreza, en Madrid, el 23 de abril de 1616.

XIV. Escuche la grabación y luego haga una versión oral resumida.

录音（Transcripción）

Un día, Gregorio tuvo que salir de casa. Montado en su caballo, iba al mercado, pues su mujer le había encargado unas compras. A mitad del camino, como el sol comenzaba a quemar demasiado, decidió descansar un rato bajo la sombra de un enorme árbol. Se apeó del caballo, lo ató a una rama y antes de sentarse en el suelo, sacó un plátano (香蕉) de la talega (布口袋). Luego de quitarle la cáscara (果皮，果壳), se lo comió. En ese momento, divisó un manantial (泉眼) allá, junto a una piedra, y de inmediato sintió grandísimas ganas de beber agua. Tiró al suelo la cáscara de plátano y se dirigió al manantial. Cuando sació su sed, dio media vuelta y vio un árbol. —¡Qué enorme es!— se dijo,— y qué buena sombra tiene.— Estaba llegando al árbol, cuando, de repente, se resbaló y cayó al suelo. Mientras trataba de levantarse, se dio cuenta de que había pisado la cáscara de un plátano.

—¿Quién ha tirado esto aquí?— gritó, furioso,— ¡Qué malas costumbres tiene esta gente!

Tras algunos esfuerzos, consiguió levantarse. Ya de pie, se sorprendió al ver un caballo atado a una rama.

—¡Qué regalo del destino!—, dijo cambiando súbitamente de humor,— ¡un caballo sin dueño! ¡Ahora podré seguir mi camino cabalgando (骑着)!

Lo desató, montó y dejó que el caballo tomar la dirección.

—¡Qué bien!— pensó, apurando (催促) con el látigo (鞭子) al caballo, sin darse cuenta de que estaba haciendo el camino de vuelta. Cuando pasó delante de una casa, vio que una mujer salía y le gritaba, furiosa:

—¡Eh, para! ¿Adónde vas? ¿Y las compras?

El hombre detuvo el caballo y miró a la mujer sin entender.

—¡Ya veo!— dijo la mujer—, ¡Te haces el olvidadizo para justificar (辩解) tu flojera (懒散，懈怠)! ¡Te has ido a divertir! Por eso no has comprado nada, no te importa hacerme sufrir.

—¿Y quién es esta mujer que me grita así?— dijo el hombre mientras apuraba al caballo. Minutos después, se perdía, lejos, por el camino.

XV. Trabajos de casa.

3. Traduzca al español las siguientes oraciones：

    1) ¿Se han aclarado los motivos por los que a Cervantes lo condenaron a prisión en dos ocasiones?

    2) Todo el mundo tiene el deber de ayudar y amparar a los débiles.

    3) Aparte de *El Ingenioso Hidalgo Don Quijote de la Mancha*, ¿qué otras obras nos ha dejado Cervantes?

    4) El muy sinvergüenza de Héctor se ha atribuido el éxito de la reunión cuando, en realidad, todo el mundo colaboró en su organización.

    5) Hay que combatir firmemente estos males sociales.

    6) Señor presidente, ¿me permite agregar algo más para completar mi idea?

    7) Una vecina mía me describió con mucho detalle la figura de la persona que había venido a buscarme cuando yo no estaba.

    8) El material de que dispongo es escaso para la tesis que pienso escribir.

    9) Cuando mi abuelo se incorporó al ejército tenía apenas 17 años.

    10) Fueron pocas las cosas que se lograron rescatar del incendio.

第三课

课文参考译文

普罗米修斯

　　作为泰坦族的一员，普罗米修斯常常与奥林匹斯山上的众神交往。他反对对权势唯唯诺诺，与暴政势不两立，因此他创造了人类这一新的部族，希望随着时间的推移，他们能够最终接替众神。根据希腊神话，普罗米修斯是人类的创造者和恩人。

　　普罗米修斯生性叛逆，不安分守己，常凭借自己的聪明狡黠欺骗宙斯这位奥林匹斯山上的众神之神。比如，有一次，在分配作为祭品的牲畜时，他把骨头分给了神，把肉留给了人。发现被骗后，为了惩罚他，宙斯剥夺了人类使用火的权利。对于人类生活来说，火十分宝贵，没有它，人们不仅只能茹毛饮血，而且无法学习冶炼金属的技术，无法在家中生火、驱散黑暗或赶走冬日的严寒。于是，从那以后，只有奥林匹斯山上的众神才能享用那赤红之花。

　　普罗米修斯立刻做出回应。他盗取了奥林匹斯山上的圣火，连同其他宝贵的技能知识一起交给了人类。

　　宙斯勃然大怒，决定惩罚人类。他把地球上第一位女性——潘多拉派到普罗米修斯家，作为礼物送给其兄弟厄庇墨透斯。潘多拉美艳无比，随身带着一个密盒。她本不应打开盒子，但是，由于没有控制住自己的好奇心，潘多拉把盒子打开了。后果可怕至极：战争、阴谋、嫉妒、疾病等种种祸害从盒中飞出，传播到世界各地。

　　这还不够。宙斯又用更严酷、更残忍的手段惩罚普罗米修斯。他下令用铁链把普罗米修斯拴在高加索山脉的一座山顶上，让一只秃鹫反复啄食他的肝脏。为了让这种折磨永远持续下去，普罗米修斯的肝脏被啄咬后又一次次长出，如此循环往复，永不停息。普罗米修斯一声声呻吟得到的唯一回应只有苍天的无动于衷、巨石的冷漠无情和群山中的阵阵回音。尽管如此，他也没有向众神屈服，众神也没有同情他。若不是赫拉克勒斯射死了凶悍的秃鹫，将普罗米修斯从苦难中解救出来，这一酷刑恐怕会无休止地进行下去。

　　普罗米修斯的牺牲没有白费。由于掌握了火的多种用途，人类的生活开始发生天翻地覆的变化：他们发明各式菜肴；搭建舒适的房屋，并用火把照明；熔解坚硬的金属打造自己喜欢的物品；制造威力巨大的武器、得心应手的工具和妇女戴在胸前和手腕上熠熠发光的金属饰品。

　　普罗米修斯的故事是希腊神话里的重要一章，它反映了原始人类渴望得到庇佑的需求。面对无情、强悍的大自然，人类深感自身渺小，因此渴望能出现一个高于人类的神明，不仅能保护他们、把他们从苦难中解救出来，还能教他们如何提高效率，过上更幸福、舒适的生活。几乎所有文明中都有这样具备超自然力的英雄，相比之下，普罗米修斯有一点与众不同。他不仅教会受他庇佑的凡人使用火和掌握各项技能，换句话说，不满足于为他们提供进步的工具，还做出了更大贡献——用极其重要的理念照亮其心灵，开启其心智：受到欺凌，必须反抗，坚信必要时，只有抗争才能活出尊严。普罗米修斯自己就是活生生的例子，因为无法容忍奥林匹斯山上众神之神宙斯胡作非为、仗势欺人，他奋起抗争。当看到宙斯被普罗米修斯挺身而出保护人类的背叛行为激怒，下令把他绑在高加索山的岩石之上，让他忍受恐怖而残忍的折磨时，谁能不为之动容？宙斯的专断残暴和普罗米修斯不屈不挠的抗争在此展露无遗。

　　与耶稣不同，普罗米修斯这位希腊英雄没有向人类许诺可以让他们永远摆脱苦难，而只是告诉他们，我给你们工具，但你们的命运掌握在自己手中。

练习参考答案

I. **Siguiendo la grabación, lea las siguientes frases hechas, poniendo atención en la fonética y en la entonación.**

略。

II. **Conjugue los siguientes verbos en todas las personas de los modos y tiempos indicados.**

略。

III. **Escuche las preguntas sobre el texto y contéstelas oralmente en español.**

录音（**Transcripción**）

1. ¿Por qué Prometeo podía alternar con los dioses del Olimpo?

2. ¿Con qué propósito creó los seres humanos?

3. Según la mitología griega, ¿qué significa la imagen de Prometeo para la humanidad?

4. ¿Qué solía hacer Prometeo con Zeus, el dios de los dioses del Olimpo?

5. Cite un ejemplo para demostrar ese tipo de engaño.

6. ¿Cómo reaccionó Zeus cuando descubrió lo que había hecho Prometeo?

7. ¿Qué importancia tenía el fuego para el hombre?

8. ¿Cuál era la intención de los dioses del Olimpo en lo que se refiere a *la flor roja*?

9. ¿Qué hizo Prometeo al ver que Zeus privó a los hombres del fuego y lo guardó, reservándolo solo para el Olimpo?

10. En esa ocasión, ¿qué se le ocurrió a Zeus para castigar a los hombres?

11. ¿Se limitó Zeus a castigar a los hombres?

12. ¿Cuál fue el castigo reservado a Prometeo?

13. ¿Qué respuesta encontraron los gemidos de Prometeo cruelmente torturado?

14. ¿Se sometió Prometeo a los dioses olímpicos?

15. ¿Alguien se ofreció a sacarlo del sufrimiento?

16. ¿Surtió algún efecto el sacrificio que hizo Prometeo?

17. Lo que se cuenta sobre Prometeo, ¿es una historia aislada?

18. ¿Qué anhelo de los pueblos primitivos está reflejado en esta historia?

19. ¿Por qué sentían esa necesidad los pueblos primitivos?

20. ¿Qué peculiaridad presenta Prometeo a diferencia de los demás héroes mitológicos dotados de poderes sobrenaturales?

21. ¿Se limitó Prometeo a enseñar a los hombres a vivir con dignidad?

22. ¿Cuál fue la consecuencia de su heroísmo?

23. ¿Es posible ser indiferente ante la escena del suplicio de Prometeo?

24. ¿Qué demuestran esas escenas?

25. ¿En qué consiste la diferencia que separa a Prometeo de Jesucristo?

答案（Clave）

1. Como Prometeo era un titán, o sea una especie de semidiós, podía alternar con los dioses del Olimpo.

2. Sabiendo que Zeus era un tirano que trataba de mantener sometidos a los demás, Prometeo, que odiaba toda sumisión y tiranía, decidió crear a los seres humanos para que algún día sucedieran a los dioses del Olimpo e hicieran desaparecer el dominio absoluto de Zeus.

3. Según la mitología griega, Prometeo fue el creador y el benefactor de la humanidad.

4. Como Prometeo era inquieto y rebelde, solía valerse de su astucia para engañar a Zeus, el dios de los dioses del Olimpo.

5. Por ejemplo, en una ocasión, al determinar el reparto de los cuerpos de los animales sacrificados, consiguió que se destinaran los huesos a los dioses y la carne a los hombres.

6. Descubierto el engaño, Zeus decidió castigarlo privando a los hombres del fuego, elemento valioso para la vida.

7. Sin el fuego, el hombre no solo tenía que comer los alimentos crudos, sino que no era posible que aprendieran a trabajar los metales, ni tuvieran una llama encendida en casa, fuese para disipar la oscuridad nocturna, fuese para ahuyentar el frío invernal.

8. Preferían reservársela para sí mismos.

9. Prometeo robó el fuego del Olimpo y se lo entregó a los hombres, junto con otro bien valioso: la sabiduría de las artes.

10. Zeus decidió castigar a los hombres enviando a casa de Prometeo, como un regalo para su hermano Epimeteo, a Pandora, la primera mujer en la Tierra. Era muy bella y llevaba consigo una caja que no debía abrir, pero ella, impulsada por una curiosidad incontrolable, la abrió. Entonces, ocurrió algo terrible: las calamidades, como por ejemplo guerras, intrigas, envidias y enfermedades, salieron volando de la caja y se repartieron por todo el mundo.

11. No, Zeus no se limitó a castigar severamente a los hombres. Tenía reservada otra tortura aún más cruel para Prometeo.

12. El castigo consistió en mandar que lo encadenaran a una cima del Cáucaso a fin de que, allí, un águila le devorara el hígado eternamente. Para que el suplicio pudiera cumplirse, el órgano devorado volvía a nacer y crecer una y otra vez, de manera permanente.

13. Sus gemidos no recibían otra respuesta que la indiferencia del cielo, la frialdad de los riscos y el eco que retumbaba en medio de las montañas.

14. En absoluto. Prometeo no se sometió a los dioses, quienes, por otro lado, tampoco se ablandaron.

15. Sí. Hércules se prestó a sacarlo del suplicio matando con sus flechas al águila. Si no hubiera sido por él, la tortura habría proseguido eternamente.

16. Por supuesto. El sacrificio de Prometeo no fue en vano: dominado el fuego en sus múltiples usos, la vida de los seres humanos empezó a cambiar de manera radical: inventaron variadas comidas; construyeron casas acogedoras, que iluminaron con antorchas; derritieron los duros metales para trabajarlos a voluntad; y fabricaron armas temibles, herramientas eficaces y joyas brillantes que fueron a adornar el pecho o los brazos de las mujeres.

17. No, es un importante capítulo incluido en la mitología griega.

18. En la historia sobre Prometeo está reflejado el anhelo que sentían todos los pueblos primitivos por tener un ser superior que no solo los protegiera y los sacara de sus sufrimientos, sino que también les enseñase cómo elevar el rendimiento de sus actividades para vivir con mayor bienestar y comodidad.

19. Porque se sentían muy débiles frente a las despiadadas fuerzas de la Naturaleza.

20. Prometeo no se limitó a entregar a los mortales las herramientas del progreso, sino que, además, les iluminó el corazón y la mente con algo de importancia incalculable: la necesidad de rebelarse ante la injusticia y la convicción de que llevarla a cabo cuando hacía falta permitía vivir con dignidad.

21. No, no se limitó a enseñarles eso, sino que les mostró con su propio ejemplo cómo aplicar este principio, rebelándose ante la injusticia y luchando contra los abusos de la prepotencia de Zeus, la máxima autoridad del Olimpo.

22. Su rebeldía lo llevó al sacrificio, ya que Zeus lo sometió a crueles torturas.

23. ¡Imposible! Cualquier persona se conmovería ante tan terrible sufrimiento, y más todavía: sentiría indignación y ganas de rebelarse contra el causante de tanta crueldad y tanta injusticia.

24. Esas escenas demuestran principalmente dos cosas: la autoritaria crueldad de Zeus y la indoblegable rebeldía de Prometeo.

25. Jesucristo promete a los hombres la salvación eterna, que, según Prometeo, es cosa imposible, de modo que él sencillamente les dice: Os doy las herramientas, pero vuestro destino está en vuestras propias manos.

IV. Aclare, por escrito, a qué se refieren los términos en cursiva; y en caso de que sean verbos, diga cuál es el sujeto. Todas las oraciones son del texto.

1. *su*: de Prometeo

2. *Enemigo*: Prometeo
   creó: Prometeo
   sucediera: una casta

3. *la humanidad*: los seres humanos; los hombres

4. *Inquieto y rebelde*:
   solía: Prometeo
   su: de Prometeo

5. *consiguió*: Prometeo
   se destinaran: los huesos

6. *Descubierto*: el engaño
   lo: a Prometeo
   elemento valioso: el fuego

7. *él*: el fuego

8. *la flor roja*: el fuego
   reservada: la flor roja

9. *se*: a los hombres

lo : el fuego

entregó : Prometeo

10. *Era* : Pandora

traía : Pandora

debía : Pandora

llevada : Pandora

11. *algo* : el fenómeno de que las calamidades —guerras, intrigas, envidias, enfermedades—
salieron volando de la caja y se repartieron por todo el mundo.

salieron : las calamidades —guerras, intrigas, envidias, enfermedades—

se repartieron : las calamidades —guerras, intrigas, envidias, enfermedades—

12. *reservado* : otro castigo

consistente : el castigo

lo : a Prometeo

encadenaran : *oración impersonal*

le : a Prometeo

13. *Sus* : de Prometeo

14. *quien* : Hércules

sus : de Hércules

el ave feroz : el águila

15. *su* : de Prometeo

16. *Dominado* : el fuego

sus : del fuego

Inventaron : los hombres

construyeron : los hombres

iluminaron : los hombres

derritieron : los hombres

los : los metales

fabricaron : los hombres

fueron : joyas brillantes a adornar el pecho o los brazos de las mujeres

17. *se puede* : ver reflejada la necesidad

reflejada : la necesidad

sentían : los pueblos primitivos

anhelaban : los pueblos primitivos

los : a los pueblos primitivos

protegiera: un ser superior

sus: de los pueblos primitivos

les: a los pueblos primitivos

enseñase: un ser superior

18. se limitó: Prometeo

   sus protegidos: los mortales o los hombres

   no se contentó: Prometeo

   les: a los mortales o a los hombres

   les: a los mortales o a los hombres

   iluminó: Prometeo

19. la: la necesidad

   hacía falta: llevarla a cabo

   permitía: llevarla a cabo

20. Él mismo: Prometeo

   esto: no tolerar los abusos y la prepotencia de la máxima autoridad del Olimpo

   lo: a Prometeo,

   llevó: no tolerar los abusos y la prepotencia de la máxima autoridad del Olimpo

21. enfurecido: Zeus

   salir: Prometeo

   dispone: Zeus

   lo: a Prometeo

   aten: oración impersonal

   le: a Prometeo

   espera: una terrible y cruel tortura

22. Quedan: dos cosas

   dos cosas: la autoritaria crueldad de Zeus y la indoblegable rebeldía de Prometeo

23. el héroe griego: Prometeo

   les: a los hombres

   les: a los hombres

   dice: Prometeo

24. Os: a vosotros, los hombres

   doy: yo, Prometeo

   vuestro: de vosotros, los hombres

V.   **Sustituya la parte en cursiva por algún sinónimo teniendo en cuenta el contexto.**

1.   Debido a su calidad de titán, Prometeo *tenía trato con/trataba con* los dioses en el Olimpo.

2.   *En contra de* toda sumisión y tiranía, creó una casta —los seres humanos— para que, con el tiempo, sucediera a los dioses olímpicos.

3.   *De acuerdo con* estas referencias de la mitología griega, Prometeo fue el creador y el benefactor de la humanidad.

4.   Inquieto y rebelde, solía *usar/emplear/aprovechar/recurrir a* su astucia para engañar a Zeus, el dios de los dioses del Olimpo, ...

5.   ... como esa vez en que, al *fijar/decidir* el reparto del cuerpo de los animales sacrificados, consiguió que se destinaran los huesos a los dioses y la carne a los hombres.

6.   Descubierto el engaño, Zeus decidió castigarlo *quitando el fuego a los hombres*, elemento valioso para la vida, ya que sin él no solo tenían que comer los alimentos crudos sino que no podían aprender a *dar forma a* los metales, ni *poseer* una llama encendida en las casas, fuera para disipar la oscuridad nocturna, fuera para ahuyentar el frío invernal.

7.   Así, la flor roja quedaba *guardada/destinada a* únicamente para los dioses del Olimpo.

8.   La respuesta de Prometeo fue inmediata: robó el fuego del Olimpo y se lo *dio* a los hombres, junto con otro bien valioso: la sabiduría de las artes.

9.   Zeus se enfureció tanto que decidió castigar a los hombres *mandando/haciendo llegar* a casa de Prometeo, como un regalo para su hermano Epimeteo, a Pandora, la primera mujer en la Tierra.

10. Era muy bella y traía consigo una caja secreta que no debía abrir, pero que ella, *atraída/empujada/impulsada* una curiosidad incontrolable, abrió.

11. Fue algo terrible: las calamidades —guerras, intrigas, envidias, enfermedades— salieron volando de la caja y *se extendieron/se propagaron/se distribuyeron* por todo el mundo.

12. Pero no fue todo: Zeus tenía reservado otro castigo aún más severo y cruel para Prometeo, consistente en *ordenar* que lo *atasen* a una cima del Cáucaso a fin de que, allí, un águila le devorara el hígado eternamente.

13. Para que el suplicio pudiera *realizarse*, el órgano devorado volvía a nacer y crecer una y otra vez, de manera permanente.

14. *A pesar de eso/Sin embargo*, Prometeo no se sometió a los dioses, quienes, por otro lado, tampoco se ablandaron.

15. La tortura *habría continuadosin* límite de tiempo si no hubiera sido por Hércules, quien *sacó* a Prometeo del suplicio matando con sus flechas al ave feroz.

16. En esta historia sobre Prometeo, importante capítulo de la mitología griega, se puede ver reflejada la necesidad de *protección* de los pueblos primitivos.

17. ... debido a la debilidad que sentían frente a las despiadadas fuerzas de la Naturaleza, *deseaban* el surgimiento de un ser superior que no solo los protegiera y los sacara de sus sufrimientos, sino que también les enseñase cómo *aumentar* el rendimiento de sus actividades para vivir con mayor bienestar y comodidad.

18. Entre este tipo de héroes dotados de poderes sobrenaturales, que aparecen en casi todas las culturas, Prometeo *presenta* cierta peculiaridad.

19. No se limitó a *enseñar* a los mortales, sus protegidos, en el *uso* del fuego y en el dominio de muchas otras artes –es decir, no se contentó con entregarles las herramientas del progreso–, sino que hizo mucho más que eso: les iluminó el corazón y la mente con algo de importancia incalculable: la necesidad de rebelarse ante la injusticia y la convicción de que llevarla a cabo cuando *era necesario* permitía vivir con dignidad.

20. A diferencia de Jesucristo, el héroe griego no les *promete* a los hombres la salvación eterna sino que sencillamente les dice: Os doy las herramientas pero vuestro destino está en vuestras propias manos.

VI. **Complete las siguientes oraciones utilizando los vocablos que se dan al final de cada una de ellas para formar una construcción conjuntiva disyuntiva y distributiva.**

1. Deme, por favor, cualquier publicación, *sea una novela, sea una revista, sea un periódico.*

2. El profesor ordenó que repartiéramos los libros entre los compañeros, *fueran los del primer año, fueran los del segundo o del tercero y cuarto.*

3. Ignacio era capaz de manejar cualquier vehículo motorizado, *fuese un carro, fuese un autobús, fuese un camión.*

4. Tenéis que ir renovando todos los electrodomésticos, *sea el televisor, sea la nevera, sea la lavadora.*

5. En esa época, Héctor se enfurecía por cualquier nimiedad: *fuera una palabra, fuera una sonrisa, fuera un gesto involuntario.*

6. Es realmente insoportable el joven ese: anda burlándose de todos, *sean conocidos, sean desconocidos.*

7. El tirano torturaba a la gente con cualquier cosa, *fuese un palo, fuese una cuerda, fuese un látigo.*

8. ¿Qué tiene estos días tu hermano? Cualquier situación, *sea triste, sea alegre,* le es indiferente.

9. En esa tienda no se admite ninguna moneda extranjera, *sea dólar, sea euro.*

10. El piloto nos dijo que su avión podía volar en cualquier condición atmosférica, *fuera una tormenta, fuera un huracán.*

VII. **Enlace las dos oraciones simples en una compuesta utilizando** *no solo [no]... sino que [también/además/tampoco]...* **y efectuando otros reajustes necesarios.**

1. Prometeo no solo creó a los seres humanos, sino que esperaba que estos sucedieran a los dioses olímpicos.

2. Prometeo no solo alternaba con los hombres, sino que, además, los ayudaba a progresar.

3. Aquella débil llamita no solo no consiguió ahuyentar el frío, sino que tampoco sirvió para disipar la profunda oscuridad.

4. Raquel no solo quiso renovar los electrodomésticos, sino que, además, se propuso remodelar toda la casa.

5. Al escuchar la súplica del prisionero, el tirano no solo no se ablandó, sino que se enfureció todavía más.

6. Frente al llanto de la mujer, el despiadado gerente no solo no cambió su actitud indiferente, sino que la trató con mayor frialdad.

7. No entiendo por qué no solo no reclamaste tu salario, sino que tampoco nos permitiste que nosotros lo hiciéramos.

8. ¿No notaste que los demás no solo no estaban dispuestos a respaldarte, sino que ni siquiera prestaban atención a lo que les decías?

9. Los dioses olímpicos no solo privaron al hombre de los beneficios que Prometeo les había traído, sino que, además, decidieron torturar a este con crueldad.

10. Oriol no solo no contestó mi email, sino que tampoco atendió a mis llamadas.

VIII. **Transforme las siguientes oraciones empleando las fórmulas:** *no otra cosa sino/ que... (más... que).*

1. En aquella habitación no había otra cosa que cajas vacías.

    En aquella habitación no había sino cajas vacías.

    En aquella habitación no había más que cajas vacías.

2. Para explorar la pequeña gruta no estábamos provistos más que de una antorcha.

Para explorar la pequeña gruta no estábamos provistos de otra cosa que de una antorcha.

Para explorar la pequeña gruta no estábamos provistos sino de una antorcha.

3. No encontré más que alimentos crudos en la nevera.

    No encontré otra cosa que alimentos crudos en la nevera.

    No encontré sino alimentos crudos en la nevera.

4. No nos quedaba más que una alternativa.

    No nos quedaba sino una alternativa.

    No nos quedaba más que una alternativa. (**Hay cierta ambigüedad en este uso**: **puede querer decir también que**, **entre otras cosas**, **nos quedaba una alternativa**, **de modo que una ya no es adjetivo numeral sino artículo indefinido**.)

5. La población local temía que el nuevo gobernador que se les había impuesto no les trajera más que calamidades.

    La población local temía que el nuevo gobernador que se les había impuesto no les trajera otra cosa que calamidades.

    La población local temía que el nuevo gobernador que se les había impuesto no les trajera sino calamidades.

6. No se le ha destinado al proyecto más que una escasa cantidad de dinero.

    No se le ha destinado al proyecto otra cosa que una escasa cantidad de dinero.

    No se le ha destinado al proyecto sino una escasa cantidad de dinero.

7. Lo siento mucho: no se les ha reservado más que una habitación.

    Lo siento mucho: no se les ha reservado sino una habitación.

8. Con lo que te propones hacer no conseguirás otra cosa que enfurecerlo todavía más.

    Con lo que te propones hacer no conseguirás sino enfurecerlo todavía más.

    Con lo que te propones hacer no conseguirás más que enfurecerlo todavía más.

9. No nos han enviado más que la mínima parte de los libros que hemos encargado.

    No nos han enviado sino la mínima parte de los libros que hemos encargado.

10. La joven pareja no quería otra cosa que adquirir una casita acogedora.

    La joven pareja no quería más que adquirir una casita acogedora.

    La joven pareja no quería sino adquirir una casita acogedora.

IX. **Ejercicios del léxico.**

A. **Empleando en forma adecuada las voces que se dan a continuación, complete las oraciones que aparecen numeradas más abajo.**

    1. Yo fui testigo ocular del terrible accidente de tráfico que *sucedió* hace pocos días.

2. Los frecuentes abusos que presenció mi tío abuelo *determinaron* que se incorporase a la revolución para luchar contra la injusticia social.

3. En esa tribu, todo varón, desde niño, tiene que aprender a *manejar* el arco y la flecha.

4. La riqueza de un país debe *repartirse* de manera equitativa (公平的).

5. Señorita, ¿me puede *reservar* un pasaje de avión para la Ciudad de Guatemala? Lo quiero para el día 24 de julio.

6. Señor gerente, ¿se propone usted *privarnos* del derecho de reclamar lo que nos pertenece?

7. Nadie sabía a qué taller se le *destinaría* al joven aprendiz.

8. *A diferencia de* mucha gente que se resigna, nosotros no aceptamos la sumisión a la tiranía de los jefes.

9. El marido le dijo a la esposa: "Todo ese dinero lo vamos a *reservar* para nuestro hijo."

10. La tiranía de ciertos gobernantes constituye, muchas veces, el factor *determinante* que provoca las rebeliones populares.

11. Todavía no se sabe quién va a *suceder* al gobernador que está por jubilarse.

12. Mira, este aparato *se maneja* de esta manera.

13. La *determinación* de Prometeo de ayudar a los seres humanos era inquebrantable.

14. El joven diplomático estaba ansioso por saber a qué país lo *destinaría* el Ministerio de Relaciones Exteriores.

15. El pastel era tan pequeño que yo no sabía cómo *repartirlo* entre tanta gente.

16. ¿A qué piensas destinar ese dinero que acaba de *entregarte* tu padre?

17. Me sentía un poco nervioso porque era la primera vez que *manejaba* un carro.

18. Al notar la frialdad con que me atendió el funcionario, preferí *reservar* mi cortesía y mostrarle también mi mala cara.

19. Cuando la gente se ve *privada* de todo lo esencial para vivir, no le queda otra alternativa que rebelarse.

20. Zeus sometió a crueles torturas a Prometeo *a fin de* forzarlo a abandonar su actitud rebelde.

B. Al escuchar la perífrasis, diga el vocablo o expresión correspondiente.

1. ablandar   2. acogedor   3. ahuyentar   4. alternar   5. alternativa,

6. ansia   7. calamidad   8. crudo   9. indiferencia   10. suceder

X. **Conjugue los infinitivos que están entre paréntesis en el tiempo y la persona correspondientes.**

La estación del Metro de Madrid estaba, como cualquier otro día, llena de gente. Los trenes *partían*, *llegaban* y de los vagones *salía* una multitud de personas. Yo *estaba esperando* para entrar y partir. En media hora, *tenía* que estar en la universidad porque allí yo *dictaba* clases a un grupo de jóvenes españoles, a quienes *enseñaba* chino y no me *quedaba* mucho tiempo. Cuanto más larga *era* la espera, más gente *se acumulaba* y más grande *era* mi angustia, pues *temía* no poder tomar el tren a causa de la creciente aglomeración.

Por suerte, los empujones me *pusieron* en la primera fila y *pude* entrar en el vagón y acomodarme junto a la puerta para después apearme sin mayores problemas. De repente, el tren *arrancó* y *sentí* un gran alivio, pues eso *significaba* que *podía/podría* llegar a tiempo a la clase. *Había* tanta gente que apenas *respiraba* pero, sabiendo que el tren no *sufría* retrasos, no me *importó* la incomodidad: *llegaría* a tiempo a mi clase.

En la tercera o cuarta estación, *noté* que alguien me *tocaba* el hombro y me *decía* en voz baja:

—Señor, le *han robado*.

—¡Qué me *dice*!

—El ladrón *se ha bajado* en la estación anterior.

Me palpé el bolsillo de la chaqueta y, efectivamente, *comprobé* que mi billetera *había desaparecido* con todo mi dinero.

No sé por qué, le *dirigí* al hombre, no una mirada de agradecimiento, sino de furia. Luego, *salí* del vagón, gritando en medio de la multitud:

—¡Me *han robado*, me *han robado*!

La gente, acostumbrada a estos sucesos, me *miró* con indiferencia y, justo en ese momento, *recordé* mi clase de chino y *traté* de volver al vagón, pero este *acababa* de cerrar sus puertas y *me quedé* en el andén, mortificado por no poder llegar a tiempo a mi clase.

Esperando que ya no me *pasara* otra cosa mala, *me acordé* de este dicho: Cuando los males *vienen*, no *vienen* solos.

XI. **Siempre que sea necesario, rellene los espacios en blanco con un artículo o la forma contracta de artículo y preposición.**

La señora acababa de contratar (雇) *una* nueva sirvienta. *Un* día, antes de salir, le dejó *Ø* instrucciones concretas:

—Si llama alguien por *Ø* teléfono, tienes que contestar con *Ø* pocas palabras: "*La* señora ha salido." "Tenga *la* amabilidad de dejar su teléfono." Todo esto, pero con Ø buenos modales (举止，风度), ¿de acuerdo?

　　Al día siguiente, *un* conocido se encontró con *la* señora.

　　—¡Vaya Ø criada tan maleducada que tienes! Te llamé por Ø teléfono y me contestó: "Ø pocas palabras porque *la* señora ha salido; tenga *la* amabilidad de darme su número de Ø teléfono, pero con Ø buenos modales, ¿de acuerdo?"

XII. Rellene los espacios en blanco con las preposiciones adecuadas.

　　Zeus, enfurecido *por* el engaño que había sufrido *por* parte *de* Prometeo, decidió vengarse *de* la raza humana. Encargó *a* Hefesto que modelase *con* arcilla (黏土) una figura *de* mujer *a* imagen *de* (按照……模样) las diosas. Luego, Atenea la vistió, las Gracias la enjoyaron (给……戴上珠宝), las Horas la cubrieron *de* flores, Afrodita le dio su belleza, Hermes le confirió la maldad y la falta *de* inteligencia. Hecha la obra —era la primera mujer destinada *a* vivir *en* el mundo *de* los hombres—, Zeus la dotó *de* vida, le puso el nombre *de* Pandora y la envió como regalo *a* Epimeteo. Aunque su hermano, Prometeo, le había ordenado que no aceptase ningún presente *de* Zeus, aquel, atraído *por* la belleza *de* Pandora, no le obedeció y se casó *con* ella.

　　Un día, Pandora encontró *en* casa una caja cerrada y, llena *de* curiosidad, la abrió. *De* esa manera hizo que salieran todos los males que se repartieron rápidamente *por* toda la tierra.

XIII. Dictado.

录音（**Transcripción**）

　　De acuerdo con algunos especialistas, en la mitología griega, la imagen de Prometeo es el benefactor de la humanidad. El titán no solo regaló al hombre recursos para promover el progreso material, sino que, además, le dio, entre muchos otros bienes de enorme utilidad, el ideal de libertad. Él enseñó a los seres humanos cómo armarse de valor para defender su propia dignidad luchando contra los tiranos, aun a riesgo de perder la vida o de sufrir crueles torturas. La importancia de esta enseñanza consiste en que, a pesar de su debilidad física, el hombre puede llegar a ser una criatura fuerte si sabe apreciar su propia dignidad y libertad.

　　A diferencia de Jesucristo, Prometeo no asume el papel de Salvador, sino que pone en nuestras manos las herramientas para que con ellas luchemos nosotros mismos por nuestra salvación.

　　Recordemos lo que se dice en la *Internacional*: *Nunca ha habido salvadores, ni dioses ni emperadores, para conquistar la felicidad de verdad, nosotros tenemos que luchar.*

XIV. Escuche la grabación y luego haga una versión oral resumida.

录音（Transcripción）

Érase una vez un emperador muy déspota y cruel que no toleraba que los demás le contradijeran (反驳), aun cuando lo que él afirmaba fuera un notorio disparate. A los que no respetaban esta regla, les cortaba la cabeza sin contemplaciones (思索).

Cierto día, estando el soberano en una reunión con sus cortesanos, entró de repente un ciervo (鹿) en la sala. Al ver al animal, se le ocurrió poner a prueba, aprovechando la ocasión, la fidelidad de sus vasallos (臣民), de modo que exclamó jubilosamente:

—¡Qué hermoso caballo es este!

Hubo un breve momento de silencio debido a la sorpresa, pero en seguida comenzó a surgir un murmullo cada vez más audible y se oyó decir:

—Sí, sí, es un corcel (骏马) de extraordinaria belleza.

En otra ocasión, una de estas caprichosas reacciones del emperador trajo consecuencias catastróficas. Ocurrió cuando un mensajero le anunció:

—¡El ejército del país vecino ha traspasado (越过) la frontera! ¡Nos invaden!

—¡Miserable! ¡Cobarde!— rugió enfurecido el emperador, —¿Quién podrá atreverse a invadir este imperio tan poderoso y tan temido?

El mensajero fue ejecutado de inmediato y nadie dijo nada. Mientras tanto, las tropas invasoras se aproximaban al palacio.

XV. Trabajos de casa.

3. Traduzca al español las siguientes oraciones:

1) A diferencia de los dioses olímpicos, Prometeo era amigo de la humanidad.

2) A riesgo de perder el trabajo, Lorenzo decidió plantear al gerente las reclamaciones de sus compañeros obreros.

3) Se trata de una sustancia que se ablanda fácilmente bajo el efecto del calor.

4) Los aldeanos no sabían cómo ahuyentar los elefantes que invadían sus parcelas de cultivo.

5) En aquella situación, no nos quedó otra alternativa que aceptar las injustas condiciones que nos impusieron.

6) Los hombres primitivos descubrieron el fuego, que no solo les permitió cocer sus alimentos, sino que también les sirvió para ahuyentar el frío invernal y disipar la oscuridad nocturna.

7) Ninguna cosa del mundo puede existir eternamente.

8) Me sorprendió la indiferencia de esa gente frente al sufrimiento de los demás.

9) Ya no sigas. Debes saber que mi paciencia tiene un límite.

10) El tirano intentó privar al pueblo de su libertad.

第四课

课文参考译文

登月

（根据文章《登月》改编，选自儿童环球图书馆"伟大飞跃"系列第7册《航天飞行》，马德里桑迪亚纳出版社，1971年）

时间已经过去了几个小时，鹰号登月舱已经从哥伦比亚号指挥舱分离。阿姆斯特朗和奥尔德林一面注视着飞速接近的陌生景色，一面听着夹杂着噪音的休斯敦技术人员的声音。

"登月路线畅通，重复一遍，登月路线畅通。"

阿姆斯特朗报告说："我正在手动驾驶飞船。自动驾驶装置刚才要把我们带到火山口里去。"

燃料即将耗尽，如果鹰号不能在60秒内登月，就必须启动返回哥伦比亚号的程序。然而此时，阿姆斯特朗的声音又响了起来："登月舱下降，发动机掀起大量尘土，触地灯点亮，引擎关闭。注意，我们已到达宁静海。鹰号登月成功。"

晚间9时36分（西班牙时间凌晨3时36分），阿姆斯特朗通知地球："鹰号着陆宁静海。我准备开启舱门。舱门打开！"

"这里是休斯敦。尼尔，请启动摄像机。"

阿姆斯特朗回答："我正在出舱的梯子上，往下走了一级。现在我打开电视，能收到信号吗？"

"我们收到图像了。小伙子！我们看见你走下梯子了！"

在《看世界》栏目里，数千万人看着阿姆斯特朗走下梯子。一步，又一步，他愈发感到激动与骄傲。只要轻轻一跳，到了！此刻的时间是休斯敦晚上9点56分。

脚踏月球，阿姆斯特朗说："这是我个人的一小步，却是人类的一大步。"

离登月舱不远的地方可以看到火山口大大的深坑。刚才，飞船正是在自动控制系统的指挥下向着火山口底部飞行。凭借熟练的驾驶技术，阿姆斯特朗成功纠正了登月舱盲目的行进，驾驶飞行器脱离了危险区域。

阿姆斯特朗的第一个任务是采集月球上的石块和月壤，把它们放入袋子密封后，交给奥尔德林。奥尔德林在登月指挥官阿姆斯特朗出舱15分钟后踏上月球地面，两位宇航员一起把美国国旗插在了月球表面。

他们把一些科学仪器放在月球上，向地球传送珍贵的数据。两人带去了地震探测器、激光聚光灯和一块太阳能板。他们穿着宇航服，看上去像两个怪物，小步跳着向前行进。

阿姆斯特朗说："月球表面好像盖着一层很细的尘土。我能看见自己在上面留下的脚印，在这里走路真是既轻松又舒服！"

过了一会儿，两位宇航员开始集中精力采集月球表面的样本，其中有含着闪光微粒的尘土和带有小坑的石块，这些小坑肯定是频繁坠落在月球表面的陨石撞击而成的。阿姆斯特朗问奥尔德林："你找到紫红色石块了吗？"

"没有。月球表面好像只有尘土，很细的尘土。眼前的一切感觉像做梦一样。"

他把一只管子插入月球表面，一边采取样本，一边对休斯敦说：

"插管子时，我感觉有点吃力。现在我把管子抽出来。奇怪，管子好像是湿的。"

"这里是休斯敦。你们要加快速度，氧气快用完了。大约还有3分钟时间。"

两人开始飞快地进行剩下的任务。阿姆斯特朗和奥尔德林的脉搏增加到了175次/分钟。

"这里是休斯敦。你们现在必须取下相机胶卷，并把样本盒封好。"

奥尔德林一边走近登月舱，一边对同伴说："帮我收好胶卷。"

"这里是休斯敦。你们还有最后1分钟。"

奥尔德林首先进入登月舱，阿姆斯特朗紧随其后。两位最先登月的人类在月球上留下的足迹被封存在了月壤下，成为这次伟大科学探险之旅的纪念。他们在月球上共停留了2小时5分钟。

也许有人会问：为什么人类对探索宇宙空间、登陆其他天体这么感兴趣？原因或许是多方面的，比如人生来就对陌生的事物充满好奇，希望了解它。人类的智力水平不断提升，不正是因为我们有着强烈的求知欲吗？不过，对宇宙的好奇也许还源自一个非常超前的计划，即为人类寻找未来的栖身之所。多年来，科幻小说家一直预言地球终有一天会人满为患，污染过度。

· 练习参考答案 ·

I. **Siguiendo la grabación, lea las siguientes frases hechas, poniendo atención en la fonética y en la entonación.**

略。

II. **Conjugue los siguientes verbos en todas las personas de los modos y tiempos indicados.**

略。

III. **Escuche las preguntas sobre el texto y contéstelas oralmente en español.**

录音（Transcripción）

1. ¿Qué orden se les da a los cosmonautas desde Houston?

2. ¿Por qué Armstrong pasa a manejar manualmente parando la conducción automática?

3. ¿Por qué si en 60 minutos el módulo *Águila* no consigue alunizar, tendrá que retornar a la nave *Columbia*?

4. ¿Qué está ocurriendo cuando desciende el módulo hacia la superficie de la luna?

5. ¿Cómo se llama el lugar donde ha alunizado el *Águila*?

6. ¿Qué quiere el técnico de Houston que haga el cosmonauta cuando el módulo ya está parado en la superficie de la luna?

7. ¿Qué imagen se contempla, en este momento, en la Tierra, a través de la televisión?

8. ¿Qué frase famosa ha dicho Armstrong al dar su primer paso en la luna?

9. ¿Qué se descubre al lado del módulo?

10. ¿Qué habría ocurrido si la pericia del cosmonauta no hubiera logrado imponerse a la ciega marcha de la máquina y guiar el vehículo fuera de la zona peligrosa?

11. ¿Cuál es su primera tarea y cómo la lleva a cabo?

12. ¿Qué hacen los dos cosmonautas cuando, quince minutos después, pisa la superficie de la luna el segundo cosmonauta?

13. ¿Con qué objetivo colocan los dos varios aparatos científicos en la luna?

14. ¿Cuáles son estos aparatos?

15. ¿Qué aspecto presentan los dos cosmonautas enfundados en sus trajes espaciales?

16. Según Armstrong, ¿cómo está el suelo lunar?

17. ¿Sabe por qué les resulta fácil y agradable andar en la luna?

18. ¿A qué labor se dedican luego los dos?

19. ¿Por qué las rocas lunares presentan numerosos hoyos?

20. ¿Por qué desde Houston se les urge el retorno cuando Aldrin introduce en el suelo un tubo para extraer las muestras?

21. ¿Por qué han subido tanto las pulsaciones del corazón de los dos hombres?

22. ¿Cuánto tiempo han permanecido en la luna?

23. ¿A qué se debe tanto interés por explorar el espacio cósmico y llegar a otros cuerpos celestes?

24. Por último, algunas preguntas relacionadas con los conocimientos sobre Astronomía:

    1) ¿Cómo está formado el sistema solar?

    2) ¿Cómo se llaman, respectivamente, los siguientes planetas?

    el más grande;

    el más cercano al sol;

    el más lejano del sol;

    el que habitamos nosotros.

    3) ¿Es la Tierra el único planeta del sistema solar que tiene un satélite?

答案（Clave）

1. Desde Houston se les da la orden de alunizaje, porque ya tienen la vía libre.

2. Porque los mecanismos automáticos los llevaban al interior de un cráter.

3. Porque el combustible se les está agotando.

4. Cuando el módulo *Águila* desciende hacia la superficie de la luna, el motor levanta mucho polvo y se enciende la luz de contacto. El motor queda parado ya que el módulo ya está posado en el suelo lunar.

5. El lugar donde ha alunizado se llama el Mar de la Tranquilidad.

6. Le dice que accione la cámara de televisión para que en la Tierra se puedan contemplar sus imágenes.

7. Todo el mundo está viendo cómo Armstrong sale del módulo y baja, muy emocionado y orgulloso, peldaño a peldaño por la escalerilla. Finalmente, de un salto, pone el pie en el suelo lunar.

8. "Este es un paso pequeño para el hombre y un salto gigantesco para la Humanidad"

9. Justo al lado del módulo se ve la sima de un profundo cráter.

10. Si el cosmonauta no se hubiese logrado imponer con su pericia a la ciega marcha del aparato, este habría caído en la profunda sima del cráter.

11. Su primera tarea consiste en recoger piedras y polvo lunares. Al sacar las muestras, las tiene que introducir en una bolsa que cerrará herméticamente y entregará a su compañero Aldrin que va a bajar del módulo quince minutos después.

12. Los dos comienzan a colocar varios aparatos científicos en la superficie de la luna.

13. Los colocan ahí para que transmitan a la Tierra valiosos datos.

14. Son un detector de movimientos sísmicos, un reflector de rayos láser y una pantalla solar.

15. Sus trajes espaciales les dan un aspecto fantasmagórico.

16. Según él, el suelo lunar está cubierto de un polvo muy fino, encima del cual ya empiezan a aparecer las huellas de su calzado espacial.

17. Porque la gravedad lunar solo equivale a una sexta parte de la terrestre. Es decir, si tú pesas 60 kilos en la Tierra, allá solo pesarás 10.

18. Más tarde, los dos astronautas se dedican a recoger muestras de la superficie lunar: masa de polvo con brillantes partículas y rocas.

19. Estos hoyos quizá hayan sido producidos por el impacto de los meteoritos que caen con frecuencia en la Luna.

20. Porque la reserva de oxígeno se les está agotando.

21. Porque debido al poco tiempo que les queda, los dos se ponen a trabajar con una prisa febril para acabar cuanto antes las diversas tareas.

22. Han permanecido ahí dos horas y cinco minutos.

23. Se puede atribuir ese interés a varios móviles: la curiosidad inherente al hombre por conocer todo lo desconocido; la necesidad de encontrar un hábitat alternativo antes de que el Globo Terrestre llegue a estar superpoblado o excesivamente contaminado. Pero también puede ser una especie de experimento de proyectiles de largo alcance y de alta precisión para usarlos en la guerra.

24. 1) El sistema solar es una gigantesca estructura circular con el sol en el centro y a su alrededor giran ocho planetas, cuyas órbitas forman ocho círculos concéntricos. Estos planetas son (según su distancia del sol, de cerca a lejos): Mercurio (水星), Venus (金星), Tierra (地球), Marte (火星), Júpiter (木星), Saturno (土星), Uranio (天王星) y Neptuno (海王星).

    2) El más grande es Júpiter; el más cercano al sol, Mercurio; el más lejano, Neptuno. Los seres humanos habitamos la Tierra.

    3) No. Júpiter tiene varios satélites y son cuatro los más notables.

IV. **Diga a qué se refiere la parte en cursiva. En caso de verbo, diga cuál es su sujeto. Todas las oraciones son del texto.**

1. *se acerca*: el extraño paisaje

2. *escuchan*: Armstrong y Aldrin

   llega envuelta: la voz del técnico de Houston

3. *vuelve a oírse*: la voz de Armstrong

4. *la imagen*: Armstrong

   chico: Armstrong

5. *lo*: a Armstrong

6. *el astronauta*: Armstrong

7. *el hombre*: Armstrong

8. *el módulo*: el Águila, el aparato que se ha separado de la nave para llevar a dos cosmonautas a la superficie de la luna

   se descubre: la sima de un profundo cráter

9. *la máquina*: el mecanismo automático

   el vehículo: el módulo

   la zona peligrosa: la profunda sima del cráter

10. *los*: piedras y polvo lunares

    introduce: Armstrong

    cerrada: la bolsa

11. *este*: Aldrin

    el comandante: Armstrong

12. *resulta*: andar

13. *lo*: el tubo

    estuviera mojado: el tubo

14. *lo*: subir al módulo

    hará: Armstrong

15. *grabadas*: las huellas de los primeros hombres que pisan el astro

    la gran aventura científica: la llegada del ser humano a la luna

16. *se pueda*: tanto interés por explorar el espacio cósmico y llegar a otros cuerpos celestre

    el hombre: los seres humanos

17. *el que*: este afán cognitivo

    ha contribuido: *el que*

18. *puede*: tanto interés por explorar el espacio cósmico y llegar a otros cuerpos celestes

19. *cosa*: cuando el Globo Terrestre llegase a estar superpoblado y excesivamente contaminado

20. *se menciona*: otra probable motivación

V. Marque con una √ la interpretación (o las interpretaciones) que se adecúe(n) a la parte en cursiva.

1. 3) 2. 1) 3. 3) 4. 2) 5. 3)

6. 3) 7. 1) 8. 3) 9. 1) 10. 3)

11. 2) 12. 2) 13. 3) 14. 1) 15. 3)

VI. Sustituya la parte en cursiva por algún sinónimo apropiado, según el contexto.

1. *Han transcurrido* muchas horas.

2. El *Águila se ha apartado*/*se ha alejado* del Columbia.

3. Armstrong y Aldrin *observan*/*miran* el extraño paisaje que *se aproxima rápidamente*/*vertiginosamente*.

4. Los mecanismos automáticos nos *llevaban* al interior de un cráter.

5. El combustible *se acaba* y, si en 60 segundos el Águila no aluniza, deberá *efectuar*/

iniciar el retorno hacia el Columbia.

6. Pero *se oye una vez más* la voz de Armstrong.

7. Armstrong *anuncia* a la Tierra.

8. Esperamos que *enciendas/pongas en funcionamiento* la cámara de televisión.

9. Te vemos *bajar*.

10. *Crece* la emoción y el orgullo del astronauta.

11. Los *mete* en una bolsa que, después, herméticamente cerrada, *dará* a Aldrin.

12. Los dos cosmonautas *plantan/fijan* en el suelo la bandera de los Estados Unidos de Norteamérica.

13. Armstrong y Aldrin *instalan* varios aparatos científicos que *harán llegar* a la Tierra valiosos datos.

14. ¡Qué fácil y agradable resulta *caminar*!

15. … y rocas que presentan hoyos, *causados* seguramente por *fuerte golpe* de los meteoritos que caen con frecuencia en la luna.

16. Aldrin introduce en el suelo un tubo para *sacar* las muestras.

17. *Siento un poco de cansancio* al clavar el tubo.

18. Con una prisa febril, los dos hombres se disponen a *efectuar/llevar a cabo* las diversas tareas.

19. Tenéis que *sacar* las películas de las cámaras.

20. *Han estado/Se han quedado* en la Luna dos horas y cinco minutos.

VII. Mejore el estilo del siguiente texto quitando los elementos innecesarios.

En cierta ocasión, el hombre estaba recorriendo la selva cuando oyó una voz que clamaba:

—¡Sálvame, sálvame de esta hoguera!

Miró en aquella dirección y vio a una enorme serpiente que, cercada por un violento círculo de fuego, se retorcía de dolor. El hombre actuó con rapidez y lanzó ágilmente desde un árbol, por encima de las llamas, un tronco que sostuvo con poderoso esfuerzo mientras la serpiente se enroscaba en él y salía del fuego sofocante.

Una vez libre del peligro, dijo ésta al hombre que bajaba del árbol:

—Me has salvado la vida. ¿Pero sabes cuál es la ley de la selva?

Él movió negativamente la cabeza. Entonces la serpiente avanzó y se enroscó a su cuerpo diciéndole:

—Ésta es la ley de la selva: El que hace un bien recibe un mal pago. Por esta ley vas a morir.

—No puedo creer que lo que tú dices sea verdad. Espera unos momentos antes de matarme; déjame libres las piernas para que pueda caminar unos pasos e iremos en busca de otros seres que puedan aclararnos esta difícil cuestión.

(La Ley de la Selva, Leyendas del Río de la Plata,
Rafael Morales, Aguilar, Madrid, 1977)

VIII. Prescinda del sujeto agente y reorganice la oración con un sujeto paciente.

1. Esos premios *se obtuvieron* en una fiesta.
2. *Se le proporcionó* al navegante genovés una pequeña flota.
3. *Se accionó* un mecanismo automático.
4. *Se realizaron* travesías peligrosas.
5. *Se apuntaron* las cifras en un librito.
6. *Se introdujeron* las muestras en una bolsa.
7. Fue aquel año cuando *se inició* el movimiento independentista.
8. ¿Dónde *se han adquirido* esas joyas artísticas?
9. Aquellos artefactos ingeniosos *se inventaron* para divertirse.
10. *Se sacaron* a la luz varios vestigios ocultos en la selva.

IX. Quite el objeto paciente y convierta la oración activa en oración de voz media.

1. La chica *se pintó*.
2. La madre *se envolvió* con una manta.
3. Los emigrantes *se adaptaron* al clima del lugar.
4. La mujer de la señora *se casó* con un viudo.
5. El operario *se enfundó* con una tela gruesa.
6. El ignorante hombre quería *sacrificarse* a su dios.
7. Los sitiados *se entregaron* a los invasores.
8. El conductor *se pinchó* con un clavo.
9. El soldado no quería *matarse*.
10. La turista *se contemplaba* desde la orilla del lago.

X. **Ejercicios del léxico.**

A. **Empleando en su forma adecuada, complete las oraciones con las voces que se dan a continuación.**

1. El cosmonauta que *conducía* la nave, se dio cuenta de que el vehículo apenas *avanzaba*. Comprendió que se le estaba *agotando* el combustible. Pero cuando iba a *comunicar* al centro de control, *experimentó* una extraña fatiga.

2. Los que han viajado por el espacio *han descubierto* que, observando desde la nave cósmica, la Tierra ofrece un *aspecto* fantástico. Este cuerpo celeste que habitamos presenta un azul muy *agradable*.

3. No trates de *imponerme* lo que tú piensas. ¿Sabes? No me resulta nada *agradable* lo que acabas de decir. Me estás *agotando* la paciencia.

4. Todos sabemos que últimamente el clima mundial *ha experimentado* enormes cambios. Los científicos se dedican a *recoger* muestras para comprobar las consecuencias de estos cambios que se manifiestan en la vida animal y vegetal.

5. Los médicos dicen que acaban de *experimentar* unas nuevas medicinas, pero todavía no *han comunicado* el resultado.

6. Todos estábamos *agotados*. No podíamos *avanzar* ni un paso más.

7. Con su severo *aspecto*, el director recién nombrado *se impuso* en la alborotada reunión

8. Si queréis ir a *recoger* champiñones (蘑菇), seguid ese camino que *conduce* al bosque.

9. En los periódicos *se comunica* que *se han descubierto* nuevos vestigios prehistóricos.

10. Muchas gracias por la compañía. Ha sido muy *agradable* la tarde que hemos pasado juntos.

11. De repente una densa niebla *envolvió* todo el campo. Nuestro autobús apenas podía *avanzar*.

12. ¡Cómo se te ocurre *envolver* un clavo incandescente (烧红的) con una hoja de papel!

B. **Diga los vocablos que tengan las mismas raíces que los siguientes.**

agotar: agotador, agotamiento

agradable: agradar, agrado

aspecto: aspectual

comunicar: comunicación, comunicado, comunicador, comunicante

conducir: conducción, conducta, conducto, conductor

descubrir: descubierto, descubridor, descubrimiento

envolver: envoltorio, envoltura, envuelto

experimentar: experimentación, experimentado, experimental, experimento

imponer: imponencia, imponente, imposición, impuesto

recoger: recogedor, recogida.

C. Al escuchar la perífrasis, diga el vocablo o expresión correspondiente.

1. accionar   2. agotar   3. clavar   4. cognitivo   5. combustible

6. contemplar   7. emprender   8. herméticamente   9. móvil   10. profetizar

XI. Conjugue los infinitivos que están entre paréntesis en el tiempo y la persona correspondientes, o póngalos en formas no personales.

Preparados, *nos pusimos* en camino *esperando* que *fuera* un viaje agradable. *Llegamos* al anochecer a un pequeño pueblo de la sierra, donde *entramos mojados* por la lluvia. *Fuimos* a la posada y allí había varios guardias que *estaban buscando* a unos delincuentes. La llegada de extranjeros a este pequeño pueblo no *era* muy frecuente y el dueño de la posada con otros dos viejos y un guardia *tomaron* nota de nuestros pasaportes. Como éstos no *estaban escritos* en español, *se quedaron* muy *asombrados*, pero Sancho, nuestro ayudante vizcaíno, les *dio* algunas explicaciones y les *dijo* que nosotros *éramos* muy importantes. Además, les *regalamos* unos cigarrillos y todo el mundo nos *ayudó* a *instalarnos* cómodamente.

Fue a *vernos* el alcalde del pueblo y la mujer del dueño nos *llevó* un sillón a nuestra habitación. El jefe de los guardias *cenó* con nosotros. *Era* un andaluz muy hablador y alegre, que *había estado* en la guerra de América del Sur. Nos *contó* sus aventuras, *haciendo* muchos gestos. También nos *ofreció* algunos guardias para que *nos acompañan* en el viaje. Le *agradecimos* su ofrecimiento, pero le *dijimos* que con nuestro ayudante *teníamos* bastante. Mientras *cenábamos*, *oímos* una guitarra, el ruido de unas castañuelas y varias personas *cantando* una canción popular. El dueño de la posada *había reunido* a las personas *aficionadas* a cantar y a las muchachas del pueblo para *hacer* una fiesta en nuestro honor.

(*Cuentos de la Alhambra*, Colección Textos en Español Fácil, Washington Irving, pp.7-8, Sociedad General Española de Librería S. A., Madrid, 1995)

XII. Siempre que sea necesario, rellene los espacios en blanco con un artículo o una preposición o la forma contracta de artículo y preposición.

Casi todo *el* mundo se imagina que España es *un* país suave, dulce, pero *en* realidad es *un* país áspero y melancólico, aunque *las* provincias *de la* costa son más alegres. Hay muchas montañas y llanuras *sin* Ø árboles, aisladas. No hay Ø aves *por la* falta *de* Ø árboles, y esto aumenta *la* soledad. Se ven *Ø* buitres y *Ø* águilas volar alrededor *de los* picos *de las* montañas. Pero esa gran cantidad *de Ø* pájaros que abundan *en* otros países no se encuentran aquí. Solo los hay *en* algunas provincias españolas y casi siempre *en las* huertas y jardines que rodean *las* casas.

　　En las provincias *del* interior *de* España se extienden *Ø* grandes campos sembrados. Lejos, se divisan algunos pequeños pueblos *sobre las* colinas. Pero, aunque *una* gran parte *de* España no tiene *Ø* árboles y *los* campos están *sin* sembrar, su paisaje tiene *una* nobleza parecida *a* la *de* sus habitantes. *Las* grandes llanuras *de* Castilla y *de la* Mancha ofrecen *la* belleza *del* mar. Pacen *Ø* rebaños *con un* solitario pastor, inmóvil, *con un* palo largo y delgado. También se ven *Ø* mulos, marchando lentamente y, *de* cuando *en* cuando, pasa *un* campesino solo, *con una* escopeta y *un* puñal *por el* peligro que suele haber *en* estas tierras. *Los* viajes se hacen siempre *en Ø* compañía *de* otras personas, pues así *los* riesgos son menores. Se llevan armas y solo algunos días se puede viajar.

(*Cuentos de la Alhambra,* Colección Textos en Español Fácil, Washington Irving, pp.5-6,

Sociedad General Española de Librería S. A., Madrid, 1995)

XIII. Dictado.

录音（Transcripción）

　　Cuando la nave cósmica *Columbia* llegaba a determinada distancia de la luna, un mecanismo automático comenzó a desenganchar el módulo *Águila*. Mientras tanto, la misma nave entraba en una órbita circular girando alrededor del satélite de la Tierra.

　　El módulo transportaba a dos astronautas que llevaban la misión de alunizar, pero, al poco rato de emprender el descenso, el comandante tuvo que accionar el dispositivo manual para evitar que el vuelo ciego de la máquina los llevara a la profunda sima de un enorme cráter.

　　Una vez que pusieron los pies en la superficie de la luna, los dos cosmonautas iniciaron de inmediato una serie de tareas: recoger muestras de polvo y roca lunares, instalar diversos aparatos científicos para que transmitan valiosos datos a la Tierra, clavar en el suelo la bandera de los EE. UU. Todo eso tenían que hacerlo con una prisa febril antes de que se les agotara la reserva de oxígeno. Finalmente, volverían a meterse en el módulo que todavía conservaba suficiente combustible para llevarlos de regreso a la nave, que todavía giraba alrededor de la luna.

XIV. Escuche la grabación y luego haga una versión oral resumida.

录音（Transcripción）

　　Un sapo (癞蛤蟆) que vivía dentro de un pozo creía que lo que él alcanzaba a ver era todo el universo (宇宙): el pedazo de cielo que había encima, los muros húmedos y resbaladizos (滑腻), y la reducida extensión de agua en que nadaba. Como no tenía otros vecinos sino unos pececitos y unos insectos (昆虫) de tamaño insignificante, se sentía un ser gigantesco y por lo tanto el soberano del mundo. Y naturalmente, se atribuía el poder de hacer y deshacer (为所欲为) devorando a su antojo (随心所欲) a los demás.

Un día, no se supo cómo，pudo salir de su hábitat limitado y se halló en un campo inmenso. Muy sobresaltado, en un principio ni siquiera se atrevió a dar saltos como solía hacer. Pero cuando se dio cuenta de que los que se movían a su alrededor no pasaban de ser hormigas (蚂蚁), moscas (苍蝇), langostas (蝗虫) y otras criaturas igualmente pequeñas, entonces se dijo: "¡Ajá, conque uno sigue siendo el más grande, el grandísimo!" y empezó a brincar (跳跃) lleno de arrogancia (趾高气扬).

Así, paseando, no tardó en toparse con una liebre (野兔) cuyo tamaño lo llenó de terror. Sin embargo el buen sapo no era un tipo fácil de darse por vencido (认输). ¿Saben lo que hizo? Se puso a aspirar aire para hincharse, tratando así de aumentar la talla. Claro, ya se pueden imaginar: acabó reventando (爆裂).

¡Pobre sapo! Se imaginan lo que le hubiera pasado si hubiese tenido oportunidad de conocer un cerdo, una vaca, un elefante...

XV. Trabajos de casa.

3. Traduzca al chino el siguiente texto：

人类已经把目光投向太空。人类在寻找什么？是试图与居住在其他行星上的智慧生灵交流吗？是打算在太空寻找适合遨游消遣或者移民的地方吗？反正，（不争的）事实是，人类发觉他所居住的世界的自然资源日趋枯竭。或许没有人能够对以上问题给出满意的答案，但有一件事毋庸置疑：人类对太空的兴趣日益被唤起。你或许已经听说，正在建造的巨大的宇宙飞船可以飞得越来越远；正在进行实验，测试人们在极端条件下的生存潜能；不少地方都安装了科学仪器，搜集来自太空的信息。要想知道这方面的进展，只需要指出以下事实就够了：人类已经在月球表面留下了足迹，并向金星、火星和太阳系其他行星发射了人造探测器。或早或晚，宇宙旅行很可能会成为日常活动。

UNIDAD 5 第五课

课文参考译文

拉丁美洲地理

　　西半球的太平洋与大西洋之间有一块广袤的大陆，名为美洲，有时也被称作新大陆或新世界。在这块大陆上，北布拉沃河（在美国又称格兰德河）以南的部分就是拉丁美洲。这条河既是墨西哥与美国的边界，又是北美洲和拉丁美洲的分界线。

　　在座各位有谁恰好带着世界地图吗？有？好的，谢谢，我现在把它展开。请看，一眼看去，我们就能找到所说地区的位置。拉丁美洲各国就分布在这个面积辽阔、地形多样的地区，包括整个南美洲、整个中美洲、大安的列斯群岛和北美洲的一部分。其中，大安的列斯群岛位于加勒比海。拉丁美洲面积近1800万平方公里[1]，几乎是中国面积的两倍，总人口超过3亿[2]。

　　从地理角度来讲，该区域可以分为四个主要部分：西部的安第斯山脉、东部的巴西山脉、中部的平原以及沿海地区。

　　安第斯山脉：如果诸位能从高空，比如卫星上俯瞰美洲，会以为有一条巨龙侧卧在太平洋沿岸。龙头占据着委内瑞拉的西北部和几乎哥伦比亚全境；粗壮的脖子横亘厄瓜多尔东部和秘鲁北部；躯干平行贯穿秘鲁海岸以及玻利维亚、智利和阿根廷西北部；尾巴则扫过智利东部和阿根廷西部，最后消失在美洲最南端一

1　拉丁美洲面积约为2070万平方公里，此处译文以原文为准，未作修改。

2　2018年总人口已达6.51亿人。

个个岛屿之间。这条巨龙就是安第斯山。它是美洲最大的山脉，也是世界上仅次于喜马拉雅山脉的第二大山脉。此起彼伏的火山喷发遍布整个安第斯山脉，让人联想到一条身上不同部位都会喷火的火龙。

古代，许多伟大的印第安文明就在这崇山峻岭中发展起来。诸位也许想问为什么，原因很简单：在这个邻近赤道的热带地区，肥沃的土壤和适宜的气候分布在安第斯山间宽广的高地、山谷和高原上，为居住在此地的人类提供了良好的生活条件。时至今日，大部分印第安人和印第安人与欧洲人的后代梅斯蒂索人仍然生活在这一地区。

巴西山脉：这一山脉几乎形成了一片辽阔的高原，高高耸立在大西洋岸边，微微向大陆内部倾斜。高原面积超过500万平方公里，在雨水的滋养下，形成了辽阔、肥沃的平原。现在，巴西大部分人口居住在这一地区。

安第斯山脉和巴西高原地下蕴藏着丰富的矿产资源，可能是地球上最富饶的地区之一。

平原和雨林：在安第斯山脉和辽阔的巴西高原之间有一片片广袤的平原，从北向南依次是奥里诺科大平原、大查科平原和潘帕斯平原。其中，奥里诺科平原地势低洼，是一望无际的亚马孙雨林的所在地。潘帕斯平原面积辽阔，大部分地区渺无人烟。诸位可能记得，除了最南端，整个拉美地区都位于热带和赤道地区。这就意味着地势低平的区域闷热潮湿，不适于人类生存。

在南回归线以南，风景则全然不同。雨林不见了，眼前是辽阔的牧场和由低矮植物覆盖的草场，这就是潘帕斯草原。那里气候温和，非常适合农业发展。

潘帕斯草原以南是巴塔哥尼亚地区。由于气候严寒、冷风常年肆虐，当地人烟稀少。

沿海地区：海洋对大部分拉美沿海地区的影响巨大，沿海地区气候宜人，对农业发展十分有利，包括安第斯山脉、各热带岛屿和墨西哥湾、智利中部河谷等夹在山脉和海岸之间的地区。然而，并非所有沿海区域都适于发展农业。有些地区由于雨水丰沛，长满茂密的热带雨林；有些地区则因为没有降水，成为沙漠。墨西哥北部的太平洋和大西洋沿岸就是这样，秘鲁和智利北部的海岸也是如此。可以说，秘鲁沿海就是一片巨大的沙漠，沙漠里，一条条河流顺着安第斯山脉流下，所到之处形成一个个肥沃的山谷，成为秘鲁几座现代化程度最高、人口最密集的城市所在地。

练习参考答案

I. **Siguiendo la grabación, lea las siguientes frases hechas, poniendo atención en la fonética y en la entonación.**

略。

II. **Conjugue los siguientes verbos en todas las personas de los modos y tiempos indicados.**

略。

III. **Escuche las preguntas sobre el texto y contéstelas oralmente en español.**

录音（**Transcripción**）

1. ¿En cuál de los hemisferios del Globo Terrestre se halla el continente americano?

2. ¿Cómo se llaman las extensiones acuáticas que bañan, respectivamente, la costa occidental y la oriental del continente?

3. ¿Qué parte del continente corresponde a América Latina?

4. ¿Cómo se denomina cada una de las regiones en que se hallan distribuidas las naciones conocidas con el nombre de América Latina?

5. ¿Sabe usted por qué esta parte del mundo ha sido bautizada con el nombre de América Latina?

6. ¿Cuántos kilómetros cuadrados tiene el territorio de América Latina?

7. ¿Y cuál es su población?

8. ¿En cuántas zonas geográficas está dividida esta vasta extensión territorial?

9. ¿Qué imagen presenta la cordillera de los Andes, observada desde un satélite?

10. ¿Es el más importante sistema montañoso que hay en la Tierra?

11. ¿Qué rasgo geológico tiene este gigantesco sistema montañoso?

12. En lo que se refiere al factor humano, ¿qué importancia tiene la cordillera de los Andes? ¿Por qué?

13. ¿Qué aspecto ofrece la cordillera del Brasil?

14. ¿Por qué puede esta zona albergar a la mayor parte de la población de Brasil?

15. ¿Qué zona geográfica se halla entre los Andes y la gran altiplanicie brasileña?

16. ¿Cuáles son esas inmensas llanuras?

17. ¿Están estas llanuras densamente pobladas? ¿Por qué?

18. ¿Por qué en la Pampa el paisaje cambia totalmente de aspecto?

19. ¿Cómo se llama la región que queda al sur de la Pampa? ¿Hay mucha población ahí? ¿Por qué?

20. ¿Por qué en algunas regiones costeras el clima resulta bastante favorable para la vida humana y conveniente para el cultivo agrícola?

21. ¿Es esta la situación general de todas las regiones costeras? Cite algunos casos concretos.

22. Siguiendo de norte a sur, enumere los países latinoamericanos mencionando sus respectivas capitales.

23. ¿Tienen el mismo significado los términos *Hispanoamérica* y *Latinoamérica*?

24. ¿Cómo se llama, desde el punto de vista etno-cultural, la parte de América que abarca Canadá y los Estados Unidos?

答案（Clave）

1. El continente americano se halla en el hemisferio occidental.

2. La que baña la costa occidental se llama océano Pacífico, y la del otro lado, océano Atlántico.

3. Le corresponde la parte del continente que queda al sur del Río Bravo (o Río, Grande, como se le conoce en los EE. UU.), curso de agua que sirve de frontera entre México y Estados Unidos.

4. Estas regiones son: una parte de América del Norte, Centroamérica, América del Sur y las Antillas Mayores, que se hallan en el mar Caribe.

5. Porque en estas naciones las lenguas oficiales son el español, el portugués, el francés, que pertenecen al grupo de las lenguas derivadas del latín hablado en el Imperio Romano.

6. América Latina tiene 18 millones de kilómetros cuadrados, casi el doble del tamaño de China.

7. Su población es de unos 300 millones.

8. Está dividida en cinco zonas geográficas: la Meseta mexicana en América del norte; los Andes, área montañosa de forma alargada que recorre, a partir del norte de Venezuela, paralela a la costa del Pacífico, toda América del Sur, hasta ir a

perderse entre las pequeñas islas del extremo sur del continente; la Cordillera del Brasil, inmensa altiplanicie cortada abruptamente frente al mar e inclinada suavemente hacia el interior del continente; las llanuras y selvas, distribuidas en forma fragmentaria, entre los Andes y la vasta altiplanicie brasileña; y las costas del Pacífico, del Atlántico y del Caribe.

9. Observada desde una gran altura, la cordillera de los Andes semeja un enorme dragón que se halla recostado en una extensa geografía con su cabeza ocupando parte del noroeste de Venezuela y casi toda Colombia; su robusto cuello, el este de Ecuador y el norte del Perú, y su cuerpo recorriendo, en forma paralela, a lo largo de la costa del Perú y los territorios de Bolivia, el noroeste de Argentina y de Chile, y su larga cola avanzando por el este de Chile y el oeste de Argentina, hasta perderse entre las pequeñas islas del extremo sur del continente.

10. No, es el más importante sistema montañoso del continente americano y el segundo de la Tierra, después del Himalaya.

11. Tiene continua actividad volcánica.

12. En esta región se desarrollaron grandes culturas aborígenes en la antigüedad. Hasta hoy día siguen concentradas allí las principales poblaciones indígenas y mestizas de América Latina. Esto se explica de la siguiente manera: debido a la latitud tropical o ecuatorial de la región, sólo las amplias mesetas, los valles y altiplanicies de los Andes han podido brindar al ser humano tierras fértiles y climas soportables.

13. Es una inmensa altiplanicie cortada abruptamente frente al mar e inclinada suavemente hacia el interior del continente.

14. Porque en sus más de 5 millones de kilómetros cuadrados existen vastas extensiones de suelo fértil, regadas por abundantes lluvias; y también abundantes recursos minerales. Junto con los Andes, se halla entre las regiones potencialmente más ricas de la Tierra.

15. Una serie de inmensas llanuras se halla entre los Andes y la gran altiplanicie brasileña.

16. Son, de norte a sur, los llanos del Orinoco, la inmensa selva del Amazonas, el Gran Chaco y la Pampa.

17. No. Con excepción de algunas regiones, estas llanuras están casi despobladas. Eso tiene que ver con la latitud tropical y ecuatorial del continente. Esta situación geográfica determina que las tierras bajas y selváticas sean calurosas y húmedas, muy desfavorables para la subsistencia humana.

18. Porque se halla muy al sur de la línea ecuatorial, lo que significa que se encuentra en la zona templada del hemisferio meridional.

19. Se llama Patagonia, que es una zona muy escasamente poblada debido a su clima de frío riguroso con vientos helados que la azotan todo el año.

20. Porque en estas áreas, la influencia del mar se deja sentir, suavizando sensiblemente el clima tropical caluroso y húmedo.

21. No, no todas las regiones costeras son aptas para la agricultura. Algunas, por exceso de lluvias se hallan cubiertas de espesas selvas y otras, por una total ausencia de precipitación pluvial, son desérticas. Por ejemplo, las costas del norte de México, tanto del Pacífico como del Atlántico, y las del Perú y del norte de Chile.

22. Ellos son: México (Ciudad de México), Guatemala (Ciudad de Guatemala), Honduras (Tegucigalpa), El Salvador (San Salvador), Nicaragua (Managua), Costa Rica (San José), Panamá (Panamá), Cuba (La Habana), Puerto Rico (San Juan: en 1952 se proclamó Estado Libre Asociado a los Estados Unidos), la República Dominicana (Santo Domingo), Colombia (Bogotá), Venezuela (Caracas), Brasil (Brasilia, el portugués como lengua nacional), Ecuador (Quito), Perú (Lima), Bolivia (La Paz), Paraguay (Asunción), Chile (Santiago), Uruguay (Montevideo), Argentina (Buenos Aires).

23. No. El segundo es más amplio que el primero, porque abarca al Brasil, de habla portuguesa y el Haití francoparlante, mientras que el primero solo se refiere a las naciones hispanohablantes.

24. Etno-culturalmente hablando, Canadá y los Estados Unidos forman lo que se llama América anglosajona.

IV. Diga a qué se refiere la parte en cursiva; en caso de que sea verbo, cuál es su sujeto. Todas las oraciones son del texto.

1. *emerge*: una enorme masa continental

   el Atlántico: el océano Atlántico

     llamada: la enorme masa continental

2. *él*: el Nuevo Continente

    se conoce: *impersonal*

    le: al Río Bravo

    sirve: el Río Bravo

    las dos Américas: América Latina y América anglosajona

3. *lo*: el mapamundi

4. *observando*: ustedes

    podrán: ustedes

    la: la región

5. *se denomina*: lo que

    están distribuidas: las naciones

    se hallan: las Antillas Mayores

6. *esta inmensa superficie*: América Latina

7. *se puede*: *impersonal*

8. *se hallaba recostado*: un inmenso dragón

    su: del dragón

    ocupando: la cabeza del dragón

    recorriendo: el cuerpo del dragón

    su: del dragón

    pasando: la larga cola del dragón

    perderse: la larga cola del dragón

    el continente: América del Sur

9. *el segundo*: el sistema

    el Himalaya: el sistema montañoso Himalaya

10. *este terreno elevado*: los Andes

    se desarrollaron: las grandes culturas aborígenes en la antigüedad

11. *La razón*: Que en este terreno elevado se desarrollaron las grandes culturas indígenas en la antigüedad.

    distribuidos: tierras fértiles y climas soportables

    todo lo cual: que existen en esa latitud tropical o ecuatorial tierras fértiles y climas soportables, distribuidos en amplias mesetas, valles y altiplanicies de los Andes

12. *siguen concentradas*: las principales poblaciones indígenas y mestizas de América Latina

    allí: en la zona andina

13. *Forma*: la cordillera del Brasil

    inclinada: la inmensa altiplanicie

    el continente: América del Sur

14. *regado*: suelo fértil

    esta zona: la altiplanicie del Brasil

    el país: Brasil

15. *encierran*: los Andes y la altiplanicie del Brasil

    pueden: los Andes y la altiplanicie del Brasil

    contarse: los Andes y la altiplanicie del Brasil

16. *se extiende*: una serie de inmensas llanuras

    siguiendo: inmensas llanuras

    se encuentra: la inmensa selva del Amazonas

17. *la*: la zona

18. *Eso*: con excepción de la parte del extremo sur, toda América Latina se halla en la zona tropical o en la ecuatorial

    desfavorables: las tierras bajas —las selváticas—

19. *desaparece*: la selva

    se abre: una amplísima región de pastos y baja vegetación

20. *Allí*: en la Pampa

21. *azotan*: los vientos helados

    ese territorio: la Patagonia

22. *se deja sentir*: la acción del mar

    cuyo: de la gran parte de la costa latinoamericana

    conveniente: su clima

23. *Este es el caso*: que su clima resulta más favorable para la vida humana y bastante conveniente para el cultivo agrícola

24. *Algunas*: algunas partes de la costa latinoamericana

    cubiertas: algunas partes de la costa latinoamericana

    otras: otras partes de la costa latinoamericana

    desérticas: otras partes de la costa latinoamericana

25. *En el último caso*: que debido a la total ausencia de lluvias se hallan desérticas

    la: la costa

    la: la costa

26. *se podría decir*: *impersonal*

su: del río

los: los valles fértiles.

el país: Perú

V. **Sustituya la palabra en cursiva por un sinónimo según el contexto.**

1. En el Hemisferio Occidental *surge/aparece*, entre el Océano Pacífico y el Atlántico, una enorme masa continental conocida con el nombre de América, *a veces* llamada también Nuevo Continente o Nuevo Mundo.

2. De él *pertenece/le toca* a América Latina la parte que queda al sur del Río Bravo (o Río Grande, como se le conoce en EE. UU.), curso de agua que sirve de frontera entre México y los Estados Unidos, así como entre las dos Américas.

3. Bien, gracias, lo voy a *extender*.

4. *Fíjense*: observando a simple vista, podrán *ver/descubrir/percatarse de* la ubicación de la región a la que nos referimos.

5. Las naciones que conforman lo que *se llama* América Latina, están distribuidas en una vasta y diversa extensión geográfica: toda América del Sur, toda Centroamérica, las Antillas Mayores, que *se encuentran* en el mar Caribe, y una parte de América del Norte.

6. En total, el territorio de América Latina casi *alcanza* los 18 millones de kilómetros cuadrados.

7. La población de esta *vasta/extensa* superficie supera los 300 millones de *personas*.

8. Si ustedes pudieran *mirar/contemplar* América desde una gran altura, desde un satélite, por ejemplo, *se imaginarían* que junto al Pacífico se hallaba recostado un *gigantesco* dragón, con la cabeza *cubriendo* parte del noroeste de Venezuela y casi toda Colombia; su robusto cuello, el este de Ecuador y el norte del Perú, cuerpo *extendiéndose*, en forma paralela, a lo largo de la costa del Perú, los territorios de Bolivia y de Chile y el noroeste de Argentina; y su larga cola pasando por el este de Chile y el oeste de Argentina, hasta *desaparecer* entre las pequeñas islas del extremo sur del continente.

9. Su *incesante/frecuente* actividad volcánica a lo largo de toda su extensión, hace pensar en un dragón que *echa/lanza* fuego por distintas partes de su cuerpo.

10. La razón *consiste/reside* en algo muy sencillo: en la existencia, en esa latitud tropical o ecuatorial, de tierras fértiles y climas *benignos/llevaderos/tolerables*, distribuidos en amplias mesetas, valles y altiplanicies de los Andes, todo lo cual pudo *dar/ofrecer/*

prestar/proporcionar al ser humano de esa región, *muy buenas/magníficas* condiciones de vida.

11. *Constituye*, prácticamente, una *vasta* altiplanicie cortada *bruscamente* frente al mar e inclinada *ligeramente* hacia el interior del continente.

12. Tanto los Andes como la altiplanicie del Brasil *poseen*, en su estructura geológica, abundantes recursos minerales y pueden *figurar/encontrarse* entre las regiones potencialmente más ricas de la Tierra.

13. Como ustedes recordarán, *excepto/salvo* la parte del extremo sur, toda América Latina se halla en la zona tropical o en la ecuatorial.

14. Eso *supone/quiere decir/implica* que las tierras bajas —las selváticas— son calurosas y húmedas, muy desfavorables a la *existencia* humana.

15. Al sur de la línea tropical, el paisaje cambia totalmente de *carácter/fisonomía*: desaparece la selva y se abre una amplísima región de pastos y baja vegetación.

16. Allí, el clima es *suave/benigno* y las posibilidades agrícolas son *grandes/múltiples*.

17. Al sur de la Pampa comienza la Patagonia, región poco poblada a causa del clima de frío riguroso y de los vientos helados que *atormentan/castigan* todo el año *esa zona/ esa región*.

18. La acción del mar se deja sentir en gran parte de la costa latinoamericana, cuyo clima resulta más favorable para la vida humana y bastante *favorable/adecuado* para el cultivo agrícola.

19. Pero no todas las regiones costeras son *adecuadas* para la agricultura.

20. Algunas, por exceso de lluvias, se hallan cubiertas de espesas selvas, y otras, por una total *falta/escasez* de precipitación pluvial, son desérticas.

VI. **Sustituya la parte en cursiva por lo que se sugiere entre paréntesis al final de la oración, y reorganícela según convenga:**

1. *En él* América Latina *ocupa* la parte que queda al sur del Río Bravo.

2. Miren: observando a simple vista, podrán darse cuenta de la ubicación de la región *de la que hablamos*.

3. Más de 300 millones de hombres *viven en* esta vasta extensión.

4. Geográficamente, *la región está dividida en* cuatro zonas fundamentales.

5. *Observando* América desde una gran altura, desde un satélite, por ejemplo, pensarían que junto al Pacífico se halla recostado un inmenso dragón con su cabeza ocupando parte del noroeste de Venezuela y casi toda Colombia; su robusto cuello, el este de

Ecuador y el norte del Perú, y su cuerpo recorriendo, en forma paralela, a lo largo de la costa del Perú, los territorios de Bolivia y de Chile, y el noroeste de Argentina; y su larga cola pasando por el este de Chile y el oeste de Argentina, hasta perderse entre las pequeñas islas del extremo sur del continente.

6. *Debido a la continua actividad volcánica* a lo largo de toda su extensión, *se presenta* la imagen de un dragón que arroja fuego por distintas partes de su cuerpo.

7. *En* este terreno elevado se desarrollaron grandes culturas aborígenes en la antigüedad.

8. *Como la región se encuentra en* esa latitud tropical o ecuatorial, de tierras fértiles y climas soportables, distribuidos en amplias mesetas, valles y altiplanicies de los Andes, pudo brindar al ser humano excelentes condiciones de vida.

9. Tiene una superficie de más de 5 millones de kilómetros cuadrados *que abarcan* amplias extensiones de suelo fértil y bien regado por las lluvias.

10. *En* estas amplias extensiones de suelo fértil bien regado por las lluvias *se concentra* actualmente la mayor parte de la población del país.

11. Es la llanura llamada Pampa, *donde* el clima es templado y las posibilidades agrícolas son inmensas.

12. Al sur de la Pampa comienza la Patagonia, región poco poblada *a causa del* clima riguroso y *de* los vientos helados que la azotan todo el año.

VII. Traduzca al español las siguientes oraciones. Ojo: a veces hace falta agregar diversos tipos de partículas que están ausentes en la versión china.

1. Me acerqué a la puerta, la toqué, *pero* nadie me respondió. Volví a tocar una y otra vez *hasta que* oí que alguien decía: "¿Quién es?".

2. Aquel viaje me brindó una buena oportunidad *de* conocer de cerca esa altiplanicie misteriosa.

3. *Cuando* le pregunté dónde estaba su pueblo natal, me dijo que se hallaba en el valle de un gran río, *con* tierra fértil, bien regada por un moderno sistema de canales, *lo que ha determinado que* albergara a la tercera parte de la población de toda la región.

4. Agustín, ¿no te parece que la mesa está un poco inclinada?

5. *Como* el ruido de la calle llegó a ser insoportable, me vi obligado a levantarme *e ir a* cerrar todas las ventanas

6. La ciudad *de que* te he hablado se halla en la línea ecuatorial, pero su clima no es *ni* caluroso *ni* húmedo.

7. *En* esta zona abundan los recursos minerales, *por eso* se dice que tiene un gran potencial

para impulsar el desarrollo de la industria.

8. *Si* me indicas en el mapa la ubicación del pequeño golfo *que* dices, te voy a indicar la ruta más corta para ir allá.

9. Nos habíamos perdido en esa zona montañosa y *como* no pudimos encontrar a nadie *que* nos orientara, tomamos una ruta al azar. *Fue así cómo* llegamos a este poblado.

10. ¿Qué haréis *si* las condiciones resultan muy desfavorables? (Las condiciones son muy desfavorables. ¿Qué haréis?)

VIII. Conjugue el infinitivo que está entre paréntesis en el tiempo y la persona correspondientes.

1. El hombre con quien me viste es mi novio. Lo *conocí* en una fiesta.

2. Le pregunté si podía acompañarme a pasear por Madrid. Ella me contestó que no *conocía* la ciudad.

3. El herido ni siquiera gemía, pero todos *sabíamos* que estaba sufriendo.

4. Cuando ellos *supieron* que llegaríamos en aquel tren, acudieron a la estación a recibirnos.

5. Como el guardia se había quedado dormido, el prisionero *pudo* escaparse fácilmente.

6. Al ver que no *podía* convencerme, se marchó.

7. Hubo un momento en que *quise* decírselo todo a mi madre, pero acabé por callarme.

8. Sabía que *queríamos* impedirle que se acercara al muro, pero a él no le importó y avanzó en esa dirección.

9. Le telefoneé para decirle que *tenía* que viajar solo, pues ninguno de nosotros podía acompañarlo.

10. Como nadie *quiso* acompañarlo, *tuvo* que viajar solo.

IX. Conjugue el infinitivo, primero en pretérito indefinido, y luego en pretérito imperfecto del indicativo, y a continuación, diga la diferencia que hay entre las dos versiones.

1. El niño se murió de hambre. (Muerte de verdad)
   El niño se moría de hambre. (Metáfora, hipérbole)

2. Todo el mundo gritó: "¡Abajo el tirano!" (un solo grito)
   Todo el mundo gritaba: "¡Abajo el tirano!" (gritos continuos)

3. Los visitantes subieron y bajaron por la escalera. (subida y bajada de una vez)
   Los visitantes subían y bajaban por la escalera. (subidas y bajadas repetidas)

4.   El profesor salió por esa puerta. (en una ocasión)

El profesor salía por esa puerta. (habitualmente)

5.   Los empleados entraron a trabajar a las nueve. (cierto día)

Los empleados entraban a trabajar a las nueve. (todos los días)

6.   Las luces se encendieron y se apagaron. (acción de una sola vez)

Las luces se encendían y se apagaban. (acciones repetidas)

7.   Cuando se cruzó conmigo, me saludó. (acción individual)

Cuando se cruzaba conmigo, me saludaba. (acciones habituales)

8.   Cuando pasó por delante de la tienda, se quedó mirando el escaparate. (aquella tarde)

Cuando pasaba por delante de la tienda, se quedaba mirando el escaparate. (cada vez que ...)

9.   ¿Por qué golpeaste al niño? (cierto día)

¿Por qué golpeabas al niño? (a menudo)

10. La biblioteca se cerró a las diez de la noche. (cierto día)

La biblioteca se cerraba a las diez de la noche. (todos los días)

X. Traduzca al español las siguientes oraciones.

1.   Cuando *supe* que el profesor estaba enfermo, fui a verlo de inmediato.

2.   Cuando me preguntaste sobre eso, todavía no *sabía* nada.

3.   Aquella mujer *tenía* un hijo.

4.   Aquella mujer *tuvo* un hijo.

5.   El cielo *estaba* oscuro y *llovía* torrencialmente.

6.   Anoche *llovió* torrencialmente.

7.   Aquel día, ella *lloró* por eso.

8.   Al ver que ella *lloraba* sin cesar, no *supe* qué hacer.

9.   *Leyó* la carta de un tirón y luego *alzó* la cabeza y me *miró*.

10. *Leía* una carta, por eso no *se dio cuenta* de que yo había entrado.

XI. Ejercicios del léxico.

A. Complete las oraciones usando, en forma adecuada, las voces que se dan a continuación.

1.   ¿Qué *imagen* semeja la cordillera de los Andes, observada desde una gran altura?

2.   La tierra fértil y el clima suave de esa zona *brindan* condiciones muy favorables para la agricultura.

3. Las pocas zonas aptas para el cultivo de cereales están *distribuidas* a lo largo de la costa.

4. En aquella época, esos pequeños poblados indígenas todavía se hallaban *separados* del resto del país por espesas selvas tropicales.

5. La profesora nos indicó en el mapamundi los *sistemas* montañosos más importantes que hay en el Continente Asiático.

6. Esos islotes *se han formado* debido a una serie de erupciones volcánicas.

7. No estoy de acuerdo, *en absoluto*, con tus criterios fundamentalistas.

8. Esa pequeña meseta suavemente *inclinada* hacia la orilla del río albergó a los primeros colonos europeos.

9. Conforme al principio de justicia social, no nos parece correcto *distribuir* de esa manera la riqueza entre la población.

10. Mi prima me había invitado a una función de ópera. Yo le *correspondí* con una cena en un restaurante de lujo.

11. Esta foto tomada desde el satélite es demasiado antigua, ya no *corresponde* al estado actual de esa zona selvática.

12. Una inundación *cortó* totalmente la comunicación de aquellos poblados de la selva tropical con el resto del país.

13. Una multitud que corría en todas direcciones me *separó* de mis amigos, y me costó mucho trabajo reencontrarlos.

14. Con la orientación de nuestros padres, todos los hijos *nos hemos formado* en el riguroso respeto a los mayores.

15. Este ejercicio consiste en rellenar los espacios en blanco con las preposiciones *correspondientes*.

B. Rellene los espacios en blanco con las preposiciones correspondientes.

1. Todos sabemos lo que tenemos que hacer, pero, ¿qué tarea le corresponde *a* Germán?

2. ¿Crees que tanto la ubicación como el clima de la zona brindan condiciones favorables *a* la agricultura?

3. ¿Cómo se puede vivir así: separado *de* la familia y *de* los amigos? Me parece algo totalmente insoportable.

4. Me incliné *hacia* el niño para preguntarle si podía indicarme dónde quedaba la sede del gobierno municipal.

5. ☐ ¿Puedo desplegar el mapamundi *sobre* esta mesa?

   ◼ ¡No, *en* absoluto! Allí voy a dormir esta noche.

6. He traído, *en* total, sesenta ejemplares *de* varias revistas. Los voy *a* distribuir *entre* doce alumnos. A ver, ¿cuántos le corresponden *a* cada uno?

7. ¿*Por* cuántos jugadores está formado un equipo *de* fútbol?

8. Noté que te inclinabas *a* aceptar las condiciones que se te querían imponer.

9. El tráfico *de* ese barrio estuvo totalmente cortado *por* un grave incendio que se había producido *en* un hotel.

10. El sistema que has propuesto no nos parece apto *para* ser aplicado *en* las actuales circunstancias.

C. Al escuchar la perífrasis, diga el vocablo o expresión correspondiente.

1. abundante   2. albergar   3. cordillera   4. kilómetro cuadrado/metro cuadrado

5. desfavorable   6. espeso   7. fértil   8. orientar   9. robustecer

10. vegetación

XII. Rellene los espacios en blanco con las preposiciones adecuadas.

Teodoro y Candelaria caminan *hacia* la plaza *de* España. *En* el jardín *de* Santa Elena, sentada *en* un banco *de* madera, llora una mujer. Su traje es *de* papel y, *por* culpa *de* la lluvia, casi ha desaparecido. No quedan *de* él más que algunos trozos *de* papel mojados y *sin* color que apenas sirven *para* ocultar su cuerpo. Tiene frío.

—¡Marilyn!

Teodoro ha reconocido *a* la reina *de* las fiestas, *a* esa chica que dos horas antes brillaba *por* su gran belleza *en* la plaza y era el centro *de* atención *de* todo el pueblo *de* Santa Cruz.

Ahora es un muñeco *de* trapo, un pobre pájaro *con* las plumas mojadas, que ha perdido la luz, el color y las ganas *de* volar.

Candelaria deja *a* Teodoro solo *con* Marilyn. Él se sienta *a* su lado *en* el banco *de* madera. Marilyn no para *de* llorar.

—Te he buscado durante todo el día. Te han elegido reina *de* las fiestas. Tienes que estar contenta.

—¡Mira cómo me ha puesto la lluvia! ¡Odio la lluvia! ¡Márchate *de* aquí! ¡No quiero ver *a* nadie.

(*Carnaval en Canarias*, Fernando Uría, p.34, Santillana/
Universidad de Salamanca, Madrid, 1991)

XIII. De las dos formas que están entre paréntesis, tache la que considere incorrecta.

Érase una vez una reina muy buena y muy triste. No *tenía* hijos, lo que siempre *fue* su mayor ilusión, ya que *adoraba* a los niños.

Un día de invierno, triste y frío, la reina *bordaba* junto al balcón. Fuera *nevaba*, copiosamente y sin cesar. Mirando los copos de nieve, la reina *se distrajo* y *se pinchó*, y una gota de sangre *cayó* sobre las flores de su bordado.

—¡Ay! ...— *exclamó* la reina. —¡Qué dichosa *sería* si tuviera una hija blanca, blanca como la nieve!

El hada de la Nieve que *estaba* cerca, oyendo el lamento de la reina, *decidió* complacer sus deseos. Y poco después le *nació* una hijita de piel muy blanca a la que su madre *puso* de nombre Blancanieves.

(Curso Intensivo de Español, Ejercicios prácticos, nivel intermedio y superior, R. Fente, J. Fernández, y J. Siles, Sociedad General Española de Librería S. A., Madrid, 1980)

XIV. Dictado.

录音（**Transcripción**）

China se halla ubicada en el hemisferio oriental, en el este del continente asiático y tiene una superficie de nueve millones setecientos ochenta mil kilómetros cuadrados. En este vasto territorio viven mil trescientos millones de habitantes.

El nordeste del país, una vasta llanura rodeada de montañas, tiene un clima caracterizado por un gélido invierno y un fresco verano. Encierra, en su subsuelo, variados recursos minerales que brindan parte de las condiciones que le permiten al país desarrollar diferentes ramas de la industria. En la región del norte, se extienden varios sistemas montañosos y una extensa llanura atravesada por el Río Amarillo. En invierno, hace mucho frío y mucho calor en verano. En esta zona se produce una considerable cantidad de trigo, maíz, algodón, y abundan, además, ricos yacimientos de carbón y hierro. El centro de China está situado en latitudes cálidas, por donde corre, de oeste a este, el río Yangtsé, que riega, a lo largo de sus orillas, fértiles valles densamente poblados. Los principales productos agrícolas de la región son arroz, té, caña de azúcar, cítricos y algodón.

No es todo, pues todavía queda por mencionar el sur subtropical, el suroeste montañoso y el noroeste con sus desiertos y amplias mesetas de pastos y baja vegetación, convenientes para la ganadería.

XV. Escuche la grabación y luego haga una versión oral resumida.

录音（**Transcripción**）

El zorro ejercía un cargo de mucha importancia en la corte del león, a quien no cesaba de adular con el propósito de obtener más favores de los que ya tenía.

—Adoro la tupida melena que tiene Su Majestad —solía decirle al soberano—, le da un aspecto tan imponente que no creo que haya ningún otro monarca digno de tal semblante.

El león, muy halagado, se sacudió orgulloso su atributo, salpicando al zorro con todo tipo de inmundicias.

—¡Oh, qué delicia! —dijo—. ¡Gracias por esta lluvia de aromas con que Su Majestad me regala!

Cuando murió el león y le sucedió en el trono el tigre, el zorro continuó siendo el cortesano favorito del nuevo rey. Como se sabe, a todos los gobernantes les gusta la zalamería (热情), arte en que estaba especializado nuestro protagonista.

El tercer sucesor resultó ser un burro. En un principio, el zorro se quedó atemorizado al ver su enorme talla y, especialmente, al oír su estruendoso rebuzno, al que no vaciló en comparar con el mejor canto del mundo. Fue la primera lisonja que lanzó al flamante (新的) mandatario.

Sin embargo, poco a poco se fue dando cuenta de que el burro, excepto unas coces que daba no siempre con buena puntería, no tenía otras habilidades ni ofensivas ni defensivas. Entonces, dejó las lisonjas y se dedicó a buscar el modo de echar del poder a tan tonto como inofensivo rey. Cuando lo consiguió, fue él que se sentó en el trono.

XVI. Trabajos de casa.

3. Traduzca al español las siguientes oraciones.

    1. Aparte del sur y el centro del continente americano, la parte meridional del norte de América también corresponde/pertenece a América Latina.

    2. Las principales ciudades del país están distribuidas a lo largo de la costa.

    3. La tierra fértil de la llanura brinda muy favorables condiciones para la agricultura.

    4. Una alta cordillera y un río de corriente rápida separa esta zona de selva tropical de las áreas civilizadas.

    5. La nuestra es una zona en que abundan diversos recursos naturales, por eso alberga una quinta parte de la población de todo el país.

    6. Delante de nosotros se alza una montaña tan empinada que parece cortada abruptamente por (con) un enorme cuchillo.

7. La altiplanicie está ligeramente inclinada hacia el sureste hasta que es cortada por un río.

8. Como las condiciones naturales son muy desfavorables para la subsistencia humana, la zona se halla prácticamente despoblada.

9. Si ustedes se proponen atravesar esa selva tropical, les aconsejo buscar un aborigen que les oriente por ella.

10. Es muy claro: la imagen de la foto no corresponde en absoluto a la persona que tengo delante.

UNIDAD

6　第六课

课文参考译文

下班

（根据欧拉利娅·加尔瓦里亚托的同名短篇小说改编）

"妈妈，给我们做点下午茶吧。"

"这就去，你们等一下。"

母亲拧上水龙头，免得水溢出来，手里的衣服被她拧成长长一条，水像瀑布一样哗哗流下来。她不慌不忙，把衣服在搓衣板上结结实实打几下，又把清水浸透的干净衣服在洗衣盆里摊开。之后擦擦手，手红扑扑的，仿佛要渗出水来。

母亲打开壁橱，拿出面包和蜂蜜罐。打开蜂蜜罐可不是天天都有的事。绝对不是！实际上，能吃到蜂蜜的日子屈指可数，都是特定的、像命名日这样令家里人特别开心的日子里才可以。吃上蜂蜜，孩子们又蹦又跳，拍手叫好，好不热闹！长大后回想起来，他们才明白其实不至于如此。可在小时候，这便是他们记忆里最快乐的时刻之一，一种溢于言表的快乐，一种在兄弟之间相互传染、让他们着了魔一样的快乐。

是的，小时候，他们很崇拜会变戏法的妈妈。他们一直很爱她。直到现在，虽然母亲年事已高，不中用了，他们依然爱她。他们始终爱着自己的母亲，还有父亲，这一点毋庸置疑，因为父母二人各司其职，为儿女们操碎了心。妈妈在家料理家务，让家里总是干干净净，充满欢乐；父亲则在外面工作，一个人挣钱，帮助他们成长，给他们买鞋、买裤子、买上衣，送他们去学校学加减乘除。

没人能否认他们爱自己的父母，也没有人会否认！邻居们都知道这是一个什么样的家庭。每个周日下午，他们都看着这一家子出门散步，家中成员越来越多，年龄逐渐增长。

当然，事情后来慢慢发生了变化。不过这说明不了什么，只是自然而然的现象。

女儿们长成了大姑娘，儿子们变成了小伙子。他们渐渐拉开了一点距离，可这难道不是必然的吗？若是长大的孩子仍像以前一样，每周日和家人肩并肩、手拉手一起外出——男孩子更是一想到要拉手就羞愧不已——街坊里的太太、小姐不知要笑成什么样子！现在孩子们都有各自的生活，做父母的自然能够理解。尽管如此，父亲还是会对其中一个女儿说：

"今天能不能跟我和妈妈一起出去散步？你该瞧瞧那天我发现了一个多漂亮的散步去处……"

"可是爸爸，我要去见某某。我们昨天就约好了，她在等着我呢。"

老两口还是自己出了门。他们挽着手，脚下走的是同一条路，脑子里是同样的想法。

孩子们先后结婚成家，这是必然的事情。儿子女儿个个相貌出众，做父母的也对此深感骄傲。

老夫妻已经搬离自己的家很长时间了，因为孩子各自成家，房子变得对他们来说太大了。大儿子马上要有第五个宝宝，一家人挤在只有三间屋子的房子里转不开身。可是三间屋子对老两口却是绰绰有余，更何况这套房子阳光好，敞亮，于是老两口便和大儿子换了房子。实际上，他们没在新住处享受多久。嫁给泥瓦工的女儿安东尼娅同样挤在自家的房子里，她正怀着第二个孩子，家里却只有两间对宝宝来说非常阴暗潮湿的屋子。当然，这些屋子对老两口来说同样阴暗潮湿，可他们毕竟身体健壮，根本没人能和他们相比。低廉的租金更是一个不容忽视的优点，正好现在他们也总抱怨自己入不敷出。所以，和女儿换房住，对所有人都最好不过。

可有一天，也不知老两口的哪个孩子看见了屋内墙壁上的霉斑。这霉斑从地板慢慢向上爬，已经到了墙壁的一半高度。若是孩子再晚来几天，等霉斑爬到屋顶、整面墙变成同样的颜色，也就看不出来了。真是让人难过。假如他晚来些，各种折腾、扯皮，各种毫无结果、只会让大家不欢而散的争吵就都不会有了。

　　老两口明白儿女的好意。他们知道，孩子们若是有能力，会让他们住宫殿。可既然没有这个能力……就保持现在这个样子吧。其实他们觉得那样就可以了，心里很平和，不像孩子们说的那样，觉得住在那样的房子里脸上无光。

　　家庭会议就这样开了一天又一天，每天都是毫无意义、言辞激烈的争吵，所有人的想法既相同，又不相同。

　　显然，没一个孩子有能力把老两口都接回家去，谁都没有这个经济实力。即使孩子们都尽力而为，哪一家也无法轻轻松松把一个房间让给两位老人。解决方案只有一个：两人分开，分别住到一个孩子的家里去。反正也就两个月，怎么也能随便找个角落，晚上放个床垫睡觉。六个兄弟姐妹，轮流在每个人家里住两个月。这个方法好。

　　他们本来可以心满意足了，可事实并非如此。烦就烦在这里，所有人都为老两口做出了牺牲，他们却不知珍惜。老爷子整天黑着脸，一声不吭。的确，他什么事也不插手，脸上的表情像在说："这些事与我何干？"老太太比这还糟。她就不知道什么是袖手旁观，当然了，这是因为她习惯了凡事由她指挥，要么说小孩子养得不好，要么说应当好好管教，直到女儿不得不拦住她，告诉她凡是家里的事、孩子的事，只能是她当妈的说了算，这就造成母女间矛盾很大。老两口蛮横霸道，不可理喻；不管面对其中哪一个，不单单是老太太，都得攒足了耐心。毫无疑问，每次闹矛盾，老爷子都坚定地站在老太太一边。他倒没说什么，只是一言不发，坐在椅子上什么都不管，可人人都能看出他不高兴。他的心思都在另一所房子里，在他老婆身上，想着替她说话、护着她，伤心、气愤地责备着女儿。

· 练习参考答案 ·

I.　**Siguiendo la grabación, lea las siguientes frases hechas, poniendo atención en la fonética y en la entonación.**

　　略。

II. Conjugue los siguientes verbos en todas las personas de los modos y tiempos indicados.

略。

III. Escuche las preguntas sobre el texto y contéstelas oralmente en español.

录音（Transcripción）

1. ¿Qué estaba haciendo la madre cuando los hijos le pidieron que les diera de merendar?

2. ¿Por qué la madre les dijo que esperaran un momento?

3. ¿Por qué a la madre se le quedaron las manos rosadas?

4. ¿De dónde sacó ella el pan y el tarro de la miel?

5. ¿Les daba de merendar con la miel todos los días?

6. ¿Cómo se ponían los niños cuando eso ocurría?

7. ¿Qué pensaban los hijos sobre eso del tarro de la miel ahora que se habían hecho mayores?

8. ¿Por qué, de pequeños, consideraban mágica a su madre adorada?

9. ¿Dejaron de quererla ahora que ella estaba vieja y no servía para nada?

10. ¿Cómo se habían desvelado por los hijos tanto la madre como el padre?

11. ¿Cómo sabían los vecinos que la suya era una familia muy unida?

12. ¿Por qué se fue dispersando poco a poco esa familia tan unida?

13. ¿Por qué los chicos, ahora que ya eran unos jovencitos, creían que sería una vergüenza seguir saliendo de paseo pegados a sus padres?

14. ¿De que estuvieron orgullosos los padres respecto de sus hijos?

15. ¿Por qué los padres tuvieron que dejar su casa para trasladarse a otra más pequeña?

16. ¿Por qué no pudieron gozar mucho tiempo el piso nuevo, tan alegre y soleado?

17. ¿Cómo era la casa de su hija Antonia a la que tuvieron que mudarse los dos ancianos para cederle la suya?

18. ¿Les importaba eso?

19. ¿Qué ocurrió un día?

20. ¿Por qué se habría ahorrado todo el jaleo si se hubiera tardado un poco en descubrir la mancha de humedad que había en la pared de la alcoba?

21. ¿Dieron algún resultado las discusiones que se produjeron en la familia en torno al problema de la mancha de humedad?

22. ¿Qué pensaba el viejo matrimonio respecto a esas discusiones?

23. ¿Por qué no iba a llevarse a sus padres a su casa, cualquiera de los hijos, mientras se resolvía el problema de la humedad?

24. ¿Cuál fue, finalmente, la solución por la que optaron los hijos?

25. ¿Llegó a satisfacer a todo el mundo esa solución?

26. ¿Cómo se mostraron los dos viejos frente a la medida que tomaron sus hijos?

答案（Clave）

1. Estaba lavando la ropa manualmente, porque en ese entonces todavía no había lavadora.

2. Porque tenía que acabar antes su faena: cerrar el grifo evitando que el agua rebosara del balde, escurrir la ropa para que no continuara rezumándose y finalmente secarse las manos para ir a sacar la comida.

3. Porque las había sumergido en el agua durante mucho tiempo.

4. Los sacó de un mueble antiguo llamado alacena que se utilizaba en aquel entonces para guardar alimentos en lugar de nevera.

5. No. Merendar era casi un lujo en aquel entonces para una familia como la suya. De modo que eso de untar el pan con la miel en la merienda solo se producía en ocasiones especiales, como, por ejemplo, para celebrar algo con alegría.

6. Los niños se ponían contentísimos dando saltitos y batiendo las palmas.

7. De mayores, esa algarabía se les antojaba un tanto exagerada. No era para tanto, decían.

8. Porque sabía darles sorpresa que les llenaba de felicidad.

9. ¡En absoluto! Ahora, en su edad avanzada, la seguían queriendo. ¿Quién podría dudarlo?

10. Ella, en casa, en las faenas, manteniéndola alegre y limpia para todos; él, fuera de la casa, trabajando, para sacarlos adelante a todos ellos y comprarles zapatos y pantalones y vestidos, y mandarlos al colegio a que aprendieran las cuatro reglas.

11. Ellos habían visto que los domingos por la tarde, esa familia salía de paseo, todos juntos codo con codo.

12. Esa familia siempre tan unida, comenzó a dispersarse debido al hecho de que los hijos se fueron haciendo mayores. Cuando ya estaban hechos jóvenes, naturalmente, preferían estar con chicos y chicas de su misma edad e ir independizándose de los padres.

13. Porque creían que eso solo lo hacían niños pequeños que no podían valerse por sí solos y requerían el constante cuidado de los adultos, así que seguir andando pegados a los padres les daba vergüenza.

14. Ellos se sentían orgullosos de que todos sus vástagos les hubieran salido sanos y guapos.

15. En primer lugar, a los dos les parecía demasiado grande la casa que habían compartido con los hijos, ya que estos, casados uno tras otro, se habían separado de ellos. En segundo lugar, su hijo mayor tendría pronto un quinto niño y resultaba difícil que en sus tres habitaciones cupieran tantas personas.

16. Porque tuvieron que cedérsela a Antonia, que encontraría estrecha la suya cuando naciera su segundo hijo.

17. Era una casa pequeña con solo dos habitaciones sombrías y húmedas que, evidentemente, no resultaban adecuadas para la salud de niños pequeños.

18. Ellos sabían que esa casa tampoco les convenía con la edad que tenían. Sin embargo, se sentían todavía bastante fuertes y estaban convencidos de que podrían resistir. Además, había otra cosa que no querían perder de vista: lo reducido del alquiler, ahora que andaban quejándose de que los ingresos no les alcanzaban.

19. Después de haberse mudado ahí, un día, uno de los hijos que los visitaban se fijó en la mancha de humedad de la alcoba, que iba subiendo desde el suelo y ya llegaba a medio camino del techo. Entonces comenzó a protestar diciendo que eso les perjudicaba la salud, que no se podía tratar así a los ancianos padres.

20. Si ese hijo suyo hubiera llegado más tarde, la humedad se habría extendido por toda la pared y nadie se habría dado cuenta de la mancha. Como consecuencia, se habrían ahorrado todas esas discusiones.

21. Aunque toda la familia se reunía en un consejo que duraba días y días de discusiones ociosas y agrias, finalmente nadie pudo aportar una idea de cómo solucionar el problema.

22. Ellos reconocían la buena voluntad de los hijos, convencidos de que todos querrían tenerlos en un palacio si pudieran, pero como no podían, preferían que les dejaran en paz, porque se conformaban con lo que tenían.

23. Porque ninguno tenía suficiente desahogo económico como para tener una habitación libre donde albergar a los dos.

24. Finalmente decidieron que ellos dos se separaran para ir uno con un hijo, y la otra con otro. Como eran seis hermanos, los dos podían ir turnándose. En cualquiera de las casas se encontraría un rinconcito para colocar un colchón en que acomodar a uno de ellos de noche.

25. No, nadie estaba contento con la solución, especialmente los padres, que andaban manifiestamente de mal humor.

26. El viejo andaba hosco, callado. No se metía en nada, pero no cesaba de refunfuñar: "A mí, de todo esto, ¿qué?". Ella, acostumbrada siempre a dirigir, se metía en todo: que si los niños estaban mal criados, que si había que educarlos mejor; hasta que la hija se impacientaba y se producían disgustos gordos entre las dos.

IV. Diga a qué se refiere la parte en cursiva. En caso de que sea verbo, cuál es su sujeto. Todas las oraciones son del texto.

1. *la*: la ropa

   los: cordelones

   brotaban: cascadas de agua

2. *la*: la ropa

   abierta: la ropa

   blanca: la ropa

   jugosa: la ropa

3. *quedaban*: las manos

   rosadas: las manos

   parecían: las manos

4. *ocurría*: esto del tarro de la miel

   los menos: días

5. *la*: algarabía

6. *mayores*: los hijos

   comprendían: los hijos

   era: estar locos de alegría con la merienda dando saltitos y batiendo las palmas de mano

7. *recuerdan*: los hijos

8. *la*: a la madre

   habían querido: los hijos

   la: a la madre

   estaba vieja: a la madre

   servía: la madre

9. *eso*: que los hijos siempre habían querido a su madre

lo: que los hijos siempre habían querido a su madre

10. *él*: el padre

    ella: la madre

    ellos: los hijos

    la: la casa

    los: a los hijos

    todos ellos: los hijos

    les: a los hijos

    los: a los hijos

    las cuatro reglas: de matemáticas (sumar, restar, multiplicar, dividir)

11. *eso*: que los hijos siempre habían querido a su madre y a su padre

    podía: nadie

    lo: que los hijos siempre habían querido a su madre y a su padre

12. *la suya*: la familia suya

13. *mayor*: la familia

    crecida: la familia

    todos juntos: todos los miembros de la familia

14. *eso*: que las cosas habían ido cambiando

15. *cosiditas*: las niñas

    cosiditos: los niños

    da: el pensarlo

    lo: que siguieran saliendo de paseo cogidos de manos los niños y las niñas

16. *lo*: que tantos los hijos como las hijas preferían tener su vida independiente

17. *él*: el padre

    le: a alguna de las hijas

18. *los dos solos*: los padres

19. *eso*: que los hijos se fueron casando

    ellas: las hijas

    ellos: los hijos,

    fueran: los hijos y las hijas

    así: guapos

20. *habían dejado*: los padres

    les: a ellos dos

    venía: la casa

21. *Cambiaron*: los padres

    su: el hijo mayor

    quinto retoño: el quinto hijo

22. *les*: a los padres

    sobraba: la casa de tres habitaciones

    el pisito nuevo: la casa de tres habitaciones del hijo mayor

23. *lo*: el pisito

    gozaron: los padres

    su segundo: su segundo hijo

    sombrías y húmedas: las dos habitaciones de Antonia

    los pequeños: los hijos de Antonia

24. *éstos*: los viejos (padres)

    la: la ventaja

    ellos: los padres

    llegaba: el dinero

25. *iba*: la mancha de humedad

    llegaba: la mancha de humedad

26. *hubiera tardado*: uno de los hijos

    habría alcanzado: uno de los hijos

    le: a uno de los hijos

    hubiera llevado: la mancha de humedad

    fue: todo lo que se ha dicho anteriormente

27. *se hubieran ahorrado*: todos los miembros de la familia

    los: a todos los miembros de la familia

    tenía: todo este jaleo

28. *ellos*: los padres

    querrían: los hijos

    los: a los padres

29. *los*: a los padres

    dejaran: los hijos

    así: que siguieran viviendo en esas habitaciones sombrías y húmedas

    creían: los padres

    era: que los padres viviesen en una casa húmeda y sonbría

30. *que*: el consejo de familia

31. *los*: a los padres

    eso: que ninguno de los hijos podía tenerlos a los dos

32. *se*: a los hijos

    lo: tenerlos a los dos

33. *se dividieran*: los padres

    uno, otro: padre o madre

    se encontraría: un rincón cualquiera

34. *podían*: los padres

    lo: contentos

    Eso: que todos se sacrificaban por ellos y ellos no lo supieran apreciar

    ellos: los padres

    lo: que todos se sacrificaban por ellos

    supieran: los padres

35. *ellas*: la madre y una de las hijas

36. *ella*: su mujer (la madre)

    eso: que el padre se había puesto decididamente de parte de ella

37. *dijera*: el padre

    seguía: el padre

    se veía: impersonal

    la otra casa: la casa donde estaba su mujer

    le: a su mujer

    la: a su mujer

    enfadado: el padre

V. **Marque con una √ la/s interpretación/ciones apropiada/s que corresponda/n al término en cursiva.**

1. 1), 2)	2. 1)	3. 2)	4. 3)	5. 1)
6. 2)	7. 2)	8. 2)	9. 3)	10. 3)
11. 2)	12. 1)	13. 2)	14. 1)	15. 2)
16. 2)	17. 1)	18. 3)	19. 3)	20. 2)
21. 2)	22. 3)	23. 1)	24. 1)	25. 2)
26. 2)	27. 2)	28. 3)	29. 1)	

VI. En el texto se narran los cambios de relación que se iban produciendo entre padres e hijos. Notoriamente, se advierten varias escenas bien delimitadas, dadas por la forma en que iba cambiando la situación. Divida el texto en diversas escenas y resuma el contenido de cada una en una sola frase. Por ejemplo: *los sacrificios que hacían los padres en favor de sus hijos y el cariño que reinaba en la familia; la gradual desunión de la familia a medida que crecían los hijos,* etc.

(Sugerencia del autor)

1. Los sacrificios que hacían los padres en favor de sus hijos y el cariño que reinaba en la familia;

2. La gradual dispersión de la familia a medida que crecían los hijos;

3. El sucesivo nacimiento de los nietos y el problema de la vivienda;

4. La solución que plantean los hijos y el malestar de todos.

VII. Coloque la parte en cursiva delante del verbo predicativo y efectúe cambios correspondientes en la oración.

1. *La gripe* se *la* contagié a mis hermanos.

2. *Esta chaqueta* me *la* cosió mi abuela.

3. *El secreto lo* reveló el señor ministro en una conferencia de prensa.

4. Mira, *la ropa la* debes escurrir así.

5. *La faena la* terminaron los obreros hace días.

6. *Aquella habitación soleada y tranquila la* gozaron poco tiempo los ancianos.

7. *La ventaja de lo reducido del precio* no hay que perder*la* de vista.

8. *A esta zona la* azota un viento helado casi todo el año.

9. *A Laura la* han adelgazado los ejercicios.

10. *Las revistas las* distribuyó la profesora entre sus alumnos.

VIII. Debajo de cada pregunta se dan dos respuestas. La primera es la normal, pero en la segunda, se quiere dar énfasis al elemento en cursiva. Lo que le exige es completarlas según cada caso.

1. ☐ ¿Dónde habéis acomodado *la cuna* del bebé?

   ▰ *La* hemos colocado en un rincón de nuestro dormitorio.

   ▰ ¿La cuna? Ah, *la cuna la* hemos colocado en un rincón de nuestro dormitorio.

2. ☐ ¿Has probado *el pescado*?

▦ Sí, acabo de *probarlo*, me parece un poco agrio.

▦ ¿Cuál? ¿Ese? Sí, *ese pescado* acabo de *probarlo*, me parece un poco agrio.

3. ☐ ¿No piensas ahorrar *ese dinero* que acabas de recibir?

▦ No, no... Justo *lo* necesito para comprar una nueva computadora.

▦ No, *ese dinero* no *lo voy a ahorrar*. Justo, *lo* necesito para comprar una nueva computadora.

4. ☐ ¿Cuáles de *los textos* ha seleccionado para recomendárselos a los estudiantes?

▦ He seleccionado varios de este libro. Pronto *se los* recomendaré a los estudiantes.

▦ He seleccionado varios de distintos libros, pero *los de este los* he seleccionado con especial cuidado. Pronto *se los* recomendaré a los estudiantes.

5. ☐ En aquel entonces mi madre nos cosía casi *toda la ropa*.

▦ ¿Verdad?

☐ Sí, *nos la* cosía mi madre.

☐ Sí, casi *toda la ropa nos la* cosía mi madre.

6. ☐ Me han dicho que ustedes criaban *una boa* en casa. ¿Es cierto?

▦ Sí, *la* criábamos como mascota.

▦ Sí, *la boa la* criábamos como mascota.

7. ☐ ¿Por qué han culpado ustedes *a Amelia* de lo que han hecho los demás?

▦ Disculpe, se equivoca usted. No *la* hemos culpado de nada. Es ella quien lo ha confesado todo.

▦ Disculpe, se equivoca usted. *A Amelia* no *la* hemos culpado de nada. Es ella quien lo ha confesado todo.

8. ☐ ¿Podemos descargar *ese camión* por la tarde?

▦ No, tenéis que descargar*lo* ahora mismo.

▦ No, *ese camión lo* tenéis que descargar ahora mismo.

9. ☐ ¿Así, con tanta libertad, educas *a tus hijos*?

▦ Sí, así *los* educo. ¿Te parece mal?

▦ Escúchame: *a mis hijos los* educo yo, y deja de meterte en mis asuntos.

10. ☐ ¿Sabes que el gerente planea reducirnos *el salario*?

▦ ¿Quiere reducír*noslo* de verdad?

▦ *¿El miserable salario nos lo* va a reducir? No sabe con quiénes se mete: le haremos una huelga.

IX. **Ponga en los espacios en blanco los pronombres adecuados (*el, los, la, las, lo*).**

1. ¡Cómo puedes creer a pie juntillas (虔诚地) todo *lo* que se dice en la prensa!

2. Te aseguro que la decisión que hemos tomado es acertada. ¿Acaso *lo* dudas?

3. Dicen ustedes que hay una mancha de humedad en la pared de mi dormitorio. ¿Por qué yo no *la* veo?

4. La niña batió las palmas con mucha fuerza y luego, viéndo*las* rojas, se puso a llorar.

5. *Lo* ocioso de la discusión determinó que la mayoría de los presentes optara por irse discretamente.

6. En esa zona abundan recursos naturales. *Lo* importante es saber explotar*los* de forma razonable.

7. ¿Que tu suegra se disgustó con mis preguntas? Cuánto *lo* siento.

8. *Lo* de ahorrar algo de dinero para el futuro me parece un gran acierto.

9. Después de tantos años de uso, esta tierra ya está agotada. Hace falta fertilizar*la* antes de volver a cultivar algo en ella.

10. La selva amazónica corre el riesgo de desaparecer. Urge tomar medidas drásticas para proteger*la*.

X. **Traduzca al español las siguientes oraciones cuidando de agregar pronombres acusativos, dativos y reflexivos, en muchos casos ausentes en la versión china.**

1. Actualmente, equipados de ordenadores, los oficinistas ya no tienen que ahogarse en medio de papeles.

2. Una vez nacidos los hijos, los padres tienen que asumir la responsabilidad de criarlos, educarlos y sacarlos adelante.

3. El estropajo todavía rezuma agua. Escúrrelo fuerte.

4. ¿Dónde se ubica esa depresión que dices? Señálamela en el mapa.

5. Los dueños de la casa, que eran muy amables, nos acomodaron en la habitación más amplia y soleada.

6. Mira, sigue brotando sangre de la herida. Apriétatela con la mano, mientras, yo voy por algodón y gasa para vendártela.

7. Sostén el otro lado de la sábana. Vamos a retorcerla entre los dos para escurrirla.

8. El mapamundi era tan grande que para consultarlo tuvimos que desplegarlo en el suelo.

9. ¡Cuidado, abuelita! No te inclines tanto en la silla; te puedes caer.

10. Como no conocíamos nada de esa zona, necesitábamos a alguien que nos orientara.

XI. Ejercicios del léxico.

A. Rellene los espacios en blanco con preposiciones adecuadas o formas contractas de artículo y preposición.

1. La tubería se había roto y *de* la delgada grieta brotaba un fuerte chorro *de* agua.

2. Tu bisabuela es realmente excepcional: *con* sus noventa y ocho años todavía goza *de* buena salud.

3. Afortunadamente, yo tenía un jefe amable y comprensivo. *A* Armando, *en* cambio, le tocó uno muy déspota.

4. Es muy importante que los niños crezcan *en* medio *del* cariño y cuidado *de* los adultos.

5. Pero, hombre, ¿*a* qué vienen esos gritos furiosos?

6. *Al* oír los disparates que acababa *de* decir el oficinista, me adelanté dispuesto *a* protestar, pero Adurne me dio un ligero codazo *para* impedírmelo, y tuve que callarme *contra* mi voluntad.

7. Frente *a* tantos hechos tan evidentes, ¿todavía dudas *de* que Águeda siempre se haya desvelado *por* ti?

8. Antes *de* hacer la cuenta, supuse que mis ahorros venían *a* sumar unos 100 mil euros.

9. Después *de* despedirse *con* besos y abrazos *de* su hijo, la madre se quedó *en* el marco *de* la puerta mirándolo *hasta* que se perdió *de* vista *en* la lejanía.

10. ¿No entiendes qué quiere decir *jaleo*? Yo no sé cómo explicártelo *con* exactitud. Parece que viene *a* significar algo así como una situación *en* que hay mucho movimiento, ruido, desorden, complicación, dificultad, etc.

11. Bastó *con* que el campesino fertilizara debidamente el suelo *para* que sus cultivos crecieran *con* mucho mayor rapidez.

12. Una enorme flecha dibujada *en* el letrero nos señalaba el destino *al* que nos dirigíamos.

13. *Al* oír los comentarios *de* los compañeros, empecé a dudar *entre* persistir en el proyecto o dejarlo.

14. Ese que merodea *por* ahí es un tipo sospechoso. *Por* favor, manténganlo vigilado y no lo pierdan *de* vista *en* ningún momento.

B. Complete las siguientes oraciones utilizando la forma adecuada (incluyendo las derivaciones) de las voces que se dan a continuación.

1. Aunque provengo de una familia numerosa y no muy *acomodada*, mis padres han

hecho grandes esfuerzos por sacarnos adelante a todos los hermanos.

2. La mujer charlaba con sus vecinas, pero en ningún momento *perdía de vista* a su hijita que correteaba por la plazoleta.

3. Hace días que de la tierra comenzó a *brotar* un líquido pegajoso y negruzco. Ha acudido un grupo de especialistas para ver de qué se trata.

4. Si has decidido emprender un trabajo tan arriesgado por tu propia *voluntad*, allá tú. Yo no digo nada.

5. Al ver que yo *dudaba* si acompañarla o no a hacer compras, mi amiga se enfadó y se fue sola.

6. Mira, ¡qué *gozosos* están los niños merendando!

7. No me cabe *duda* de que la economía del país va de mal en peor.

8. No creas que organizamos fiestas con mucha frecuencia. Solo lo hacemos en ocasiones *señaladas*.

9. Es mejor que dejemos de hablar de ese tema. ¿No ves que va *creciendo* el malestar entre los presentes?

10. A Ernesto no le gustan las novelas sentimentales. *En cambio*, le encanta la ciencia ficción.

11. No entiendo el *gozo* que experimentas en ese tipo de diversiones.

12. Es verdad que la habitación le resultaba pequeña, sombría y húmeda, pero le *venía* bien lo reducido del alquiler.

C. Al escuchar la perífrasis, diga el vocablo o expresión correspondientes.

1. acertado	2. adorar	3. ahorrar	4. albañil	5. citar
6. colaboración	7. culpar	8. dispersar	9. fastidioso	10. vergüenza

XII. Conjugue los infinitivos que están entre paréntesis en el tiempo y la persona correspondientes, o póngalo en forma no personal.

Un viejecito de barba blanca y larga, bigotes amarillentos, con un canasto al brazo, se acercaba, *se alejaba* y *volvía* tímidamente a la puerta del cuartel. *Preguntó* a un suboficial:

—¿*Estará* mi hijo?

El cabo *soltó* la risa.

—El regimiento *tiene* trescientos hijos, *falta* saber el nombre del suyo— *respondió* el suboficial.

—Manuel... Manuel Zapata, señor.

El cabo *arrugó* la frente y *repitió*, *registrando* su memoria:

—¿Manuel Zapata...? ¿Manuel Zapata...?

Y con un tono seguro:

—No *conozco* ningún soldado de este nombre.

—El paisano *se irguió* orgulloso sobre las gruesas suelas de sus zapatos, y *dijo sonriendo* irónicamente:

—¡Pero si no *es* soldado! Mi hijo *es* oficial.

—El trompeta, que desde el cuerpo de guardia *oía* la conversación, *se acercó*, *codeó* al cabo, *diciéndole* por lo bajo:

—*Es* el *nuevo*, el recién salido de la Escuela.

El cabo *envolvió* al hombre en una mirada investigadora, y como lo *encontró* pobre, no *se atrevió* a invitarlo al casino de oficiales. Lo *hizo pasar* al cuarto de guardia.

(Adaptación del cuento del mismo título, de Olegario Lazo Baeza, militar chileno,

autor de *Cuentos militares* y otros libros de cuentos)

XIII. Dictado.

录音（**Transcripción**）

Ellos querían el bienestar de sus padres, de eso no había ni qué hablar: ellos eran unos buenos hijos, siempre lo habían sido. Todo el mundo lo decía siempre, tan unidos los unos con los otros, tan amigos entre sí los hermanos, tan cariñosos todos con sus padres.

Claro está que algunas cosas habían cambiado un poco. Por ejemplo, cuando ahora decían las vecinas:

—Guapas sois, pero como vuestra madre, ninguna.

Ellas, las hijas ya no experimentaban en su interior aquel orgullo de su infancia. No decían que no: no decían nada. Pero de labios adentro, imperceptible para los demás, brotaba una sonrisa:

—Estas vecinas... Ellas también van siendo viejas, ya se les para la vista en otros tiempos, que en todo creen mejores. ¡Pobres gentes!

Los chicos, además de ser más altos que su padre, eran más capaces en todo; como sabiendo más de todo, como más enterados de todo, como sabiendo mucho más que él de la vida. Él lo aceptaba así y se empequeñecía; ellos y él, todos, se daban cuenta. Pero era natural que fuera así: los tiempos eran otros, mucho más adelantados, más instruidos; había que ver lo que enseñaba ahora, simplemente, echarse a los ojos el periódico de la mañana, mientras que antes... Alguna vez habían caído en sus manos periódicos antiguos, revistas ilustradas de años atrás, de cuando parecían todos como niños. Pobre padre. Y pensar que había sido él mucho tiempo el jefe indiscutible de la casa.

(Fragmento adaptado de *Final de Jornada*, de Eulalia Galvarriato,
la misma pieza narrativa de la que se ha extraído el texto motivador de este capítulo)

XIV. Escuche la grabación y luego haga una versión oral resumida.

录音（**Transcripción**）

Se oía decir por todas partes que en el país había un niño de inteligencia tan excepcional que era capaz de solucionar cualquier problema, por complicado que fuera. Cuando el rey se enteró del rumor lo mandó buscar para comprobar si eso era cierto. Y se asombró enormemente viendo que el que acudía a la corte era un crío de siete u ocho años.

—¡Bah!— exclamó incrédulo para sus adentros el soberano, —¡Qué puede saber el mocoso ese!

Pero a pesar de eso decidió ponerlo a prueba. Con probar no perdería nada.

—Yo tengo un elefante— comenzó a plantearle el problema, —Dime: ¿cómo puedo saber cuánto pesa?

El niño echó un vistazo al gigantesco animal y respondió:

—Vamos con él a la orilla del río y que busquen un barco suficientemente grande como para poder embarcarlo.

Dicho y hecho. Cuando el elefante ya estaba en la embarcación el niño le dijo a un cortesano que marcase en uno de sus costados dónde llegaba el agua.

—Ahora, saquen el animal del barco y llénenlo con piedras— ordenó con tono autoritario como si fuese un comandante. —Cuando el agua llegue a la línea marcada ya se sabrá el peso del elefante, pesando las piedras.

XV. Trabajos de casa.

3. Traduzca al español las siguientes oraciones：

1) Si te parece acertada mi propuesta, entonces, acéptala.

2) ¿Que si queremos a nuestra profesora? Sépalo: la adoramos.

3) ¿Cómo cruzarás el río si no sabes nadar? Te ahogarás.

4) Como quería ahorrarme el disgusto, hice todo lo posible para evitar encontrarme con el tipo.

5) ¿Qué habéis descubierto ustedes al comparar el estilo de los dos escritores?

6) Me alegro de que nuestra colaboración haya sido un éxito.

7) No te preocupes. Lo que tiene él no es ninguna enfermedad contagiosa.

8) Yo declaré primero en el tribunal. Al escuchar a los demás testigos, el juez me dio la razón.

9) Ya sabe usted: la situación económica de mi familia no me permite gastar así el dinero.

10) ¡Qué fastidioso! El tipo no cesa de decir disparates.

第七课

课文参考译文

马丁·菲耶罗之歌 [1]

（根据同名文章改编，选自儿童环球图书馆"伟大飞跃"系列第12册《生活方式与风俗习惯》，马德里桑迪亚纳出版社，1973年）

伴着六弦琴声长，

我在此地开口唱；

心中苦难非寻常，

寤寐安能入梦乡；

人到如今似孤禽，

聊借长歌抚心伤。

以此开头，马丁·菲耶罗向我们吟唱他的一生。故事的讲述人是阿根廷作家何塞·埃尔南德斯。在一家小酒馆里，几个高乔人围坐在一个年事已高的男人身旁，此人正是马丁·菲耶罗。在比韦拉琴的伴奏下，他开始用歌声讲述自己坎坷的一生。

马丁身上具备高乔人的所有品质。他勇敢质朴，扛过了令人叹惋、苦难深重的一生。

---

1 马丁·菲耶罗的诗句以民歌的口语风格书写，不仅采用了口语的音调和句法，还使用了民间词汇。在本文中，这些词突出显示。

> 吾本高乔君明辨，
>
> 听我口音立马现；
>
> 万里土地我见窄，
>
> 心有疆域宽无涯；
>
> 毒蛇见我怯下口，
>
> 烈日亦难灼我额。
>
> …………
>
> 高乔往事诸位听，
>
> 迫害经过讲分明；
>
> 我曾为夫亦为父，
>
> 坚持不懈事尽心；
>
> 外人不解其中意，
>
> 错把我作强盗记。

于是，菲耶罗忆起他尚有家宅亲眷、未被权贵和执法者无端虐待的日子。一天，他正在酒馆和几个朋友喝酒弹唱，一位地方法官走进酒馆，将几个人抓了壮丁，编入正在边境线与印第安人作战的部队。马丁背井离乡，被带到了边境地区。指挥他们的军官们根本不让他们和印第安人作战，而是把他们当成了自己家里的劳动力，让他们看管牲畜却不付丁点儿报酬。除了分文难取，马丁·菲耶罗还被迫把自己的一匹宝马送给了上校。

那种生活令人难以忍受。在和一群印第安人激战时，马丁·菲耶罗见有性命之危，决定逃走。可当他回到自己的牧场，却连家的影子都找不到了。年幼的孩子们被卖作短工，妻子一走了之。马丁肝肠寸断，放声唱道：

> 曾经牧场无迹寻，
>
> 唯见栅栏守空地。
>
> 基督之名鉴吾誓：
>
> 因往事整我心碎，
>
> 我定从恶赛兽禽。

无家可归的马丁·菲耶罗痛彻心腑，被迫四处流浪，过着自己往日绝不会选择的生活。他在酒馆酗酒，动辄寻衅滋事。一次斗殴，他失手杀死了一个黑人。于是，面对警察的追捕，只能逃跑。马丁·菲耶罗不明白，为什么厄运会让他遭此劫难。他哭诉着自己的不幸，同时也为所有饱受欺凌、无依无靠的高乔人哭泣。

此身难逃牢狱灾，
苦难监牢等我来。
纵使情理千般多，
开口为己难辩驳。
穷人之理如木钟，
难发声响一场空。
…………
不见终点无方向，
孤身天地空荡荡。
四周一片黑洞洞，
高乔行者如鬼魂。
不怕官府衙门人，
趁我入眠找上门。

也不知是不是在他睡觉的时候，警察趁马丁·菲耶罗一时疏忽把他围了起来。一场恶战之后，眼见他要败下阵来，一位名叫克鲁斯的中士突然出手相助。两人最终成功逃脱，获得自由，从此，马丁·菲耶罗把克鲁斯中士当成最亲密的朋友。两人决定穿越沙漠，加入印第安人的行列。

· 练习参考答案 ·

I. Siguiendo la grabación, lea el siguiente poema.
略。

II. Conjugue los siguientes verbos en todas las personas de los modos y tiempos indicados.
略。

III. **Escuche las preguntas sobre el texto y contéstelas oralmente en español.**

录音（**Transcripción**）

1. ¿Cómo se llama el autor del largo poema titulado *Martín Fierro*? ¿Sabe usted algo acerca de él?

2. ¿Qué instrumento musical emplea Martín Fierro cuando relata su vida cantando?

3. ¿Con qué se comparaba a sí mismo Martín Fierro al narrar su vida?

4. ¿Cómo se consuela un ave solitaria, según Martín Fierro?

5. ¿En qué sitio se reúne Martín Fierro con otros gauchos para narrarles su vida?

6. ¿Sabe algo sobre los gauchos? Por ejemplo: su distribución geográfica, su modo de vida.

7. ¿Cuáles son las típicas virtudes de un gaucho, según el autor?

8. ¿Qué es lo que decía Martín Fierro refiriéndose a su propia situación?

9. ¿Cómo se interpretan los siguientes versos: *para mí la tierra es chica/y pudiera ser mayor;/ni la víbora me pica/ni quema mi frente el sol.*

10. ¿Qué quiere darnos a entender Martín Fierro cuando dice que él ha sido padre y marido, empeñoso y diligente?

11. ¿Qué está condenando Martín Fierro cuando se queja de que a un hombre honrado como él lo persiguen como a un bandido?

12. ¿Siempre ha llevado esa vida de vagabundo tratando de huir porque lo persiguen?

13. ¿Qué ha sucedido para que su vida haya cambiado tan drásticamente?

14. ¿Cómo lo maltratan sus superiores?

15. ¿Cómo ha podido deshacerse de todo eso?

16. ¿Qué encuentra Martín Fierro cuando regresa a su rancho después de haber desertado?

17. ¿Qué significan los siguientes versos: *Por Cristo, si aquello era/pa enlutar el corazón*?

18. ¿En qué forma le afecta la experiencia que ha tenido?

19. ¿Por qué tiene que huir una vez más?

20. ¿Cómo valora Martín Fierro la llamada *justicia*?

21. ¿Puede volver a llevar una vida normal como cuando tenía propiedad y familia?

答案（Clave）

1. El autor se llama José Hernández. Poeta argentino, nacido en Buenos Aires en 1834 y muerto en 1886, José Hernández es el máximo representante de la épica

gauchesca. En su poema Martín Fierro, uno de los más originales del romanticismo hispánico, el gaucho payador narra, cantando, su lucha por la libertad en medio de adversidades e injusticias. El lenguaje empleado, diáfano y expresivo, alcanza un enorme vigor creativo y exhala un vivo y peculiar aroma popular y regional. En 1879, José Hernández saca a la luz una segunda parte de esta obra con el título de *La Vuelta de Martín Fierro*. También escribió, en prosa, *Vida del Chacho*, *Instrucción del Estanciero* y *Los treinta y tres orientales*.

2. El instrumento musical que emplea Martín Fierro cuando relata su vida cantando se llama vihuela, pero él dice vigüela, en el habla gauchesca.

3. Decía que él parecía un ave solitaria.

4. Según él, un ave solitaria —que debe de sentirse muy triste—, se consuela cantando.

5. Lo hace en una pulpería, llamada así, en algunos países sudamericanos. Es una especie de tienda donde se venden artículos de alimentación, limpieza y mercería y otras mercancías necesarias para la casa.

6. *Gaucho* es el nombre de los habitantes de las pampas de Uruguay, Argentina y Brasil. Su vida, dedicada a la ganadería, es nómada.

7. Según el autor, un gaucho típico tiene que ser valiente, sobrio y capaz de soportar los rigores de una existencia desdichada, llena de penalidades.

8. Decía que, a pesar de ser hombre honrado, era perseguido como si fuera un bandido.

9. Significan que para él, un gaucho libre y aventurero, el espacio en el que se mueve resulta tan pequeño y familiar, que hasta las víboras y el sol ya no le hacen daño.

10. Quiere decir que él ha sido un hombre honrado que llevaba una vida normal trabajando con perseverancia y diligencia para mantener a su familia.

11. Evidentemente, está condenando la injusticia social.

12. No. Antes de ser reclutado para servir en el ejército, era un trabajador honrado y respetado de la pampa.

13. En una ocasión, mientras estaba cantando y bebiendo con unos amigos en una pulpería, fue reclutado como soldado para combatir a los indios en la frontera. De esa manera se apartó de su familia para iniciar una existencia totalmente diferente.

14. En realidad, sus superiores no lo llevaron a combatir a los indios, sino que lo empleaban como un peón en sus propiedades, en el cuidado de sus animales, sin pagarle nada. Y encima de esto, el coronel le arrebató su hermoso caballo.

15. Desertó aprovechando una ocasión en que se vio en peligro de muerte al enfrentarse con un grupo de indios.

16. Encontró su rancho en ruinas y desaparecidos su mujer y sus hijos.

17. Significarían: ¡Oh, Dios!, ¡semejante escena era para morirse de tristeza!

18. Fue una amarga experiencia que le cambió totalmente la vida: obligado a vivir como un vagabundo, se volvió pendenciero y discutidor, es decir, un hombre acostumbrado a utilizar la violencia.

19. Porque, con lo violento que se había vuelto, en una de sus aventuras, alguien, un negro, lo desafió a un duelo. Martín Fierro aceptó y en la pelea lo mató. A partir de este momento, se convirtió en un gaucho perseguido por la policía.

20. Para Martín Fierro, gran conocedor de la vida, la justicia es algo que solo cae como un castigo sobre los pobres.

21. No. Justamente cuando se encontraba acorralado por la policía, logró huir con la ayuda y la complicidad del sargento Cruz quien, impresionado por su valentía, terminó huyendo con él. Convertidos en grandes amigos, ambos decidieron irse a vivir con los indios, seguros de que ahí, en un medio salvaje, estarían mejor que en la *civilización*.

IV. **Diga a qué se refiere la parte en cursiva, y en caso de que sea verbo, señale cuál es el sujeto. Todas las oraciones pertenecen al texto.**

1. *lo*: al hombre

   desvela: una pena extraordinaria

   se consuela: el ave solitaria

2. *comienza*: Martín Fierro

   su: de Martín Fierro

3. *la*: la historia

4. *rodeado*: Martín Fierro

   sus: de Martín Fierro

   acompañándose: Martín Fierro

   su: de Martín Fierro

5.　*capaz*: Martín Fierro

　　llena: una existencia lastimosa

6.　*entienda*: usted que me escucha

　　lo: que soy gaucho

　　lo: (todo lo que sigue abajo)

　　esplica: mi lengua

　　pudiera: la tierra

　　quema: el sol

　　atiendan: ustedes (los que me están escuchando)

　　la relación: la historia

　　hace: un gaucho perseguido

　　un gaucho perseguido: Martín Fierro

　　empeñoso: padre y marido

　　diligente: padre y marido

　　lo: al gaucho perseguido

7.　*poseía*: Martín Fierro

　　los poderosos: los gobernantes y los ricos

　　los representantes de la Justicia: los jueces

8.　*está*: Martín Fierro

　　mantienen: los destacamentos

9.　*Sus*: de los gauchos alistados en el destacamento para combatir a los indios

　　los: a estos hombres alistados

　　los: a estos hombres alistados

　　sus: de los superiores

　　sus: de los superiores

　　les: a los hombres alistados

　　su: de los hombres alistados

10.　*tiene que*: Martín Fierro

　　su: de Martín Fierro

11.　*el*: el duro enfrentamiento

　　decide: Martín Fierro

12.　*el gaucho*: Martín Fierro

13.　*aquello*: el panorama de desolación que encontró al regresar a la ranchería

14. *proponerse*: Martín Fierro

   lo: matar al hombre

   asediado: Martín Fierro

15. *le*: a Martín Fierro

   impone: su triste suerte

   su: de Martín Fierro

   la: mala ventura

   el gaucho desvalido y sin protección: todos los demás gauchos que se hallan en la misma situación que él

16. *él*: Martín Fierro

   su: de Martín Fierro

   le: a Martín Fierro

   sobre: la razón

   son: las razones de los pobres

   le: a Martín Fierro

   sorpriende: la autoridad

   dormido: Martín Fierro

17. *Dormido*: Martín Fierro

   se descuida: Martín Fierro

   lo: a Martín Fierro

   parece vencido: Martín Fierro

   su: del soldado, o sea, de Martín Fierro

   ambos: Martín Fierro y Cruz

18. *Juntos*: Martín Fierro y Cruz

   deciden: Martín Fierro y Cruz

V. **Marque entre las interpretaciones con una √ la(s) que se adecué(n) a la parte en cursiva.**

1. 2), 3)   2. 3)   3. 1)   4. 2)   5. 1)

6. 3)   7. 2)   8. 2)   9. 1)   10. 3)

11. 3)   12. 3)   13. 1), 3)   14. 1)   15. 3)

VI. En el español, el orden de las palabras es bastante flexible, especialmente en los versos donde puede alterarse enormemente por la necesidad del ritmo y la rima. Lo que se le pide en este ejercicio es modificar el orden sin cambiar el sentido de la oración y a veces incluso para aclararlo.

1. Martín Fierro comienza a cantarnos así su vida.

2. El escritor argentino José Hernández narró la historia.

3. En una pulpería, Martín Fierro, un hombre ya mayor, rodeado de unos cuantos gauchos, se pone a relatar sus peripecias cantando y acompañándose con su vihuela.

4. Y atiendan la relación que hace un gaucho perseguido, que ha sido padre y marido empeñoso y diligente. (También: ... que empeñoso y diligente padre y marido ha sido)

5. En este momento que voy a cantar mi historia, les pido que me refresquen la memoria y que aclaren mi entendimiento.

6. Y poniéndome a cantar, el cantar labra mi gloria.

7. Martín decide desertar después de un duro enfrentamiento con un grupo de indios, en el que se ve en peligro de muerte.

8. Y ninguno me ha visto andar titubeando en un apuro.

9. En esa ocasión juré ser más malo que una fiera.

10. En una pelea da muerte a un hombre —un negro—, sin proponérselo, y asediado por la policía, tiene que huir.

11. Las razones de los pobres son campanas de palo y el gaucho anda como duende, sin punto ni rumbo fijo, en aquella inmensidad y entre tanta oscuridad. La autoridad jamás lo sorprende dormido allí

12. Cuando ya parece vendido tras una dura pelea, un soldado se pone de su parte.

VII. En español, la poesía es un género en el que se permite una gran libertad sintáctica, es decir, un permanente trastrueque del orden de las palabras, lo que ciertamente dificulta la lectura y la comprensión. En este caso, el lector puede servirse de las flexiones morfológicas para detectar los lazos sintácticos entre palabras, por separadas que se hallen. El siguiente ejercicio es quizá un poco difícil, pero no deja de ser interesante, porque mediante él se puede aprender a leer y a comprender poemas. Lo que se requiere de usted es que diga con qué palabra está relacionada lógica y semánticamente la que está en cursiva, y en caso de que sea verbo, cuál es el sujeto.

1. *Seguido*: un conejo

2. *Suele*: el necio

3. *adornaban*: muebles exquisitos

   caros: dos mil tomos

   es: buscar doce mil tomos

   los: doce mil tomos

   fingidos: doce mil tomos

4. *encontraba*: un Leopardo

   lo: al leopardo

   veían: las monas

   todas: las monas

   el contrario: el leopardo

   seguras: las monas

   pudiera: el leopardo

   maduras: las monas

5. *ligero*: el ciervo

   libre: el ciervo

   dijo: el ciervo

   eternos: los pies

VIII. **Modifique los vocablos que están entre paréntesis según las exigencias del contexto.**

1. Es en la Cordillera de los Andes donde *se desarrollaron* grandes culturas indígenas en la antigüedad.

2. La Cordillera de Brasil forma, prácticamente, una inmensa altiplanicie *cortada* abruptamente frente a la costa e *inclinada* suavemente hacia el interior del continente.

3. No todas las regiones costeras son aptas para la agricultura. *Algunas*, por exceso de lluvias, *están ocupadas* por espesas selvas y *otras*, por faltar la lluvia en absoluto, *aparecen desérticas.*

4. Los detalles concretos de la fundación de Roma y de su historia primitiva *están envueltos* en una oscuridad que probablemente nunca será *disipada.*

5. El joven se acercó y vio a varias personas que, *cercadas* por un círculo de furiosas llamas, *trataban* de salvarse del peligro.

6. El prisionero pidió al soldado que le dejara *sueltas* las manos para que pudiera escribir unas cuantas líneas a su familia.

7. Por razones de sobra *conocidas*, nada o muy poco se ha hecho para eliminar la desigualdad entre los países avanzados y los subdesarrollados.

8. El extranjero saludó a unos aborígenes a *quienes* preguntó por el nombre del lugar.

9. Los sitiados saben que se encuentran frente a un enemigo que, *solos*, no *pueden* vencer.

10. Miles y miles de animales acudían al lago para beber sus aguas y *las* ensuciaban y enturbiaban al mismo tiempo.

IX. **En las siguientes estrofas de *Martín Fierro*, señale los vocablos cuya pronunciación es diferente a la del español estándar y diga su forma normativa.**

1. Nací como nace el *peje* (pez)
   En el fondo de la mar.
   Naides me puede quitar (nadie)
   Aquello que Dios me dio.
   Lo que al mundo *truje* yo (traje)
   Del mundo lo he de llevar.

2. Y sepan cuantos escuchan
   De mis penas el relato,
   Que nunca peleo ni mato
   Sino por *necesidá*; (necesidad)
   Y que a tanta *alversidá* (adversidad)
   Solo me arrojó el mal trato.

3. Junta *esperencia* en la vida (experiencia)
   Hasta *pa* dar y prestar, (para)
   Quien la tiene que pasar
   Entre sufrimiento y llanto.
   Porque nada enseña tanto
   Como el sufrir y el llorar.

4. Y *sentao* junto al *jogón* (sentado, fogón)
   A esperar que venga el día,
   Al cimarrón le prendía
   Hasta ponerse rechoncho.
   Mientras su china dormía
   Tapadita con su poncho.

5. Y verlos al *cair* la noche (caer)

En la cocina *riunidos*, (reunidos)

Con el *juego* bien prendido (fuego)

Y mil cosas que contar,

Platicar muy divertidos

Hasta después de cenar.

X. **Analice la métrica de las estrofas de *Martín Fierro* que aparecen en el texto para indicar.**

A. **el número de sílabas de cada verso;**

B. **el tipo de rima (consonancia/asonancia) y su distribución.**

1. Aquí me pongo a cantar   ○

al compás de la *vigüela*,   A (consonancia)

que al hombre que lo desvela   A

una pena *estrordinaria*   B (consonancia)

como el ave solitaria   B

con el cantar se consuela.   A

2. Soy gaucho y *entiendaló*   A (asonancia)

como mi lengua lo *esplica*,   B (consonancia)

para mí la tierra es chica   B

y pudiera ser mayor;   A

ni la víbora me pica   B

ni quema mi frente el sol.   A

3. Y atiendan la relación   ○

que hace un gaucho perseguido,   A (consonancia)

que padre y marido ha sido   A

empeñoso y diligente,   B (consonancia)

y sin embargo la gente   B

lo tiene por un bandido   A

(En conjunto, todos los versos son de ocho sílabas)

XI. **Ejercicios del léxico.**

A. **Complete las oraciones usando las voces, o sus derivados, que se dan a continuación.**

1. En esa época, en la hacienda de Gutiérrez *se empleaban* doce peones.

2. ¿Acaso le das *la razón* a un propietario que maltrata a sus obreros?

3. Sin *atender* a las explicaciones que le dimos, el árbitro se empeñó en penalizar a uno de nuestros jugadores.

4. El pueblo se vio obligado a rebelarse ya que la arbitrariedad de los gobernantes llegó a ser *insoportable*.

5. No debemos esperar que se nos *regale* la justicia social. Luchando es como la conseguiremos.

6. El enfrentamiento entre esos dos grupos políticos *se va volviendo* cada día más violento.

7. No me puedo imaginar cómo pudo *soportar* mi abuelo las *duras* condiciones de trabajo en aquella mina de carbón.

8. ¿Sabes cuántas casas *se quemaron* en aquel incendio?

9. Niña, no toques el vaso: ¡*Quema!*

10. Los peones del rico hacendado se negaron a comer *sobras* recalentadas.

11. ¿No te parece excesivo el tiempo *empleado* en un trabajo tan sencillo?

12. Me costó acostumbrarme a la *rigurosa* disciplina del Ejército.

13. Sus amigos dudaban de que Ernesto fuera capaz de *soportar el rigor* del invierno de aquella zona siberiana.

14. Descuide, señora, su hijo será bien *atendido* en mi casa.

15. De este dinero, no nos *sobrará* ni un centavo después de pagar la cena.

B. Siempre que sea necesario, rellene los espacios en blanco con un artículo o una preposición, o la forma contracta de artículo y preposición.

1. Puede que tengas toda *la* razón, pero no me convences.

2. ¿Qué está haciendo *el* juez, que no atiende *a las* declaraciones *de los* testigos?

3. Oriol, muy impaciente, se tomó apresuradamente *la* leche hirviendo y se quemó *la* lengua y *la* garganta.

4. *Al* ver que nadie le daba *la* razón, se marchó molesto.

5. Rosario, ¿quieres regalarle algo *a* tu prima? Entonces, elige algunos libros *entre* estos.

6. El gaucho no comprendía por qué *la* llamada Justicia se hubiera vuelto tan dura *con* él.

7. ¿*Entre* quiénes piensas repartir *los* libros que traes *en el* paquete?

8. Ya no insistas más. No te asiste *la* razón.

9. ¿Alguien nos podrá dar *Ø* razón *de* lo sucedido?

10. Mamá, *del* dinero que me has dado para comprar libros, todavía sobran unos cien euros. ¿Te los devuelvo o me los guardo *para* mí?

C. Al escuchar la perífrasis, diga el vocablo o expresión correspondiente.

1. ajusticiar 2. arbitrariedad 3. consolar 4. diligente 5. elegir

6. empeñarse 7. jurar 8. perseguir 9. proteccionismo 10. ventura

XII. Conjugue los infinitivos que están entre paréntesis en el tiempo y la persona correspondientes.

Nací durante la guerra —¡esa que *empezó* el 39 y *terminó* el 45! (O: en 1939, en 1945) —, aunque, como *es* lógico, no *supe* hasta más tarde que la guerra *era* guerra..., y que la vida no *era* solamente así.

No *sé* cuánto tiempo, pero yo *viví* solo con mi madre, e *íbamos* mucho al pueblo de mis abuelos, donde *se podía* comer bien.

Mi padre me *trajo* un camión de carlinga roja y trasera de plata que él *hizo/había hecho* en la cárcel para mí. Lo *acepté*, pero no *jugué* con él: *era* como el regalo de un desconocido.

Recuerdo un desmayo de mamá al leer una carta (*debía* de ser de él, *debía* de ser la carta en que le *decía* que *iban* a fusilarle).

Mi padre *volvió*, pero lleno de amargura.

Mi hermana *nació* después, y no me *dio* ninguna envidia ni celos como *dicen* los pedagogos.

Abuelo y abuela *fueron/eran* un mundo aparte, alegre, alegre al principio, porque luego...

(*Otro tiempo*, en *La Otra Gente*, Colección Textos en Español Fácil, Pedro Antonio de Urbina, p.10, Sociedad General Española de Librería S. A., Madrid, 1976)

XIII. Dictado.

录音（Transcripción）

Martín Fierro era un típico gaucho con todas sus virtudes: valiente, sobrio y capaz de soportar los rigores de una existencia lastimosa y llena de penalidades. En un principio poseía su propio rancho donde vivía tranquilamente con su mujer y sus hijos. Pero, un día, mientras cantaba y bebía con unos amigos en una pulpería, se presentó el juez de paz y lo obligó a alistarse en el ejército para ir a combatir a los indios en la frontera. Sin embargo, en el destacamento, el coronel no lo mandó al frente, sino que lo empleaba como peón para que trabajara en su propiedad y en el cuidado de sus animales. Cuando por fin lo envió a la frontera, en un duro enfrentamiento con los indios, Martín se vio en peligro de muerte y decidió huir y regresar a su pueblo. Pero ahí no encontró ni su casa ni sus familiares. Lo había perdido todo. La mala ventura le impuso una vida que él nunca hubiera elegido: vagabundear por todas partes convertido en un hombre bebedor y pendenciero. Posteriormente se encontró en muchas otras peripecias peores todavía.

Su historia nos la relata el escritor argentino José Hernández en su largo poema titulado *Martín Fierro*.

XIV. Escuche la grabación y luego haga una versión oral resumida.

录音（**Transcripción**）

Una mañana de verano, paseaba yo con mi padre por el campo. Como era todavía tempranito, no hacía mucho calor. Además, una brisa nos acariciaba suavemente, de modo que nos sentíamos muy a gusto, conversando de cosas triviales. En un momento dado, comenzamos a avanzar por un caminito en medio de un extenso trigal, aspirando el agradable aroma del trigo ya maduro. En torno nuestro, las mieses que se mecían con el viento nos daban la sensación como si flotásemos en un mar dorado arrugado por incesantes oleajes. De repente, mi padre se detuvo y llamó mi atención:

——¿Te has fijado en esas dos espigas?

Miré hacia donde indicaba y vi dos espigas muy diferentes. Una, con granos gordos, se doblaba igual que una cabeza agachada para mirar el suelo. Y la otra, que tenía los granos vacíos, se erguía tiesamente hacia arriba.

——¿Puedes sacar una moraleja de este fenómeno de la naturaleza?

——Claro que sí. Ya caigo en la cuenta de lo que me quieres enseñar.

Luego le di a mi padre la respuesta con la que se quedó muy satisfecho.

LAS ESPIGAS

La espiga rica en fruto
se inclina a tierra;
la que no tiene grano
se empina tiesa.

Es en su porte

modesto el hombre sabio

y altivo el zote.

Haztsenbusch (España)

XV. Trabajos de casa.

3. Traduzca al español las siguientes oraciones:

1) A petición de sus alumnos, la profesora argentina cantó una canción folklórica de su país al compás de la guitarra.

2) ¿Cómo puedes tratar a otros con tanta arbitrariedad?

3) Traté de consolar a mi madre, que se angustiaba por lo que le pudiera pasar a mi hermano.

4) En cuanto a este tema/asunto, ya no tenemos nada más que agregar.

5) De repente, se desató un torrencial chubasco. Tuvimos que guarecernos bajo un alero.

6) Un suceso inesperado nos separó a los dos hermanos.

7) Te juro que no he sido yo el que ha elegido estos libros.

8) ¿Saben por qué no han ajusticiado a ese terrible criminal? ¡Un alto funcionario es su protector/lo ampara!

9) No te empeñes en tratar de convencerlo. Es inútil.

10) Por cualquier descuido, el trabajo te saldrá mal.

课文参考译文

美洲的人口

　　漫步在美国的城市，尤其是拉丁美洲的一些城市，首先映入眼帘的就是不同的人种特征，仿佛美洲是一个巨大而繁复的种族博物馆。街上来来往往的人种太多了！每个人都有自己的特点，有的纤细苗条，有的矮胖敦实；有的发色金黄，有的须鬓棕黑。论皮肤，有黄色、黑色、古铜色；论头发，有的卷，有的直，有的似波浪。总之，在这里可以看到的人类基因组合独具特色。这种多样的人种在亚洲、非洲部分地区和欧洲并不常见。在非洲的一些国家，族群依然相对单一。在欧洲，一些近代的大规模移民虽然造成了一些人种差异，但远不及美洲丰富。

　　众所周知，美洲大陆人种的多样性是种族融合的结果。在漫长的历史时期里，美洲大陆先后被外族入侵、遭受殖民统治和接受大量移民。

　　这一历史事实必然让我们联想到一个问题：在欧洲人到达之前，谁是美洲这片广袤大陆上的原住民？通过大量化石和考古研究发现，我们人类在其他大陆上的活动至少可追溯到数十万年以前，甚至可能达到数百万年前。例如，在非洲已经出土可能站立行走、会使用木制工具的生物化石，人们估计这种类人猿存活在400万年前。在亚洲、欧洲国家和澳大利亚也曾出土过存在于200万年前至10万年前之间原始人的化石。然而直到现在，在南美洲和北美洲两块大陆上还没有考古发现能证明那里曾经有旧石器时代以前的人类存在，因此，一些专家倾向于认为这片土地上最早的居民是通过白令海峡从亚洲迁徙于此的。就是说，亚洲人是这些由于历史错误被误称为"印第安人"的美洲原住民的祖先。然而，由于原住民之间有着不容小觑的基因差异，上述假说也难以成立。根据生活地区的不同，美洲原住民大致可以分为以下几组：

1. 居住在北极圈和格陵兰岛以北的因纽特人。他们身材较矮，眼睛像中国人，有些细长，头发又黑又直，不易卷曲。

2. 居住在墨西哥湾和加拿大大森林之间的部落。他们的皮肤为古铜色，头发为黑色，还有鹰钩鼻。这些部落之间彼此为敌。

3. 居住在墨西哥境内的多个风格迥异的部落。其中一些部落的原住民与南美安第斯山脉的居民十分相像，有的皮肤黝黑，鹰钩鼻，眼睛细长，像中国人；有的皮肤趋近黄色，鼻子宽大。这些部落人数众多，也正是他们创造了伟大的玛雅文明和阿兹特克文明。

4. 居住在安第斯山区的原住民。他们与上一段中介绍的部落有相似的体貌特征，属于克丘亚和艾马拉这两个大型部落，是印加帝国的奠基人。

克里斯托瓦尔·哥伦布数次航行至后来被称作美洲的大陆，开辟了之后的美洲发展史。16世纪，西班牙人开始在这里开疆拓土，其中大片地区是人类从未涉足的处女地。凭借血腥的军事冒险，殖民者征服了阿兹特克和印加两大帝国，接踵而至的是长达三个世纪的殖民统治。在西班牙人统治的漫长年代里，美洲大陆历经沧桑：由于劳动条件恶劣，原住民人数锐减；殖民者强制推行西班牙语和天主教，而语言和宗教最终成了重要的文化遗产；为解决劳动力短缺的问题，大批非洲人作为劳工来到美洲。不同族群的融合也出现在这一时期，并最终成为美洲的民族特征。随着殖民地人民的反抗，即独立战争的兴起，西班牙对北起墨西哥，南至巴塔哥尼亚这片广袤土地长达300年的殖民统治走向终结。独立战争胜利后，诞生了许多独立的共和国，它们共同组成了当今的拉丁美洲。

这一时期，新生的共和国向外界敞开了大门，主要是和各国开展贸易。商贸活动使移民现象成为可能，于是，以美洲为目的地的大规模移民潮随即出现。移民输出国集中在欧洲，如西班牙、葡萄牙、英国、法国、意大利、德国、爱尔兰、荷兰等。在那些制定特殊政策鼓励接受外来移民的国家中，移民大大改变了当地的人口面貌。

有人曾经说，包括美国在内的美洲是一个民族熔炉。墨西哥杰出思想家何塞·巴斯孔塞洛斯甚至在其著作《宇宙的种族》（1925）中指出，拉丁美洲注定会孕育一个活力四射、勇于创新的新人种，即宇宙人，它是由人类另外四个人种融合产生的。

在拉丁美洲，不管在哪座城市，只要你放眼望去，就能看到种族融合后千差万别的相貌特征，这时你就不禁会想到这背后蕴含着什么。首先，这是一段漫长、却不那么愉快的种族碰撞经历，是殖民者对原住民实施令人发指的暴行和欺辱的历史。只要回顾一下殖民时期发生的事情就会明白这一点。之后，在全新的环境中开启了新的历史进程，其间，人们至少拥有自主选择的权利，换句话说，种族融合是一场自由的狂欢。

练习参考答案

I. Siguiendo la grabación, lea el siguiente poema.

略。

II. Conjugue los siguientes verbos en todas las personas de los modos y tiempos indicados.

略。

III. Escuche las preguntas sobre el texto y contéstelas oralmente en español.

录音（**Transcripción**）

1. ¿Qué panorama presentan las ciudades de Estados Unidos, y especialmente de América Latina en lo que se refiere a los rasgos físicos de sus habitantes?

2. ¿Cómo se manifiesta, concretamente, esas diferencias étnicas?

3. ¿Qué demuestra esa enorme diversidad de rasgos étnicos?

4. ¿Se observa el mismo fenómeno en Asia, en algunos países africanos y en Europa?

5. ¿A qué se atribuye semejante diversidad?

6. ¿Qué pregunta suscita ese prolongado proceso de mestizaje?

7. ¿Cómo se distingue el Nuevo Mundo de los demás continentes en lo que se refiere a sus pobladores más antiguos, de acuerdo con los descubrimientos arqueológicos?

8. ¿Cuál es la hipótesis formulada por algunos expertos en respuesta a esta incógnita?

9. ¿Por qué el autor del texto dice que ha sido un error histórico la denominación *indios* aplicada a los aborígenes de las dos Américas?

10. ¿Qué hecho viene a poner en duda la hipótesis sobre el origen asiático de los primeros pobladores americanos?

11. ¿Cuáles pueden ser los grupos étnicos en que se suele dividir a los nativos americanos?

12. ¿Quién abrió la vía para la conquista y colonización de este vasto territorio?

13. ¿En qué momento se puede considerar que los españoles consumaron su arriesgada y sangrienta hazaña de conquistar el llamado Nuevo Mundo?

14. ¿Qué ocurrió en la posterior etapa colonial que duró tres siglos?

15. ¿Cómo se explica la presencia de africanos en esta tierra?

16. ¿Cuál fue uno de los fenómenos más importantes que marcó la identidad de estas regiones?

17. ¿Cuándo llegó a su fin el período colonial?

18. ¿Por qué, a raíz del nacimiento de las nuevas repúblicas latinoamericanas, comenzaron a llegar a estas regiones enormes oleadas de inmigrantes europeos?

19. ¿Cuáles fueron las principales procedencias de esos inmigrantes?

20. ¿Cuál es la metáfora aplicada a las dos Américas en cuanto a la composición racial de su población?

21. ¿Qué significa *raza cósmica*? ¿Qué característica tiene?

答案（Clave）

1. Las ciudades de Estados Unidos, y especialmente de América Latina, ofrecen una gran diversidad de rasgos étnicos que muestra la compleja composición racial de su población.

2. En esa parte del mundo se pueden ver tipos de cuerpos espigados o regordetes, con cabello rubio, rojizo, negro, lacio, rizado u ondulado, de piel blanca, morena, oscura, cobriza, entre muchas otras variantes.

3. Demuestra que los genes humanos pueden dar resultados infinitamente variados.

4. No, ese fenómeno no se conoce ni en Asia ni en muchos países de África donde se conserva todavía una homogeneidad étnica. Tampoco se nota en Europa a pesar del ligero toque heterogéneo como consecuencia de las recientes migraciones masivas.

5. Esta diversidad es el resultado histórico del mestizaje de etnias durante un prolongado proceso en el que se sucedieron invasión, colonización e inmigración.

6. La pregunta que suscita puede ser: si la composición étnica de la actual población es una mezcla de diversas razas, entonces, ¿cuáles fueron los primeros pobladores de estas tierras?

7. Los sucesivos hallazgos arqueológicos han aportado gran cantidad de fósiles de hombres primitivos antiquísimos que atestiguan la presencia humana de hace millones de años, o por lo menos centenares de miles de años en otros continentes: África, Asia, Europa y Australia. Sin embargo, este tipo de testimonios anteriores al período paleolítico no se han encontrado, hasta la fecha, en América.

8. Como posible explicación de este enigma, algunos expertos suponen que los primeros pobladores de esas tierras pudieron haber emigrado desde Asia a través del estrecho de Bering. Es decir, los aborígenes americanos, por un error histórico denominados *indios*, tendrían ascendencia asiática.

9. Hemos estudiado un texto sobre Cristóbal Colón, según el cual, el navegante genovés, tras haber cruzado el Atlántico con su gente, puso pie en tierra firme y creyó haber llegado a la India. De ahí, la denominación *indios* aplicada a los aborígenes del Nuevo Continente.

10. Se han detectado diferencias genéticas nada desdeñables entre los mismos aborígenes americanos, lo que indica que ellos no pueden tener una misma ascendencia, o sea, asiática.

11. Se los suele clasificar en cuatro grupos: 1) Los esquimales que habitan el área de más allá del Circulo Ártico y Groenlandia; 2) Los llamados *pieles rojos* que ocupaban la zona comprendida entre el golfo de México y el gran bosque canadiense; 3) Las diversas tribus que poblaban una gran parte del actual territorio mexicano. Fueron ellos los que crearon las grandes civilizaciones maya y azteca; 4) Los quechuas y los aimaras, habitantes de la altiplanicie andina que fundaron el Imperio de los Incas.

12. Cristóbal Colón, empeñado en su creencia sobre la redondez de la Tierra, trató de encontrar una nueva vía para el comercio con Asia a través del océano Atlántico, pero acabó descubriendo un continente desconocido por los europeos. De esa manera, abrió la vía para la conquista y colonización de este vasto territorio.

13. Los españoles consumaron su arriesgada y sangrienta hazaña de conquistar el llamado Nuevo Mundo cuando sometieron bajo su dominio a dos grandes imperios: el azteca y el inca.

14. Sucedieron muchas cosas: la drástica disminución de la población nativa debido a las duras condiciones de trabajo; la imposición de una lengua y una religión, que quedarían establecidas como una importante herencia cultural; la llegada, para resolver el problema de la carencia de la fuerza de trabajo, de pobladores africanos, en calidad de mano de obra esclavizada, y también la mezcla sanguínea y cultural de los europeos con los aborígenes.

15. La drástica disminución de la población nativa como consecuencia de las duras condiciones de trabajo, provocó una grave carencia de la fuerza de trabajo. Por lo tanto se planteó la necesidad de traer a africanos como mano de obra esclavizada.

16. Evidentemente es el mestizaje étnico ya mencionado en renglones anteriores.

17. El periodo colonila llegó a su fin, cuando se produjeron las Guerras de la Independencia que condujeron a la fundación de numerosas repúblicas independientes que hoy conforman la enorme comunidad de países denominada América Latina.

18. Porque las nuevas naciones latinoamericanas abrieron sus puertas a todo, principalmente al comercio, actividad que propiciaría la inmigración, que tendría una enorme repercusión en el perfil demográfico de aquellos que la estimularon con políticas especiales. La lógica consecuencia fue que se produjeron verdaderas oleadas de inmigrantes procedentes, por lo general, de Europa.

19. Eran principalmente españoles, portugueses, ingleses, franceses, italianos, alemanes, irlandeses, holandeses.

20. Metafóricamente se compara estas regiones con el crisol en que se funden diversas sustancias a altas temperaturas.

21. Quizá se alude a la universalidad de estos pueblos en vista de su heterogeneidad que contribuye a fomentar una visión más amplia y una mentalidad más tolerante, más abarcadora. De ahí su energía pujante y su capacidad creativa.

IV. **Diga a qué se refiere la parte en cursiva, y en caso de que sea verbo, señale cuál es su sujeto. Todas las oraciones son del texto.**

1. *se tiene*: la primera visión

   la: la primera visión

2. *Unos*: tipos

   otros: tipos

otros: tipos

cada cual: cada tipo

lacio: el cabello

rizado: el cabello

ondulado: el cabello

3. *Este hecho histórico*: el mestizaje que se produjo en un prolongado proceso de invasión, colonización e inmigración

   esa extensa región: el continente americano

4. *se han encontrado*: fósiles de seres vivos

   utilizar: seres vivos

5. *Se estima*: impersonal

   esta criatura: seres vivos que probablemente andaban ya en dos patas y eran capaces de utilizar instrumentos de madera.

6. *se han desenterrado*: vestigios fosilizados de hombres primitivos que existieron hace de 2 millones a 100 mil años

7. *se han descubierto*: pruebas de la existencia humana anterior al período paleolítico.

   la: América

   la: América

   anterior: la existencia humana

8. *esas tierras*: las dos Américas

9. *un error histórico*: el error que cometió Colón cuando creyó haber llegado a la India tras haber cruzado el Atlántico

   tenían: los aborígenes americanos

10. *desdeñables*: las diferencias genéticas

   se observan: las diferencias genéticas

   ellos mismos: los mismos aborígenes americanos

   vienen: las diferencias genéticas

   la hipótesis: que los primeros pobladores americanos tenían ascendencia asiática

11. *ocupaban*: los nativos americanos

12. *Los que*: los nativos americanos

   cuyas: de los esquimales

   los: los ojos

   flexibles: cabellos

13. *rivales*: tribus

sí: tribus

14. *las cuales*: las tribus

    tenían: los habitantes de esas tribus

    Constituyeron: las antiguas tribus de México

15. *cuyos*: de los pobladores

    los: los rasgos

    los ya mencionados: los pobladores ya mencionados

    Pertenecieron: los que habitaban las regiones andinas

16. *Fue*: la aventura que iniciaron los españoles para conquistar las nuevas tierras

    les: a los españoles

    permitió: una hazaña arriesgada y sangrienta

    su: de los españoles

    el azteca: el imperio

    el inca: el imperio

17. *Cumplida*: esta etapa

    la siguiente: la siguiente etapa

18. *una lengua*: el español

    una religión: el catolicismo

    quedarían establecidas: una lengua y una religión

    la llegada: de pobladores africanos

    esclavizada: mano de obra

19. *estas regiones*: América Latina, más exactamente Hispanoamérica

20. *llegaron*: los tres siglos de dominio español

    su: de los tres siglos de dominio español

    se puso: una insurrección

    triunfar: una insurrección

    hizo: una insurrección

    posible: el nacimiento

21. *los nuevos países*: las nuevas repúblicas hispanohablantes

    hizo posible: actividad

    un fenómeno: la inmigración

    aquellos: los países

    la: la inmigración

    estimularon: los países

procedentes: inmigrantes

22. *su*: de José Vasconcelos

    era: una *raza cósmica*

    las otras cuatro existentes: la negra, la cobriza, la blanca y la amarilla

23. *uno*: cualquier persona

    producida: la gran diversidad de rasgos étnicos

    eso: la gran diversidad de rasgos étnicos producida por el mestizaje

    se ejercieron: actos abominables de violencia y humillación

V. Sustituya la parte en cursiva por un sinónimo, teniendo en cuenta el contexto.

1. La primera *impresión* que se tiene al pasear por algunas ciudades de Estados Unidos y, sobre todo, de América Latina, es la de un enorme y complicado muestrario de *características raciales* diferentes.

2. En fin, una *particular* muestra de las *probabilidades/factibilidades* genéticas.

3. Así, con esta *evidente/visible* diversidad, *una escena* como este no es habitual en Asia ni en algunos países africanos, donde *se mantiene/permanece* cierta homogeneidad étnica, tampoco en Europa, pese al *liviano* toque heterogéneo como *resultado* de las recientes masivas migraciones.

4. Como se sabe, tal diversidad es el resultado histórico de una mezcla de etnias — el mestizaje—, en un *largo* proceso— invasión, colonización, inmigración— que *se produjo/sucedió/ocurrió* en el continente americano.

5. Este hecho histórico remite a una necesaria *duda*: entonces, ¿quiénes fueron los primeros *habitantes* de esa *vasta* región de la Tierra, antes de la llegada de los europeos?

6. Gracias a abundantes fósiles y a otros *descubrimientos* arqueológicos, se sabe que en otros continentes, la *existencia* humana se remonta, si no a millones, por lo menos a centenares de miles de años.

7. En África, por ejemplo, *se han hallado* fósiles de seres vivos que *posiblemente/a lo mejor* andaban ya en dos patas y eran capaces de utilizar *herramientas* de madera.

8. *Se calcula/Se supone* que *este ser* —mitad mono, mitad hombre—, vivió hace 4 millones de años.

9. En Asia, Europa y Australia *se han descubierto* vestigios fosilizados de hombres primitivos que *vivieron* hace de 2 millones a 100 mil años.

10. Pero hasta *ahora/el momento*, no *se han encontrado* todavía en las dos Américas

—la del Norte y la del Sur—, *vestigios/testimonios* de la existencia humana anterior al período paleolítico.

11. Por eso, algunos *especialistas/investigadores tienden* a *suponer* que los primeros pobladores de esas tierras habían emigrado desde Asia a través del estrecho de Bering.

12. Es decir, los *nativos* americanos, por *una confusión* histórica denominados indios, tenían *origen* asiático.

13. Sin embargo, las diferencias genéticas, nada *evidentes/claras*, que *se advierten/se perciben* entre ellos mismos, vienen a *embrollar/hacer confusa* la hipótesis.

14. Según las *regiones/zonas* geográficas que ocupaban, los nativos americanos *se distribuían/se repartían*, a grandes rasgos, en los siguientes grupos...

15. Los que *habitaban/ocupaban* la región del actual México eran numerosas y diversas tribus, algunas de las cuales *presentaban/ofrecían* una gran semejanza con la población andina de América del Sur.

16. Los viajes de Cristóbal Colón hacia lo que después sería el continente americano *abrieron el camino a/hicieron posible* lo que vendría después.

17. En el siglo XVI, los españoles *emprenderían/comenzarían* la aventura de conquistar las nuevas tierras, muchas de las cuales estaban todavía por descubrir.

18. *Terminada/Vencida* esta etapa, vino la siguiente, que duró tres siglos: el dominio colonial.

19. En esta larga permanencia de los españoles en tierras americanas, *se produjeron/ocurrieron/tuvieron lugar* muchas cosas: la drástica disminución de la población nativa debido a las duras condiciones de trabajo; la imposición de una lengua y una religión, que quedarían establecidas como una importante herencia cultural; la llegada, para *solucionar* el problema de la *falta* de la fuerza de trabajo, de pobladores africanos, en calidad de mano de obra esclavizada.

20. En esta época también se produjo otro *acontecimiento/suceso* que *determinaría/fijaría* la identidad de estas regiones: el mestizaje étnico.

21. Los tres siglos de dominio español en el vasto territorio —desde México hasta la Patagonia—, *terminaron/finalizaron* cuando se puso en marcha y triunfó una insurrección —las Guerras de la Independencia—, que hizo posible el *surgimiento* de numerosas repúblicas independientes que hoy *forman* la enorme comunidad de países denominada América Latina.

22. Cuando uno contempla *el aspecto/la fisonomía* de cualquier ciudad de América Latina, y ve la gran diversidad de rasgos étnicos producida por el mestizaje, *no puede menos*

que pensar en todo lo que hay detrás de eso: un largo proceso histórico que supone no precisamente encuentros felices —basta recordar lo que fue la época de la Colonia—, sino actos abominables de violencia y humillación que se ejercieron sobre las etnias nativas.

23. Luego, más tarde, la apertura de otro proceso en un ambiente diferente, en que por lo menos había la *posibilidad* de decidir, la mezcla racial debe de haber sido algo así como una fiesta de la libertad.

VI. Con sus propias palabras, explique, en español, lo que significan las siguientes expresiones.

1. *espigado*: persona alta y delgada que evoca la imagen alargada de la espiga del trigo

2. *regordete*: persona de cuerpo grueso y baja estatura

3. *posibilidades genéticas*: la mezcla de genes de personas con rasgos étnicos diferentes puede dar, como resultado, múltiples variantes

4. *homogeneidad*: igualdad en la naturaleza de varios elementos

5. *inmigrar*: venir de otra parte a establecerse en un lugar o país

6. *tener lugar*: suceder, producirse

7. *arqueología*: ciencia cuyo objetivo es reconstruir la vida y la cultura de poblaciones antiguas analizando los vestigios materiales que ellas han dejado

8. *complicar la hipótesis*: (en el texto) embrollar, hacer menos comprensible la hipótesis

9. *a grandes rasgos*: de manera general, sin entrar en detalles

10. *más allá del Círculo Ártico*: más adentro del Círculo Ártico

11. *identidad de una persona*: todo aquello que hace que una persona sea ella misma y no otra

12. *opción de decidir*: derecho o posibilidad de tomar decisiones por sí solo en forma libre

VII. Traduzca al español las siguientes oraciones.

1. Hace dos siglos, todavía quedaban muchas áreas por poblar en la parte noroccidental del país.

2. La jefa del equipo de arqueología estimaba que todavía quedaba un área de 10 mil metros cuadrados por explorar.

3. Para hacernos ver la enorme cantidad de trabajo que le quedaba por realizar, el arqueólogo nos señaló/indicó los fósiles recién desenterrados en el suelo del área de estudio.

4. El ingeniero afirmó que, antes de poner en marcha el proyecto, todavía tenía muchos problemas por solucionar.

5. La policía encontró varios cadáveres que estaban por reconocer; sus identidades, por tanto, aún no se habían establecido.

6. Que no se vayan los obreros. Todavía hay varios camiones llenos de mercancías por descargar.

7. Espérame un rato, Agustín. Todavía tengo algunos documentos por archivar.

8. No se puede determinar si esa piedra era un instrumento de la época del paleolítico. Todavía quedan dudas por aclarar.

9. No pienses ser un Cristóbal Colón contemporáneo, porque ya no hay tierras desconocidas por descubrir.

10. ¿Acaso se puede conocer todo lo que existió, lo que existe y lo que está por existir?

VIII. **Recurriendo a todos los medios de que disponga para mejorar el estilo, evite las repeticiones innecesarias y las palabras superfluas que hay en las siguientes oraciones.**

1. El abominable comportamiento de Augusto *lo* ha apartado de todos sus amigos.

2. ¿Te has fijado en la nariz aguileña de Inés? Pero *la* de su hermana es ancha. No parecen de la misma etnia.

3. La colonización de América por europeos se inició en el siglo XVI. ¿Sabes cuándo comenzó *la* de África?

4. Ya le dije a Jaime que su proyecto me parecía bastante arriesgado, pero se empeñó en poner*lo* en marcha.

5. Gracias a los ejercicios deportivos que no cesa de practicar, a los setenta y tantos años, Luzmila conserva un cuerpo delgado y flexible. Pero su amiga Carmina, de la misma edad, *lo* tiene gordo y torpe, todo esto, porque no hace ejercicios: hasta le da pereza salir de paseo.

6. ¿Es cierto que las mujeres rubias suelen tener cabello lacio y *muchas morenas,* rizado?

7. Yo sé que la mezcla étnica de europeo y aborigen americano da como resultado un mestizo. ¿Cómo se llama *la producida* entre europeo y africano?

8. Inmigración es el vocablo que designa la migración entrante. ¿Cuál es *el que lo hace con la saliente*?

9. Tú ya conoces cuál es mi opción; en cambio, yo no sé nada de *la tuya*.

10. Marcela ha corregido todos sus errores ortográficos en su trabajo, pero yo todavía no he corregido *los míos*.

IX. Traduzca al español las siguientes oraciones.

1. Dicen que tienes un mapamundi. ¿Podrías prestármelo?

2. La vida de los campesinos ha mejorado. ¿También la de los obreros?

3. El clima de esa zona no es favorable para la subsistencia del hombre, pero lo es para la de algunos animales.

4. Acabo de comprar algunos libros nuevos. Te los muestro ahora mismo.

5. Javier dice que todavía no ha recibido la carta. ¿Por qué no se la has entregado?

6. Los recursos naturales del este ya están bien aprovechados. Pero los del oeste, todavía están por explotar.

7. Aquel amigo costarricense se empeñó en hacerme un regalo y tuve que aceptarlo.

8. No muy lejos del camino, se veía una pequeña colina al pie de la cual estaba mi casa.

9. Ella siempre lleva ese bolso. ¿Sabes qué hay en él?

10. ¿Quieres utilizar mi ordenador? Está bien, te lo traigo ahora mismo.

X. En los siguientes extractos, subraye las expresiones figuradas y diga si son símiles o metáforas.

1. Hoy todos esos usos corteses, esas convenciones amables que las sociedades fueron construyendo a lo largo de los siglos para facilitar la convivencia, parecen haber desaparecido en España *barridas por el huracán del desarrollo económico* y de una supuesta modernización de las costumbres. (*metáfora*)

2. Pero en realidad, los buenos modales no son sino *una especie de gramática social que nos enseña el lenguaje del respeto y de la ayuda mutua.* Alguien cortés es alguien capaz de ponerse en el lugar del otro. (*metáfora*)

3. Pero la mayoría continúa siendo gentil con encomiable tenacidad, y así, poco a poco, están ayudando a *desasnar al personal celtíbero*. (*metáfora*)

4. Las colas de los supermercados, con sus suaves y atentas cajeras latinoamericanas, son *como cursillos acelerados de educación cívica.* (*símil*)

5. La obra que lo ha colocado en *la cumbre de la literatura universal* se titula *El Ingenioso Hidalgo Don Quijote de la Mancha.* (*metáfora*)

6. Aparte de *este gran monumento literario universal*, Cervantes dejó, entre novelas, cuentos, comedias y poemas, una buena cantidad de obras notables. (*metáfora*)

7. Zeus decidió privar a los hombres del fuego, elemento valioso para la vida, ya que sin él no solo tenían que comer los alimentos crudos sino que no podían aprender a trabajar los metales, ni disponer de una llama encendida en las casas, fuera para disipar

la oscuridad nocturna, fuera para ahuyentar el frío invernal. Así, *la flor roja* quedaba reservada únicamente para los dioses del Olimpo. (*metáfora*)

8. —Este es un paso pequeño para el hombre y *un salto gigantesco para la Humanidad* — dice Armstrong, de pie, sobre la Luna. (*metáfora*)

9. Si ustedes pudieran observar América desde una gran altura, desde un satélite, por ejemplo, pensarían que junto al Pacífico *se halla recostado un inmenso dragón con su cabeza ocupando parte del noroeste de Venezuela y casi toda Colombia; su robusto cuello, el este de Ecuador y el norte del Perú, y su cuerpo recorriendo, en forma paralela, a lo largo de la costa del Perú y los territorios de Bolivia, el noroeste de Argentina y de Chile; y su larga cola pasando por el este de Chile y el oeste de Argentina, hasta perderse entre las pequeñas islas del extremo sur del continente.* (*metáfora*)

10. Poco se hubieran reído las vecinas si, todavía ahora, ya grandes los hijos, siguieran viendo salir cada domingo al grupo familiar, codo con codo, *cosiditas las niñas, cosiditos* —¡vergüenza da sólo el pensarlo!— los muchachos. (*metáfora*)

XI. Ejercicios del léxico.

A. Complete las oraciones, empleando los verbos dados a continuación en su forma simple o pronominal, según convenga.

1. Hasta mediados del siglo pasado, en esa región, para cultivar la tierra, *se utilizaban* todavía unas herramientas tan primitivas como las del período paleolítico.

2. La insurrección de una etnia minoritaria *complicó* la situación política del país, ya deteriorada desde hacía algún tiempo.

3. ¡Qué curioso! Esos dos ríos confluyen en el mar, en el mismo punto, sin *mezclar* sus aguas, y eso se ve en el hecho de que cada cual mantiene, a lo largo de un considerable recorrido, su propio color.

4. ¡Tonto! ¿No te das cuenta de que el tipo ese solo trataba de *utilizarte* como un instrumento de su venganza?

5. No *te compliques* la vida metiéndote donde no te llaman.

6. Era tal la semejanza de los dos gemelos que nos costó *distinguirlos*.

7. Se desenterraron fósiles de hombres primitivos. *Se estima* que esas criaturas debieron de vivir hace más de 3 millones de años.

8. Escúchame: no *mezcles* esas dos sustancias. El resultado puede ser muy peligroso.

9. Los dos arqueólogos *se distinguieron* siempre, pues nunca dejaron de hacer descubrimientos, algunos de ellos de enorme importancia.

10. Al profesor Suárez lo *estimábamos* tanto por su erudición como por su rectitud.

B. Traduzca al español las siguientes oraciones.

1. Si ella quiere quedarse, que se quede. No vamos a perder el avión por sus caprichos.

2. Estimados invitados, propongo un brindis por el suceso que nos reúne hoy aquí, en mi casa: el matrimonio de mi hijo.

3. Estimado señor: le escribo para agradecerle los muchos favores que usted me ha hecho.

4. ¿Qué resultados ha dado el estudio de esos fósiles?

5. Caminando por aquel infinito desierto, uno tiene la sensación de no poder llegar a ninguna parte.

6. ¿Eres capaz de distinguir a un español de un italiano?

7. Mi consejo es que no utilices esas palabras raras, sea hablando, sea escribiendo.

8. Los recientes hallazgos arqueológicos vienen a complicar la teoría sobre el origen humano.

9. Eran unas personas que preferían vivir apartadas del mundo a mezclarse con los demás.

10. Conocí a aquella mujer a través de unos amigos.

11. Como carecíamos de condiciones necesarias, tuvimos que abandonar aquel ambicioso proyecto.

12. Los arqueólogos estimaban que la existencia de aquella criatura, mitad mono, mitad hombre, podía remontarse a 4 millones de años.

C. Al escuchar la perífrasis, diga el vocablo o expresión correspondientes.

1. abominable 2. arriesgado 3. colonización 4. desdeñar 5. eminente

6. flexible 7. genetista 8. heterogéneo 9. panorama 10. síntesis

XII. Siempre que sea necesario, rellene los espacios en blanco con una preposición o la forma contracta de artículo y preposición.

Antonio Machado nació *en* Sevilla, *a* las cuatro y media *de* la madrugada *del* 26 *de* 1875, *en* el Palacio *de* las Dueñas, propiedad, *desde* 1612, *de* los duques *de* Alba, que alquilaban las casas que pertenecían *al* palacio *a* familias modestas. *En* una *de* estas casas vivían los padres *de* Antonio Machado. Él mismo escribe: "Nací *en* Sevilla una noche *de* julio *de* 1875 *en* el famoso Palacio *de* las Dueñas, que está *en* la calle *del* mismo nombre."

El futuro poeta crece *en* un ambiente tranquilo, *sin* complicaciones, pero culto. Su abuelo y su padre (famosos folklorista), intelectuales los dos, reunían *en* el patio *de* su casa *a* los catedráticos, profesores y artistas más famosos *de* Sevilla.

Siempre recordaría Machado aquella amplia casa *con* su huerto, el silencioso patio *con* una fuente, un naranjo y un limonero.

(*Antonio Machado*, Colección Textos en Español Fácil, Cornelia de Bermúdez, p.5,

Sociedad General Española de Librería S. A., Madrid, 1978)

XIII. Dictado.

录音（**Transcripción**）

En América —especialmente en el área de la comunidad de ascendencia latina—, se puede observar una acentuada diversidad de etnias y al mismo tiempo una compleja mezcla de estas en variadas combinaciones. Sabemos que, antes de que el resto del mundo se enterara de la existencia de estas tierras, ellas estaban habitadas por diversos pueblos de origen asiático según algunos estudiosos. Luego de Cristóbal Colón, llegaron los españoles decididos a conquistar las nuevas tierras. Cuando lo consiguieron, se establecieron en ellas en calidad de colonizadores. En un momento dado, debido a la carencia de fuerza de trabajo provocada por la drástica disminución de la población aborigen, comenzaron a introducir grupos étnicos africanos. Mucho después, una inmigración de variada procedencia, incluida la china, aumentó la diversidad demográfica de esa región.

La prolongada convivencia de tantas personas con sangre y cultura diferentes hizo posible, por fuerza, una mezcla de estos elementos en un producto nuevo: el mestizaje, que debe de haber pasado por un largo proceso, cuyo comienzo, bajo el signo del autoritarismo de los vencedores, debió de haber implicado mucha violencia y humillación para los sojuzgados. Mucho después, finalizada la época colonial, en el ámbito de las nuevas naciones latinoamericanas, el mestizaje étnico pasó a ser un fenómeno resultante de la libre opción.

XIV. Escuche la grabación y luego haga una versión oral resumida.

录音（**Transcripción**）

Sócrates es uno de los filósofos más importantes de la antigua Grecia. De él se cuentan innumerables anécdotas y se repiten muchas frases célebres, la más famosa de las cuales es aquella que dijo luego de hablar con los sabios más grandes de su época y llegar a la conclusión de que creían saber pero que, en realidad, no sabían nada: eran ignorantes de su propia ignorancia. Yo, por lo menos, se dijo, sé que no sé nada, vale decir, sé algo más que ellos. Es en este contexto que hay que entender la famosa frase de Sócrates: *Solo sé que no sé nada.*

Igual que Confucio, el gran filósofo chino, Sócrates no dejó nada escrito y se dedicó por entero a la enseñanza. Utilizaba métodos muy especiales con sus discípulos: en lugar de aleccionarlos con largas y aburridas disertaciones, se limitaba a hacerles preguntas para que, así, aprendieran a reflexionar por su propia cuenta en vez de esperar pasivamente las conclusiones ajenas.

Sin embargo, muchos contemporáneos suyos no estaban de acuerdo con sus ideas y lo denunciaron por despreciar a los dioses de Atenas y corromper a la juventud con sus ideas. Un tribunal lo condenó a morir bebiendo un veneno, la cicuta, ante lo cual, sus amigos se ofrecieron a ayudarle a huir, pero él prefirió respetar la sentencia y murió tomando la cicuta.

XV. Trabajos de casa.

3. Traduzca al español las siguientes oraciones:

1) ¿Sabes, a grandes rasgos, en cuántas regiones climáticas está dividida China?

2) No me acuerdo en qué año comenzó a aplicarse la política de apertura en el país.

3) Entre los objetos desenterrados en aquella antigua tumba había varios recipientes de bronce de enorme tamaño.

4) Los inmigrantes recién llegados se establecieron principalmente en un área comprendida entre una cordillera y un río grande.

5) No hay que desdeñar el toque heterogéneo que se nota en la población de esa zona, ya que es consecuencia de un fenómeno demográfico reciente: la masiva inmigración.

6) ¿A qué se debió la drástica disminución de la población nativa del Nuevo Continente durante el período colonial?

7) Me parece errónea la estimación que has hecho de las pérdidas económicas causadas por la inundación.

8) Frente a la situación política tan complicada del país habrá que asumir una actitud prudente y flexible.

9) En los últimos tiempos, los brucos cambios del clima se hacen cada vez más habituales.

10) Nadie estuvo dispuesto a aceptar la imposición de los nuevos reglamentos.

第九课

奥林匹克运动会

（根据伊萨克·阿西莫夫创作、内斯托尔·米格斯翻译的《希腊人》改编，马德里联合出版社，1981年）

自古以来，希腊都被比它面积更大、更富庶、更强大的国家包围着。如果只看地图会发现，与邻国相比，希腊在任何时候都像是一个面积不大、无足轻重的国家。

然而，没有哪片土地比希腊更负盛名，因为希腊人在人类历史上留下了非常深刻的印记，力度超过任何一个国家。

2500多年前，居住在希腊这片土地上的古希腊人写下了一篇篇有关希腊神明和英雄的故事，情节引人入胜，但更让人痴迷的是有关他们自己的故事。除此之外，古希腊人还修建了漂亮的庙宇，雕刻了精美的塑像，创作了荡气回肠的戏剧。希腊民族还孕育出一批世界上最伟大的思想家。

现代人有关政治、医药、艺术、戏剧、历史和科学的观念都可追溯到居住于希腊这片非凡土地上的古老民族。今天我们依旧阅读着他们的作品，研习着他们的数学，思索着他们的哲学。甚至当我们看到古希腊人留下的、业已残破的精美建筑遗迹和雕塑时，仍然惊叹不已。所有西方文明都源自古希腊人的创造。他们经历过的成功和劫难对我们而言从未失去过魅力。

　　至今仍然留存着许多古希腊文化遗产，它们看上去对人类历史没有产生重大影响，却在当代社会中倍受欢迎。

　　公元前1000年左右，各希腊城邦之间战争连绵。尽管如此，希腊人也没有忘记他们共同的起源。即使彼此间拼命厮杀，维系各城邦的因素依然存在：一方面，每个城邦都讲希腊语，认同自己是希腊人，其对立面是那些讲稀奇古怪语言的蛮夷；另一方面，他们都对特洛伊战争记忆犹新。不朽诗人荷马在他的两部精彩绝伦的史诗中记录了当时所有希腊人组成一支军队抵御外敌的情形。

　　信奉共同的神明是希腊人团结一心的另一重要因素。各个城邦的宗教节日虽然在一些细节上有所差异，但所有希腊人都认定宙斯为众神之首。他们供奉的其他神明也完全一致。

　　除此之外，所有希腊人都共同参加一些活动，例如祭祀活动附带的庆典。这些活动中常有赛跑和其他体育项目，甚至还有音乐和文学比赛。由此可见，希腊人十分重视精神文明成果。

　　在体育活动中，最重要的是4年一次的奥林匹克运动会。它最早起源于珀罗普斯参加的一次赛跑，珀罗普斯是阿伽门农的祖父，参加那次赛跑是为了向一位公主求婚。根据这个说法，这次比赛最初大概是在迈锡尼举行的，但是，官方公布的第一份获胜者名单出现在公元前776年，因此，这一年也被视为奥林匹克运动会元年。

　　奥运会对希腊人非常重要。他们甚至将4年视为一个周期，称之为"奥林匹亚周期"。举个例子，根据这一时间划分法，公元前465年就是第78个奥林匹亚周期的第3年。

　　奥运会在位于伯罗奔尼撒中西部的奥林匹亚城举行，但其名称并非来源于运动会，而是出自居住在奥林匹斯山上的希腊人的主神奥林匹亚宙斯。正因为如此，奥运会的举办地叫奥林匹亚城。

　　奥林匹斯山高近3200米，是希腊最高的山，它坐落在色萨利北部边境，距爱琴海大约16公里。由于奥林匹斯山很高，也因为附近可能有希腊原始部族在南迁之前留下的神庙，因此它被视为众神的居所。如此一来，以荷马及赫西俄德的作品内容为基础构成的宗教便构成了"奥林匹亚教"。

　　奥林匹亚被封为圣城，一方面出于奥运会的原因，另一方面则得益于和奥运会相关的宗教仪式。因此，献给宙斯的财宝既可以存放在这里，也可以存放在提佛。由于即使在战争时期，各个城邦的代表也应在奥林匹亚见面，因此这座城市便成为一个中立区。常常是在奥运会开始前和闭幕后的短暂时间里，各国休战，保证希腊人能安全前往奥林匹亚城，再平安返回。

所有希腊人都可以参加奥运会，他们从各地赶到会场，既是观众，也是选手。实际上，允许一个城邦参加奥运会就等于正式认定它是希腊的一部分。

当奥运会变成家喻户晓的重大活动，奥林匹亚城内到处都是来自全国各地的金银珠宝，附近的城邦很自然地开始争夺奥运会的举办权。尽管如此，奥林匹亚城一直在负责组织这项赛事，只有很少几次例外。例如，公元前700年，奥林匹亚城把举办运动会这项殊荣让给了位于它西北面、距离40公里的厄利斯。

除了奥运会，还有其他重要的赛事供全体希腊人参与，但这些活动都是首届奥运会举办后200年才开始的，其中包括皮媞亚竞技大会、伊斯特摩斯竞技大会和尼米亚竞技大会。皮媞亚竞技大会在奥林匹亚周期之间举行，每四年一次，举办地点是提佛。伊斯特摩斯竞技大会在科林斯湾举办，尼米亚竞技大会在位于科林斯地峡西南16公里的尼米亚举办，两个竞技大会都是每两年举行一次。

这些比赛的获胜者并不会得到奖金或值钱的奖品，但他们获得的荣耀与声誉却是无价之宝，其象征就是一只意义非凡的花环。奥运会的获胜者可获得一只橄榄叶花环，皮媞亚竞技大会的获胜者得到的则是月桂叶花环。众所周知，月桂树是献给阿波罗的圣树，用月桂叶编织的花环对任何一个在人类活动领域脱颖而出的佼佼者都是非常恰当的嘉奖。时至今日，我们仍会用"赢得桂冠"形容取得极大成就，如果一个人在成功之后懈怠不前，一事无成，我们则会说他"躺在月桂叶上睡大觉"。

• 练习参考答案 •

I. Siguiendo la grabación, lea los siguientes poemas.

略。

II. Conjugue los siguientes verbos en todas las personas de los modos y tiempos indicados.

略。

III. Escuche las preguntas sobre el texto y contéstelas oralmente en español.

录音（**Transcripción**）

1. Desde un punto de vista histórico, ¿cuál ha sido la situación geográfica de Grecia?

2. ¿Cómo se dicen en chino los siguientes nombres propios: Homero, Sócrates, Platón, Aristóteles, Zeus, monte Olimpo, golfo de Corinto, Apolo, mar Egeo, Peloponeso?

3. ¿Por qué la Antigua Grecia ha cobrado tanta fama en la historia a pesar de su reducido territorio?

4. ¿Cuál es la herencia cultural dejada por los antiguos griegos tanto en lo material como en lo espiritual?

5. ¿En qué se manifiesta la influencia que todavía ejerce la antigua cultura griega en la sociedad moderna, especialmente en la civilización occidental?

6. ¿Cuál es el acontecimiento de la cultura griega que todavía goza de particular popularidad en el mundo contemporáneo a pesar de su aparente poca trascendencia?

7. ¿Cuál fue el origen de ese evento deportivo?

8. ¿Cómo era posible que pudiera celebrarse la Olimpíada en medio de las constantes guerras que se libraban entre las diversas ciudades-estado que conformaban el mundo heleno?

9. ¿Por qué los antiguos griegos podían mantenerse unidos pese a sus enconadas guerras civiles?

10. ¿Con qué intervalo se celebraban los Juegos Olímpicos y en qué año se llevaron a cabo los primeros, según una estimación comúnmente aceptada?

11. ¿En qué ciudad se efectuaba el evento? ¿Es verdad que se llaman Juegos Olímpicos en honor de ella?

12. ¿Por qué los antiguos griegos preferían albergar a Zeus, su dios principal, y otras deidades, en el monte Olimpo?

13. ¿Por qué Olimpia estaba considerada una ciudad sagrada?

14. ¿Podían acudir a los Juegos Olímpicos todos los griegos?

15. ¿Qué significaba el permiso que se daba a una ciudad para que tomara parte en los Juegos Olímpicos?

16. ¿Por qué las ciudades vecinas le disputaban a Olimpia el derecho a organizar y dirigir los Juegos?

17. ¿No perdió Olimpia nunca el honor de ser organizadora del evento?

18. ¿Qué otros juegos se crearon mucho después de la primera Olimpíada?

19. ¿Se enriquecían los ganadores de esos juegos con el premio que se les otorgaba?

20. ¿Qué significación emblemática tenían las guirnaldas hechas con hojas de olivo o de laurel?

21. Estos trofeos que en la Antigua Grecia se otorgaban a los que triunfaban en eventos deportivos y de otra índole, incluso el material de que estaban hechos, han generado ciertos usos lingüísticos en varias lenguas. ¿Puede usted mencionar algunos muy frecuentes en español?

答案（Clave）

1. Durante milenios, la Antigua Grecia siempre estuvo rodeada de estados más grandes, más ricos y más poderosos. En comparación con estos, fue siempre un país pequeño y sin importancia.

2. Homero (荷马), Sócrates (苏格拉底), Platón (柏拉图), Aristóteles (亚里士多德), Zeus (宙斯), monte Olimpo (奥林匹亚山), golfo de Corinto (科林斯湾), Apolo (阿波罗), mar Egeo (爱琴海) y Peloponeso (伯罗奔尼撒半岛).

3. Porque los habitantes que vivieron en ese diminuto territorio hace veinticinco siglos escribieron fascinantes relatos sobre sus dioses y sus héroes, y en especial, sobre sí mismos; construyeron imponentes templos, esculpieron maravillosas estatuas, crearon impresionantes obras de teatro y escribieron algunas de las obras filosóficas más importantes de todos los tiempos.

4. La herencia cultural que dejaron los antiguos griegos es enorme y abarca, en lo espiritual, obras de contenido filosófico, político, médico, artístico, literario, historiográfico, científico; y en lo material, obras arquitectónicas y de otra índole. De hecho, toda la civilización occidental desciende directamente de esa antigua cultura.

5. Se refleja en las múltiples actividades del quehacer humano. Para comprobarlo, basta con decir que ahora, tanto en Occidente como en otras regiones del mundo, hay un vínculo muy estrecho con la Antigua Grecia a través de la lectura de modo natural y cotidiano, de sus obras clásicas, tanto literarias como históricas y filosóficas; a través del estudio sistemático de sus matemáticas y a través también de la apreciación de sus maravillosas obras de arte, en especial, las escultóricas y las arquitectónicas.

6. Son, con seguridad, los Juegos Olímpicos que, efectivamente, gozan en el mundo contemporáneo de una singular popularidad. Pero hay que señalar un hecho: en los Juegos Olímpicos de hoy, hay un enorme despliegue extradeportivo de un elemento ausente en la versión original: la suntuosidad sustentada tanto en los altos presupuestos de los estados organizadores como en la promoción comercial.

7. La tradición hace remontar su origen a una fiesta micénica, relacionada con una carrera en la que intervino Pélope, el abuelo de Agamenón, para conquistar la mano de una princesa.

8. La historia cuenta que los griegos se ponían de acuerdo en suspender sus guerras civiles durante algún tiempo, poco antes del evento hasta poco después de finalizado, para que tanto deportistas como espectadores pudiesen viajar a la ciudad donde se efectuaban los Juegos.

9. A pesar de las continuas guerras libradas entre sí las ciudades–estado, los griegos no se olvidaban de su origen común, en el que confluían varios factores que los mantenían unidos: en primer lugar, hablaban una misma lengua, el griego antiguo, principal rasgo de identidad que los diferenciaba de los llamados bárbaros que usaban lenguas raras; en segundo lugar, pese a las diferencias que había en la celebración de las festividades religiosas de distintas polis, creían en los mismos dioses, cuya cabeza visible era Zeus; por último, veneraban con devoción casi religiosa a Homero, que había inmortalizado la guerra de Troya, suceso épico en que los griegos se unieron y formaron un solo ejército.

10. Con un intervalo de cuatro años, llamado en aquel entonces Olimpíada. Según una estimación basada en el año en que se documentó la lista oficial de los ganadores de torneos, fue en el 776 a. C cuando se realizaron los primeros Juegos Olímpicos.

11. Los Juegos Olímpicos se celebraban en la ciudad de Olimpia, situada en la región central occidental del Peloponeso, pero no se llamaban olímpicos en honor de la ciudad, sino en el de Zeus Olímpico, el dios principal de los griegos, a quien se asignaba como morada el monte Olimpo. Por la misma razón, la ciudad se llamaba Olimpia.

12. Porque la montaña, que tiene casi 3.200 metros sobre el nivel del mar, al ser la más elevada de toda la península, determinó que las primitivas tribus griegas establecieran sus santuarios en torno a ella. A esta circunstancia se debe que a toda esta área se le considerara como la morada particular de los dioses.

13. Su carácter sagrado puede provenir: a) de los Juegos Olímpicos, en cuya realización se celebraban ritos religiosos vinculados con ellos; b) la urna en que se depositaban los tesoros ofrendados a Zeus; c) la calidad de territorio neutral (intocable, sagrado) donde se podían reunirse los representantes de diferentes ciudades-estado, incluso en plena guerra.

14. Sí, los Juegos estaban abiertos a todos los griegos, quienes participaban ya como deportistas, ya como espectadores.

15. Dar permiso a una ciudad para que participara en los Juegos Olímpicos equivalía a reconocerla oficialmente como integrante del mundo helénico.

16. Porque ese derecho conllevaba la posibilidad de quedarse con muchos tesoros.

17. Solo perdió ese honor en muy escasas ocasiones. Por ejemplo, en el 700 a.C, otra ciudad llamada Élide se lo arrebató. Pero se trata de casos bastante excepcionales. Normalmente, a lo largo de la historia, Olimpia siempre retuvo el derecho a organizar los Juegos Olímpicos.

18. Ellos fueron: los Juegos Píticos, que se realizaban en Delfos cada cuatro años, entre Olimpíada y Olimpíada; los Juegos Ístmicos, que se efectuaban en el golfo de Corinto; y los Juegos Nemeos, que tenían lugar en Nemea, a 16 kilómetros al sudoeste del istmo.

19. Los vencedores no recibían otro premio que un galardón simbólico, tal como una guirnalda de hojas de olivo o de laurel.

20. Como otros países mediterráneos, Grecia producía -y produce- aceite de olivo, importante artículo de primera necesidad, todo un símbolo de bienestar, prosperidad y paz. En cuanto al laurel, se sabe que es una hoja consagrada a Apolo, deidad de Arte.

21. En casi todas las lenguas europeas, muchas frases hechas tienen su origen en esos eventos históricos, como por ejemplo, en español: "se ha ganado con justicia los laureles", refiriéndose al que ha obtenido el éxito en cualquier campo de la actividad humana; pero si el mismo triunfador se adormece en la gloria alcanzada y es víctima de la desidia y la indolencia, decimos de él que "se ha dormido en sus laureles". "Ofrecerle a alguien una rama de olivo" significa que se le entrega un mensaje de amistad, de paz.

IV. **Desarrolle las siguientes ideas.**

1. **Situación geográfica e importancia histórica de la Antigua Grecia**.

Grecia se halla en la península más oriental de las tres (las otras son la itálica y la ibérica) que penetran en el Mar Mediterráneo. A lo largo de su historia, este territorio diminuto siempre ha estado rodeado de Estados más ricos y poderosos.

Sin embargo, ha sido la nación que más profundas huellas culturales ha dejado en el mundo, especialmente en lo que se refiere a la civilización occidental que, en realidad, ha nacido de ella. Hasta hoy, su influencia cultural se hace notar todavía en muy diversos dominios, como el filosófico, el político, el literario, el artístico, el científico, el tecnológico, etc. Es muy ilustrativo lo que pasa en el terreno lingüístico: casi la totalidad del vocabulario de las lenguas europeas tiene origen griego (también latino en significativo porcentaje).

2. **Su herencia cultural**.

Es un tema difícil de abordar con pocas palabras, porque esta herencia (junto con la latina) es la misma base sobre la que se erige todo el edificio llamado civilización occidental que ha conseguido ocupar un puesto predominante en el mundo contemporáneo, y muchos de sus componentes se han filtrado también en otras culturas. Como consecuencia, casi en todas partes, hoy en día no se puede hablar de filosofía sin mencionar a Sócrates, Platón y Aristóteles, así como tampoco es posible estudiar matemáticas y física sin conocer a Pitágoras y Arquímedes. Por otro lado, resulta escandaloso que un literato ignore a Homero, Sófocles y Eurípides, entre otros. Esta lista se alargará extremadamente si tocamos otros dominios de la actividad humana, Con esto, ya es posible formarse una idea de la magnitud de la presencia cultural de la Antigua Grecia entre nosotros.

3. **Su presencia en el mundo moderno**, **especialmente en Occidente**.

Nuestras ideas modernas sobre política, medicina, arte, drama, historia y ciencias se remontan a los antiguos pobladores de Grecia. Aún leemos sus escritos, estudiamos sus matemáticas, meditamos sobre su filosofía y contemplamos hasta asombrados las ruinas y fragmentos de sus bellos edificios y de sus estatuas.

4. **Uno de sus remanentes culturales que goza de mayor popularidad en el mundo contemporáneo fuera del terreno académico y artístico**.

Aparte de la influencia de alta trascendencia que acabamos de mencionar, uno de los remanentes de la cultura de la Antigua Grecia que goza de mayor popularidad en el mundo contemporáneo son, indudablemente, los Juegos Olímpicos. Según la tradición, tuvieron su origen en una carrera en la que intervino Pélope, el abuelo de Agamenón, para conquistar la mano de una princesa. Se celebraban a cada cuatro años, período de tiempo llamado olimpíadas. Con motivo de este evento, las diversas ciudades-estado suspendían sus guerras para que tanto los deportistas como los espectadores pudieran viajar a Olimpia y volver de ella en paz.

5. **Factores que mantuvieron unida la Antigua Grecia a pesar de las constantes guerras libradas entre sus diversas ciudades-estado**.

   1) Lingüístico: todos los griegos hablaban la misma lengua, el griego antiguo, en contraposición con otros pueblos que ellos llamaban bárbaros, porque utilizaban lenguas raras.

   2) Político-militar e histórico: los griegos eran conscientes de que, pese a la rivalidad entre diferentes ciudades-estado, ellos tenían un mismo origen. Incluso, hubo un momento histórico en que formaron un solo ejército y libró una guerra contra los troyanos para castigarlos porque Paris, príncipe de estos había seducido y raptado a su reina.

   3) Religioso: todos los griegos, independientemente de a qué ciudad-estado pertenecían, rendían culto a los mismos dioses cuya deidad mayor era Zeus, sin que afectara en nada a esto la diferencia de los ritos de los distintos lugares.

   4) Otras manifestaciones culturales: aparte de los Juegos Olímpicos, los griegos efectuaban los siguientes eventos deportivos: los Juegos Píticos, que se realizaban en Delfos cada cuatro años, entre Olimpíada y Olimpíada; los Juegos Ístmicos, que se efectuaban en el golfo de Corinto; y los Juegos Nemeos, que tenían lugar en Nemea, a 16 kilómetros al sudoeste del istmo.

6. **Juegos Olímpicos**

   1) Su origen: de acuerdo con la tradición, se originaron en una fiesta micénica en la que Pélope, el abuelo de Agamenón, tomó parte en una carrera para conquistar la mano de una princesa.

   2) Frecuencia: los Juegos Olímpicos se celebraban cada cuatro años.

   3) Olimpíada: los cuatros años de intervalo que separaban una celebración de la que seguía.

   4) Lugar de celebración: Los Juegos Olímpicos se celebraban en la ciudad de Olimpia, situada en la región central occidental del Peloponeso, cerca del monte Olimpo, morada que los griegos asignaban a Zeus y otros dioses.

7. **Ubicación del monte Olimpo y su importancia**.

   El monte Olimpo tiene casi 3.200 metros de altura y es el más elevado de Grecia. Está situado en el límite norte de Tesalia, a unos 16 kilómetros del mar Egeo. A causa de su altura (y porque las primitivas tribus griegas quizá tenían santuarios en su vecindad, antes de desplazarse hacia el sur), fue considerado la morada particular de los dioses. Por esta razón, la religión basada en las referencias que se encuentran en los textos de Homero y Hesíodo conforman la *religión olímpica*.

8. **Razones que determinan el carácter sagrado de la ciudad de Olimpia**.

   Son tres, a saber: su privilegio de organizar los Juegos Olímpicos y los correspondientes ritos religiosos; la disposición que la convertía en el lugar donde se depositaban los tesoros ofrendados a Zeus; y su condición de territorio neutral en el que podían reunirse los representantes de diferentes ciudades-estado, incluso, en plena guerra.

9. **Suspensión de las guerras**: Poco antes de iniciarse los Juegos Olímpicos (hasta poco después de su finalización), las guerras quedaban suspendidas en Grecia, período de paz en que los griegos podían viajar a Olimpia y regresar de ella sin riesgo alguno.

10. **Significado de la autorización para tomar parte en los Juegos**: en la Antigua Grecia, esta concesión otorgada a una ciudad-estado equivalía a admitirla oficialmente en la comunidad helénica.

11. **Competencia entre diversas ciudades-estado por el derecho de organizar los Juegos**: esto tenía lugar a causa de que la ciudad-estado organizadora del evento tenía la opción de concentrar poder y adquirir riqueza.

12. **Otros juegos importantes en los que participaban todos los griegos**.

    Otros juegos importantes en los que participaban todos los griegos fueron creados dos siglos después de la primera Olimpíada. Entre ellos estaban los Juegos Píticos, que se realizaban en Delfos cada cuatro años, entre Olimpíada y Olimpíada; los Juegos Ístmicos, que se efectuaban en el golfo de Corinto; y los Juegos Nemeos, que tenían lugar en Nemea, a 16 kilómetros al sudoeste del istmo. Tanto los Juegos Ístmicos como los Nemeos se celebraban con intervalos de dos años.

13. **Premios otorgados en esos juegos**.

    Los ganadores de esos juegos no recibían dinero ni ningún premio valioso en sí mismo; lo que obtenían era algo de incalculable valor: honor y renombre, cuyo símbolo era una guirnalda hecha de hojas de emblemático valor. El vencedor de los Juegos Olímpicos recibía una guirnalda de hojas de olivo y el de los Juegos Píticos, una de laurel.

14. **Expresiones idiomáticas derivadas de esas actividades**.

    Como el laurel estaba consagrado a Apolo, y las guirnaldas hechas con estas hojas suponían una recompensa particularmente adecuada para el que sobresalía en cualquier campo de la actividad humana, aún hoy decimos de quien ha realizado algo importante que "se ha ganado sus laureles". Si después cae en la indolencia y no hace nada de importancia, decimos que "se ha dormido en sus laureles".

V. Aunque es preferible hacer el ejercicio oralmente contestando *VERDADERO* o *FALSO,* marque, de acuerdo con el contenido del texto, con la letra V los enunciados correctos y con la F, los falsos.

1. (F)   2. (V)   3. (F)   4. (V)   5. (V)

6. (V)   7. (F)   8. (F)   9. (F)   10. (V)

11. (V)   12. (V)   13. (F)   14. (V)   15. (F)

16. (V)   17. (V)   18. (F)   19. (V)   20. (V)

VI. Teniendo en cuenta el contexto, sustituya las palabras en cursiva por sus sinónimos que figuran en el texto.

1. *A causa de* la gran cantidad de tesoros que iban a dar a Olimpia como resultado de su derecho a organizar y dirigir los Juegos Olímpicos, surgió una fuerte competencia entre ella y sus vecinas por obtener ese honor y sus ventajas.

2. La montaña Olimpo, *situada* en el Peloponeso, tiene casi 3.200 de altura y es la más elevada de Grecia.

3. Los Juegos Píticos *se celebraban/se realizaban/se llevaban a cabo* en Delfos cada cuatro años, entre Olimpíada y Olimpíada.

4. ¿Sabe cómo *se desplazaban* los griegos procedentes de todos los rincones del país para acudir a los Juegos Olímpicos? ¿A pie, a caballo, en carro?

5. Los griegos rendían culto a las mismas deidades con Zeus como el máximo mandatario. Pero, los ritos religiosos *variaban*, de una polis a otra, en algunos detalles.

6. *A pesar de* las enconadas guerras que se libraban entre las diversas ciudades-estado, los griegos no se olvidaban de su origen común.

7. Opinar sobre ese tema equivale a *intervenir* en un asunto ajeno.

8. En ese pequeño templo se efectuaban ritos *vinculados al* culto al sol.

9. Pélope participó en aquella carrera para *conquistar la mano de* una princesa.

10. A lo largo de la historia, la ciudad de Olimpia *desempeñó* la función de organizadora los Juegos Olímpicos, y lo hizo con pocas interrupciones.

11. Los dos ministros de asuntos exteriores *suspendieron* sus negociaciones porque surgieron otros problemas que las complicaron aún más.

12. En aquellos tiempos, una simple guirnalda de hojas de laurel era una recompensa invalorable no solo para los que triunfaban en los deportes sino también para los que *sobresalían* en cualquier campo de la actividad humana.

VII. Complete las oraciones con locuciones prepositivas de estructura similar a *en busca de*, formadas con la derivación nominal de los verbos que se dan a continuación.

1. La ONU premió espléndidamente al doctor Muñoz, al entregarle, *en recompensa de* los esfuerzos que él había hecho para mejorar la salud pública, un valioso donativo para el laboratorio que él dirige.

2. El lobo y la loba tenían que recorrer una gran extensión de la estepa *en procura de* alimentos para sus crías.

3. *En vista de/En consideración a/En consideración de* la trascendencia del problema decidimos someterlo a la opinión del señor rector.

4. Los habitantes de aquella pequeña ciudad salieron a la calle *en protesta por* la arbitraria directiva del gobierno municipal.

5. Era muy afectado al hablar: en vez de decir, por ejemplo, vengo a solicitar una visa, decía: vengo *en solicitud de* una visa.

6. Hicimos una huelga contra la empresa *en apoyo de* nuestro compañero injustamente despedido.

7. Muchos voluntarios acudieron *en auxilio de* los damnificados del desastre.

8. Fue aquel año cuando se inició la lucha a nivel nacional *en favor de* la unificación del país.

9. *En consideración del/En consideración al/En vista del* reducido número de participantes, los organizadores decidieron suspender el acto.

10. Le regalé una blusa de seda a la dueña de la casa *en agradecimiento del/por* lo bien que me había atendido durante medio año.

11. Todo eso lo hicimos *en defensa de* nuestros derechos.

12. Escúchame bien: todo lo que hagas *en perjuicio de* mi familia, lo vas a pagar muy caro cuando yo sea grande.

VIII. Transforme en sintagmas nominales las subordinadas de las siguientes oraciones concesivas y haga las modificaciones correspondientes utilizando otras locuciones de índole concesiva. Ojo: en algunos casos es mejor conservar la oración subordinada pese al cambio del enlace concesivo.

1. *A pesar de sus diez siglos de existencia,* esos hermosos templos siguen todavía en pie.

2. *Pese al gran poder que tuvo* ese político en su época, no ha dejado ninguna huella de importancia en la historia de su país.

3. *Pese a la estricta prohibición* de esas obras sobre la revolución en ese país, la gente, valiéndose de extrañas y fascinantes artimañas, las conseguía y las leía clandestinamente.

4. Fausto no percibía bien su difícil situación, por eso aseguraba que, *pese a* su muy deteriorada salud, haría un viaje alrededor del mundo.

5. El drama fue una verdadera fascinación para los asistentes al teatro, *a pesar de* su dudosa calidad según los críticos.

6. El niño le aseguró a su papá que, *a pesar de que los problemas* matemáticos del examen fueran muy difíciles, los resolvería antes del tiempo fijado.

7. Nunca pude comprender por qué en muchos lugares, los campesinos no salían de la pobreza *a pesar de que* trabajaban duro y tenían buenas tierras.

8. *Pese a que* aquella antigua civilización desapareció hace miles de años, todavía se conservan algunos remanentes de ella.

9. *A pesar de que* Úrsula mostraba a diario un singular rendimiento en el trabajo, nadie supo apreciar sus virtudes de eficiente secretaria.

10. Los Juegos Olímpicos se llevaban a cabo regularmente *pese a que* hubiera enconadas guerras —que se suspendían, en realidad— entre las ciudades-estado.

(En muchas de estas transformaciones también cabe la posibilidad de oración subordinada.)

IX. **Traduzca al español las siguientes oraciones.**

1. El nuestro es un país rodeado de montañas.

2. China es una nación/un país compuesta/o de múltiples grupos étnicos.

3. Se lleva mucho tiempo discutiendo cuál de las opciones tiene más ventaja para el país/la nación: la fragmentación o la unificación.

4. Al Estado le corresponde proteger a los sectores económicamente menos favorecidos de la población.

5. El funcionario nos dijo que nuestro problema estaba estrechamente vinculado a/con la política diplomática del Estado/del país.

6. ¿Recuerdan lo que dijo Engels acerca del origen del Estado y la familia en alguna de sus obras?

7. Resulta intolerable que aún existan potencias que se crean con derecho de intervenir en los asuntos internos de otros países/otras naciones.

8. ¿Sabes cuántos países son miembros de las Naciones Unidas?

9. Muchas naciones europeas/Muchos países europeos surgieron en el siglo XIX.

10. Estos son los países adonde podemos viajar sin visa.

X. Sustituya la parte en cursiva por *cualquier* o *cualquiera* y efectúe los cambios necesarios en el resto de la oración. Traduzca al chino tanto la versión original como la resultante.

1. *Cualquier turista* que *quisiera* instalarse en el hotel, tenía que mostrar su pasaporte.

2. En *cualquier aldea* en que *nos alojásemos* la gente improvisaba fiestas en nuestro honor.

3. Di la noticia a *cualquiera* que todavía no la *sepa*.

4. *Cualquiera* que *haya estado* en Granada, aunque fuera un día, no *puede* menos que guardar para siempre la impresión de belleza de La Alhambra.

5. *Cualquier* camino que *se divise* desde aquí *conduce* a la ciudad.

6. *Cualquiera* que *sepa* tocar un poco la guitarra te *puede* enseñar bastante.

7. *Cualquiera* que *estuviese* presente, *podía* intervenir en la discusión.

8. Se desplazaban en *cualquier vehículo* de que *dispusieran*.

9. Háblame de *cualquier* película que te *haya gustado*.

10. *Cualquiera* que *se moje* así, de esta manera, *caerá* enfermo sin duda alguna.

XI. Ejercicios del léxico.

A. Complete el texto utilizando las palabras y locuciones que se dan a continuación.

Micaela Sánchez es una geóloga de renombre internacional. Tiene *a su cargo*, junto con otros colegas, la tarea de detectar los movimientos sísmicos en una extensa zona. Ella es consciente del importante papel que *desempeña* en un asunto tan vital como la seguridad de millones de personas y sabe que cualquier negligencia o error suyo *equivale* a una catástrofe en la que morirían decenas de miles de personas. De modo que se dedica por entero a su trabajo sin tener apenas tiempo para descansar. Así, *ha intervenido* meritoriamente en muchas operaciones de diagnóstico, de evacuación y de rescate.

En comparación con muchos de sus compañeros, ella es la trabajadora que menos ha disfrutado de vacaciones. No obstante, incluso en esos pocos días de ocio, tiene el *singular* hábito de llevarse consigo algunos aparatos portátiles para ir observando fenómenos geológicos fuera de lo normal.

En una de esas ocasiones, apenas *había depositado* las maletas en el hotel cuando recibió una llamada de mucha urgencia: según algunos pescadores, en una isla cercana se estaban produciendo cosas raras. Micaela acudió allá y descubrió que, efectivamente, la isla *se había desplazado* unos metros mar adentro de su posición original. Tuvo que *suspender* sus vacaciones y reunirse con su equipo para entregarse a intensas labores en prevención de una catástrofe.

En vista de su dedicación y competencia, el Estado le *ha otorgado* el título de *Heroína Nacional*.

B. Traduzca al español las siguientes oraciones.

1. Te advierto que no intervengas en ese asunto, a menos que quieras complicarte la vida.

2. El recién llegado se dirigió directamente a un rincón de la sala, donde depositó su maleta.

3. Debido a la lluvia, tuvimos que suspender el trabajo.

4. Miró hacia arriba y vio una espada suspendida encima de su cabeza.

5. Le otorgaron un premio por haber desempeñado bien su oficio.

6. ¿Cómo? ¿Otra vez te han suspendido en español?

7. ¿Cuántos representantes estudiantiles intervinieron en la asamblea?

8. Esta suma de dinero la voy a depositar en el banco

9. Me he equivocado al depositar tanta esperanza en ti

10. Los estudiantes desempeñaron un papel decisivo en el Movimiento del 4 de Mayo.

11. Me han asignado un papel muy difícil en esta obra. No sé cómo desempeñarlo.

12. ¡Felicitaciones! Ha sido magnífica tu intervención en la conferencia.

C. Al escuchar la perífrasis, diga el vocablo o expresión correspondientes.

1. adecuado	2. aparente	3. competencia	4. desastre	5. enconado
6. indolente	7. meditar	8. musicógrafo	9. neutral	10. sobresalir

XII. Conjugue los infinitivos que están entre paréntesis en el tiempo y la persona correspondientes o en las formas no personales del verbo, según convenga.

Paseándose dos caballeros estudiantes por las riberas del río Tormes, *hallaron* debajo de un árbol *durmiendo* a un muchacho de unos once años, *vestido* como labrador. *Mandaron* a un criado que le *despertase*: *despertó*, y le *preguntaron* de dónde *era* y qué *hacía durmiendo* en aquella soledad. A lo cual el muchacho *respondió* que el nombre de su tierra *se le había olvidado*, y que *iba* a la ciudad de Salamanca a *buscar* un amo a quien *servir*, por solo que le *ayudase* para *estudiar*. Le *preguntaron* si *sabía leer*, *respondió* que sí, y *escribir* también

—De esa manera —*dijo* uno de los caballeros—, no *es* por falta de memoria *haber olvidado* el nombre de tu patria.

　　—Sea por lo que fuese —*respondió* el muchacho—, que ni el de ella, ni el de mis padres *sabrá* ninguno hasta que yo *pueda honrarlos* a ellos y a ella.

　　—Pues ¿y cómo los *piensas honrar*?— *preguntó* el otro caballero.

　　—Con mis estudios —*respondió* el muchacho—; siendo famoso por ellos: porque yo *he oído decir* que de los hombres *se hacen* los obispos.

　　　　(*El Licenciado Vidriera*, Colección Textos en Español Fácil, Cervantes, adaptación de Fernando de Toro Garland, p.13, Sociedad General Española S. A., Madrid, 1976)

XIII. Dictado.

录音（Transcripción）

　　La civilización universal, particularmente la cultura occidental, descendiente directa de ella, ha recibido de la antigua Grecia una enorme herencia cultural.

　　Los griegos, que vivieron hace 25 siglos, construyeron imponentes templos y esculpieron hermosas esculturas, cuyos vestigios siguen asombrando a la gente de hoy. Incluso, sirven todavía de modelo e inspiración a la Arquitectura y a las Artes Plásticas. Los escritores de ese antiguo e inteligente pueblo crearon magníficas obras —poemas, comedias, tragedias y relatos sobre dioses, héroes y gente común—, algunas de las cuales han logrado conservarse hasta nuestros días. Cabe añadir que todas ellas dejaron profundas huellas en la cultura de Occidente. Hasta el siglo XIX, muchos escritores europeos, sobre todo, los dramaturgos, todavía aplicaban estrictamente, en sus obras teatrales, los cánones establecidos por sus antecesores griegos.

　　Pero son la filosofía, las ciencias y la tecnología los terrenos donde mayor inspiración ha proporcionado la antigua Grecia a la humanidad. Y como deben de saber ustedes, en casi la totalidad de las lenguas indoeuropeas, existe una enorme cantidad de palabras de origen griego, en especial, las que aluden a las ramas mencionadas. Por ejemplo: *filosofía, tecnología, ideología, lógica, matemáticas, geometría, biología, teléfono, telegrama, problema, fotografía*, etc. etc.

XIV. Escuche la grabación y luego haga una versión oral resumida.

录音（Transcripción）

　　En el bosque cercano a un pueblo, vivía una manada de monos. Eran unas criaturas muy ruidosas que no cesaban de chillar mientras saltaban de un árbol a otro buscando hojas tiernas y frutas maduras que constituían su alimento diario. En un principio, a causa del miedo que les tenían a los seres humanos, callaban cuando los veían acercarse y se subían a lo más alto de las copas, donde permanecían escondidos hasta que los veían irse. Pero poco a poco, al darse cuenta de que eran unos vecinos inofensivos que no tenían intención de hacerles daño alguno, se les fue el temor y empezaron a actuar con tal confianza que, incluso, se atrevieron a meterse en el pueblo para curiosear lo que hacían sus habitantes.

Algunos hasta se aficionaron a imitar variadas formas de la conducta humana. El caso protagonizado por una mona fue excepcional. Se trataba de una hembra tan vanidosa que, sintiendo una gran fascinación por el vestido de seda de las mujeres, se le despertó el deseo de ir cubierta con tan atractivo y vistoso atuendo de tal modo que se las arregló para robar un traje que vio tendido en un cordel del patio. Justo, poco después de su fechoría, en el pueblo se celebró una boda a la que asistieron muchas damas ricamente ataviadas. Lo curioso fue que apareció, entre ellas, pavoneándose, la mona en cuestión luciendo el vestido de seda robado, pero, para su desgracia, en seguida fue descubierta por la dueña de la prenda y luego abucheada por todo el mundo.

—¡Qué pretendes, mona!, —le gritó la dueña del traje—, ¿no sabes que aunque te vistas de seda, mona te quedas?

XV. Trabajos de casa.

3. Traduzca al español las siguientes oraciones:

1) No me parece adecuado que intervengáis en esa discusión.

2) ¿Conoces este dicho: Las apariencias engañan?

3) En contraposición con Samuel, su primo moreno y delgado, Gustavo es rubio y gordinflón.

4) Para todos, tu intervención fue un desastre.

5) Ahora, vamos a ver algunos detalles del proyecto.

6) Me sorprendió que permanecieras como mero espectador en aquella difícil situación.

7) Te equivocas totalmente si te crees inmortal.

8) Al oír mi pregunta, la profesora meditó un momento y luego sacó un libro de la estantería, lo abrió y me mostró la máxima que yo quería recordar.

9) ¿Ven ustedes aquella torre que sobresale en medio de las casas? Ahí está el museo que quieren visitar.

10) Tuvimos que suspender nuestro trabajo temporalmente, porque el decano nos convocó con urgencia a una reunión.

第十课

有关罗马起源的传说

（根据伊萨克·阿西莫夫创作、内斯托尔·米格斯翻译的《罗马共和国》改编，马德里联合出版社，1981年）

从欧洲大陆向南延伸，有一个深入地中海的半岛，它长约800公里，形状好似一只有规整的鞋尖和高高的鞋跟的靴子，这里就是意大利半岛。

这个半岛上曾出现过一个古代疆域最辽阔、国力最强盛，也最受人敬重的国家。起初，它只是一个小城市，经过数百年的发展，最终统治了西起大西洋，东到里海，北起不列颠群岛，南至上尼罗河的大片地区。

现在看来，虽然这个国家的治理体系有许多缺陷，却胜过以往任何一个政权。随着时间的推移，它给治下因连年不断的战争而动荡不堪的地区带去了和平与繁荣。这个国家分崩瓦解后，随之而来的是异常艰苦而悲惨的岁月，因此，数千年里，当人们回首历史，都把那个时期看作一个伟大而幸福的时代。

从某种意义上来讲，这个国家确实独领风骚。当时，整个西方文明都处于一个中央集权统治之下，其法律和文化传统也因此对现在所有的西方国家都产生了影响。

罗马城建立的具体细节以及它的早期历史迄今都笼罩在团团迷雾之中，这迷雾也许永远不会散去。然而，多少年之后，当罗马成为世界上最大的城市，罗马帝国的史官们围绕城市的起源和之后的历史编织了一个个神奇的故事。这些故事实际上都是一些缺乏史实依据的传说，但它们是古罗马人思维方式的重要遗存。这些传说穿越世纪，直到现在依旧铭刻在人们心中。

古罗马人在编织这些传说时，希腊文明早已繁荣不再，但是他们的伟大成就依然令人赞叹不已。在希腊早期历史中，最重大的事件是特洛伊战争，于是，罗马神话的创造者们便费尽心机地将罗马的历史与特洛伊战争联系起来。其中最突出的就是拉丁语诗人维吉尔，他在后来创作的史诗《埃涅阿斯纪》中讲述了闻名遐迩的罗马帝国最初的起源。

在特洛伊战争中，一只希腊军队穿过爱琴海，前往位于小亚细亚西北岸的特洛伊城，经过长时间围城，希腊人占领了特洛伊，将它付之一炬。特洛伊最勇敢的英雄之一埃涅阿斯从一片火海中逃了出来，和其他生还者一起驾驶二十艘船扬帆起航，寻找一方土地建造新城，替代被希腊人摧毁的家园。这一行人在非洲北部海岸登陆，来到了在狄多女王领导下刚建成不久的迦太基城。狄多女王爱上了英俊的埃涅阿斯，这位特洛伊小伙子一度想留在非洲，娶女王为妻，成为迦太基国王。然而，诸神知道这不是埃涅阿斯的归宿，于是派去一位信使，命令他离开迦太基，听话的埃涅阿斯匆匆离开迦太基，与狄多女王不辞而别。可怜的女王见自己被抛弃，在绝望中自尽身亡。

这一段是有关埃涅阿斯的传说中最浪漫的片段。罗马人想必对罗马和迦太基在早期历史中这样的联系非常满意。狄多女王的时代过去几个世纪后，罗马和迦太基数次激战，迦太基最终战败。这样看来，迦太基第一位统治者为罗马祖先殉情的情节便设置的十分合理：迦太基在情场和战场中均以失败告终。

埃涅阿斯来到意大利西南海岸的拉齐奥地区，当地的国王叫拉丁，据说该地区的名字、民族和语言都以此命名。埃涅阿斯娶了拉丁的女儿，在与邻近城邦短暂交战后，成为新的国王。他的后代先后继承王位，但古往今来，王室家族就难逃无休止内斗的命运，其中一位国王被弟弟篡夺王位，国王的女儿生下一对双胞胎，篡权者为防止他们长大后与自己争夺王位，下令把双胞胎杀死。两个孩子被放在篮子里扔进了台伯河，篡位的国王以为不需要亲自动手就能将两个孩子置于死地。

然而，在距离河口20公里的地方，就是后来被命名为帕拉蒂诺山的山脚下，篮子搁浅了。一只母狼发现了两个孩子，照顾他们，给他们喂奶。这些事令人难以置信，但对于当时和之后的罗马人来说有巨大的象征意义，因为根据传说，他们的祖先在幼时汲取了狼的勇敢和无畏。一段时间以后，一位牧羊人发现了这对双胞胎，把他们从母狼身边带走，抱回家里，像抚养亲生孩子一样养育他们，并分别为他们取名为洛摩罗斯和勒莫。

长大后，双胞胎兄弟发起暴动，赶走了篡位者，迎回了合法的国王，也就是他们的外祖父。然而，在为建造一座他们自己的新城市选址时，兄弟间发生了激烈争执。于是，二人决定求问神明的旨意，一天晚上，他们分别登上自己选中的山顶，等待曙光带来神的旨意。曙光初现，勒莫看见6只鹰（或秃鹫）飞过，而太阳落山时，洛摩罗斯却看见了12只。勒莫认为自己赢了，因为是他先看见的鹰，而洛摩罗斯则认为自己胜在看到的鹰数量更多，兄弟俩旋即开战。洛摩罗斯杀死了勒莫，在帕拉蒂诺山筑起新城市的城墙，并开始统治这座城市。他用自己的名字将这座城市命名为罗马，因为洛摩罗斯意为"小罗马"。根据传说，罗马城建于公元前753年。

练习参考答案

I. **Siguiendo la grabación, lea los siguientes poemas.**

略。

II. **Conjugue los siguientes verbos en todas las personas de los modos y tiempos indicados.**

略。

III. **Escuche las preguntas sobre el texto y contéstelas oralmente en español.**

录音（Transcripción）

1. ¿En qué mar penetra la península donde se halla Italia?

2. ¿A qué se asemeja esa península?

3. ¿Qué importancia tuvo en la antigüedad el Estado que surgió en esa península y cómo se llamaba?

4. ¿Cuál fue el proceso de crecimiento de ese Estado?

5. Visto desde hoy, ¿era perfecto su sistema de gobierno?

6. ¿Por qué se dice que era mejor que cualquier otro gobierno anterior a él?

7. ¿Por qué se le juzgó positivamente durante mil años, aún después de su derrumbamiento?

8. ¿En qué sentido se le considera todavía el único estado realmente poderoso en la historia de Occidente?

9. ¿En qué aspectos ha influido en todos los países occidentales actuales?

10. ¿Se conocen los detalles concretos de la fundación de Roma y de su historia primitiva?

11. ¿Qué tipo de historias inventaron los historiadores romanos cuando su país llegó a ser la mayor ciudad del mundo?

12. ¿Cómo se denomina este tipo de historia?

13. ¿Cómo se diferencia el mito de la historia?

14. ¿Es verdad, entonces, que los mitos no tienen ningún valor cognoscitivo?

15. ¿Se desarrollaron paralelamente las civilizaciones griega y romana?

16. ¿Es cierto que los romanos dejaron de prestar atención a lo alcanzado por la cultura de los griegos en su apogeo?

17. ¿Cuál fue uno de los mayores acontecimientos históricos en la antigua Grecia?

18. ¿Qué mostraron los historiadores romanos al esforzarse por vincular su propio origen a la guerra de Troya?

19. ¿Quién jugó un papel de particular importancia en la historia de la fantasiosa fundación de Roma?

20. ¿Recuerda usted todavía algo de lo que ha leído sobre la Guerra de Troya?

21. ¿Consiguió sobrevivir algún troyano a la toma y al incendio de su ciudad?

22. ¿Qué trataron de hacer los supervivientes troyanos?

23. ¿Adónde llegaron primero?

24. ¿Qué sucedió cuando Eneas y los demás refugiados troyanos llegaron a Cartago, gobernado por Dido?

25. ¿Qué se propuso hacer Eneas en un principio?

26. ¿Llevó a cabo la idea que había concebido al comienzo?

27. ¿Qué ocurrió con la reina de Cartago cuando Eneas se marchó precipitadamente obedeciendo el mandato de sus dioses?

28. ¿Por qué los romanos se complacían tanto en relacionar su origen con las historias primitivas de Cartago?

29. ¿Adónde llegaron, finalmente, Eneas y su gente después de abandonar a Dido?

30. ¿Por qué se llamaba Lacio la región septentrional adonde llegó Eneas?

31. ¿Por qué Eneas pudo llegar a ser rey de Lacio?

32. ¿Qué sucedió después entre los descendientes de Eneas?

33. ¿Consiguió el usurpador acabar con los hijos gemelos del rey legítimo?

34. ¿Qué valor simbólico tenía la leyenda creada en torno al destino de los dos gemelos?

35. ¿Se quedaron los gemelos con la loba para siempre?

36. ¿Qué hicieron los dos gemelos cuando crecieron?

37. ¿Por qué estalló entre los dos hermanos una violenta disputa?

38. ¿Cómo se solucionó el problema?

答案（Clave）

1. La península Itálica, donde se halla Italia, penetra en el mar Mediterráneo.

2. Su forma se asemeja mucho a una bota, pues tiene una punta bien formada y un tacón elevado.

3. El Estado que surgió en ella se convirtió en el imperio más grande, más poderoso y más respetado de la antigüedad. Se llamaba Roma.

4. En sus comienzos, fue una pequeña ciudad, pero a lo largo de los siglos llegó a ser un imperio que dominó todo el territorio comprendido entre el océano Atlántico y el mar Caspio, y desde la isla de Inglaterra hasta el Nilo superior.

5. No, visto desde hoy, su sistema de gobierno adolece de muchos defectos, pero era mejor que cualquier otro anterior a él.

6. Porque, con el tiempo, llevó la paz y la prosperidad durante siglos a un mundo que había sido sacudido por guerras continuas.

7. A causa de que los tiempos que siguieron a su derrumbamiento fueron duros y miserables, durante mil años se juzgó, retrospectivamente, que fue una época de grandeza y felicidad.

8. En el sentido de que fue la única época de la historia en que todo el Occidente civilizado estuvo bajo un solo gobierno centralizado.

9. Actualmente, en casi todos los países occidentales todavía se percibe la influencia romana tanto en sus leyes como en sus tradiciones.

10. No, los detalles concretos de la fundación de Roma y de su historia primitiva están envueltos en una oscuridad que probablemente nunca será disipada.

11. Ellos inventaron cuentos fantásticos y leyendas acerca de la fundación de Roma y de muchas cosas que sucedieron después.

12. Se denomina mito.

13. Los mitos carecen de toda veracidad histórica, es decir, no son hechos que, de verdad, hayan ocurrido; son, en todo caso, sucesos imaginados.

14. Claro que tienen valor cognoscitivo. Por lo general son interpretaciones imaginarias de hechos reales en que se refleja el modo de pensar o de ver el mundo de una comunidad.

15. No, cuando Roma llegó a su apogeo, la civilización griega había entrado en decadencia hacía tiempo.

16. No, al contrario, siguieron admirando las portentosas realizaciones que la cultura griega había alcanzado en su apogeo.

17. Fue la guerra de Troya.

18. Al tratar de vincular su propio origen a la guerra de Troya, los historiadores romanos se esforzaron por expresar su admiración por la historia y la cultura de los griegos.

19. Virgilio, famoso poeta latino, hizo algo de particular importancia: contar, en tono de leyenda, el origen de los romanos en su poema titulado *La Eneida*.

20. La Guerra de Troya tiene muchos episodios memorables desde que el ejército griego atravesó el mar Egeo y llegó a la costa noroccidental de Asia Menor, donde se hallaba la ciudad de Troya. La guerra propiamente dicha comenzó en el momento en que los griegos empezaron a sitiar la ciudad y terminó cuando, tras un prolongado asedio, la tomaron utilizando la estratagema de meter en ella un gigantesco caballo de madera en cuyo interior iban soldados griegos. Tomada Troya, fue incendiada más tarde.

21. Sí. Un famoso héroe troyano y unos compatriotas suyos consiguieron huir de la ciudad conquistada e incendiada,

22. Los supervivientes troyanos zarparon en veinte barcos en busca de un lugar donde construir una nueva ciudad que reemplazara a la que habían destruido los griegos.

23. Desembarcaron en la costa septentrional de África, donde se acababa de fundar la ciudad de Cartago, bajo la conducción de la reina Dido.

24. La reina cartaginesa se enamoró de Eneas.

25. En un principio, el troyano pensó en quedarse en África, casarse con Dido y convertirse en rey de Cartago.

26. No, no se lo permitieron sus dioses, quienes creían que este no debía ser su destino y enviaron un mensajero para que le ordenara partir.

27. Cuando Eneas se marchó precipitadamente obedeciendo el mandato de sus dioses, la pobre reina, desesperada, se suicidó.

28. Según cuenta la historia, siglos después, Roma y Cartago libraron gigantescas guerras, en las que Cartago finalmente perdió. No obstante, a los romanos siempre les causó enorme complacencia que la primera gobernante cartaginesa muriera de amor por un ilustre antepasado del pueblo romano. Cartago perdió en el amor y en la guerra.

29. Llegaron a la costa sudoccidental de Italia, la región de Lacio, gobernada por un rey llamado Latino.

30. El rey Latino había bautizado la región con su propio nombre y por el mismo motivo, la lengua que se hablaba en ella también comenzó a llamarse latín.

31. Porque se casó con la princesa del país y luego, tras una breve guerra con ciudades vecinas, se impuso como gobernante.

32. Si Eneas ocupó legalmente el trono, es obvio que sus descendientes directos tenían el legítimo derecho a gobernar en calidad de reyes. Pero como solía ocurrir en las familias reales, entre los descendientes de Eneas se produjeron incesantes disputas por el derecho a la sucesión. En una de esas peleas, el rey fue arrojado del trono por su hermano menor para apropiarse del poder. Al enterarse el usurpador de que la hija del rey depuesto había dado a luz a gemelos, ordenó que mataran a los dos niños. Quiso, con esto, evitar que le disputasen el trono cuando creciesen. Los encargados de cumplir la orden, colocaron a los niños en una cesta, que luego fue lanzada al río Tíber. El usurpador quedó satisfecho de que muriesen sin que hubiera sido necesario que él tuviese que matarlos personalmente.

33. No, ocurrió que la cesta encalló en la costa, a unos 20 kilómetros de la desembocadura del río, al pie del monte que más tarde sería llamado Palatino. Allí, según la leyenda, los encontró una loba, que se hizo cargo de ellos, amamantándolos.

34. La leyenda ponía de manifiesto en forma simbolizada, algo memorable para los romanos: el hecho de que descendían de una estirpe cuyos fundadores habían absorbido el coraje y la bravura de los lobos.

35. No. Un pastor halló a los gemelos, se los quitó a la loba, los llevó a su hogar, le dio a uno el nombre de Rómulo y al otro de Remo, y los crió como hijos suyos.

36. Una vez que crecieron, los gemelos comandaron una revuelta que terminó con la expulsión del usurpador del trono y el legítimo restablecimiento de su abuelo en el poder.

37. Porque no estaban de acuerdo en el lugar donde construir una nueva ciudad propia.

38. Decidieron consultar a los dioses. Por la noche, cada uno se plantó en la colina que había elegido y esperó los presagios que traería el alba. Tan pronto como el amanecer iluminó el cielo, Remo vio pasar volando seis águilas (o buitres). Pero a la puesta del sol, Rómulo vio doce. Remo sostuvo que había ganado porque sus aves habían aparecido primero; pero Rómulo señaló que sus aves eran más numerosas. En la lucha que sobrevino, Rómulo mató a Remo y comenzó a construir, en el Palatino, las murallas de su nueva ciudad, sobre la cual iba a gobernar. La llamó Roma en su propio honor, ya que *Rómulo* significa "pequeña Roma". La fecha de la fundación de Roma, según la tradición, es el año 753 a.C.

IV. **Diga a qué se refiere la parte en cursiva, y en caso de que sea verbo, cuál es su sujeto. Todas las oraciones son del texto.**

1. *Extendida*: una península
   Mide: una península
   su: de la península
   Se conoce: *impersonal*
   la: la península

2. *el más grande*: estado
   el más poderoso: estado
   el más respetado: estado

3. *Fue*: el estado
   llegó: el estado

4. *Visto*: su sistema de gobierno
   cualquier otro: sistema de gobierno
   él: el estado (el Imperio Romano)

5. *un mundo*: Occidente (Europa occidental)

6. *se derrumbó*: el Imperio Romano

   lo: el Imperio Romano

7. *fue*: el Imperio Romano

   único: el Estado

8. *un solo gobierno centralizado*: el gobierno del Imperio Romano

9. *ello*: que todo el Occidente civilizado estaba bajo un solo gobierno centralizado

10. *están envueltos*: los detalles concretos de la fundación de Roma y de su historia primitiva

    será disipada: la oscuridad

11. *el mundo*: Occidente

    la ciudad: Roma

12. *Son*: los fantasiosos cuentos sobre la fundación de Roma

    cuyos: de los mitos

    tienen: los mitos

    concebidos: los mitos

    se recuerda: *impersonal*

    las: historias fabulosas

13. *sus mitos*: historias fabulosas que concibieron los historiadores romanos

    su: de la Grecia Antigua

14. *ello*: que la civilización griega había pasado por su apogeo

    era muy admirada: la civilización griega

    sus: de la civilización griega

15. *esa guerra*: la guerra de Troya

    su: la historia de Roma

16. *la ciudad*: Troya

    la: la ciudad

17. *zarpó*: Eneas

    la: la ciudad de Troya

18. *Esta*: Dido, reina de Cartago

    el troyano: Eneas

19. *este*: que Eneas se quedara en Cartago y se casara con Dido para convertirse en rey de la ciudad

    su: de Eneas

20. *Enviaron*: los dioses

    le: a Eneas

21. *Este*: el momento en que Dido, desesperada, se suicidó al verse abandonada por Eneas

    debe: el modo

    les: a los romanos

    esto: todo lo que ocurrió entre Eneas y Dido

22. *las*: las gigantescas guerras que se libraron entre Roma y Cartago

    la primera gobernante cartaginesa: la reina Dido

    un antepasado del pueblo romano: Eneas

23. *la región*: la que quedaba cerca de la cosa sudoccidental de Italia

    su lengua: la lengua que hablaban los romanos, o sea, el latín

24. *se impuso*: Eneas

25. *Sus*: de Eneas

26. *el usurpador*: el hermano menor del rey legítimo, quien había sido echado del trono

    le: al usurpador

    disputasen: los hijos gemelos de la princesa

    la ciudad: Roma

    creciesen: los hermanos gemelos

27. *ello*: matar a los dos niños para que no le disputasen el gobierno cuando crecieran

    los niños: los hermanos gemelos

    los: los hermanos gemelos

    colocaron: *impersonal*

28. *morirían*: los niños gemelos

    los: los niños gemelos

29. *Allí*: la costa, a unos 20 kilómetros de la desembocadura del río, al pie del monte que más tarde sería llamado Palatino

    los: a los gemelos

    ellos: los gemelos

30. *Los hechos referidos*: que una loba se hizo cargo de los gemelos amamantándolos

    tenían: los hechos referidos

    la leyenda: los hechos referidos

    ellos: los romanos

31. *se*: a la loba

    los: los gemelos

    se llevó: el pastor

    los: a los gemelos

los: a los gemelos

los: a los gemelos

32. *crecidos*: los gemelos

    expulsó: la revuelta

    restableció: la revuelta

33. *Decidieron*: los gemelos

    había elegido: cada uno de ellos

    esperó: cada uno de ellos

    traería: el alba

34. *doce*: águilas

35. *sus aves*: aves que él había visto aparecer

36. *la cual*: la ciudad

V. **Teniendo en cuenta el contexto, sustituya la parte en cursiva por un sinónimo.**

1. Extendida hacia el Sur desde el Continente Europeo, *se halla* una península que *entra/avanza* en el mar Mediterráneo.

2. Mide unos 800 kilómetros de largo y su forma *se parece* mucho *a* una bota, pues tiene una punta bien formada y un tacón *alto*.

3. En esta península, *apareció* un Estado que llegó a ser el más grande, el más poderoso y el más respetado de la antigüedad.

4. Fue, en *un principio*, una pequeña ciudad, pero a lo largo de los siglos llegó a *gobernar/controlar* todo el territorio comprendido entre el océano Atlántico y el mar Caspio, y desde la isla de Inglaterra hasta el Nilo superior.

5. *Según el criterio actual*, su sistema de gobierno tenía muchos defectos, pero era mejor que cualquier otro anterior a él.

6. Y cuando finalmente *se cayó/se vino abajo*, los tiempos que siguieron fueron tan duros y miserables que durante mil años los hombres lo *valoraron/consideraron* retrospectivamente como una época de grandeza y felicidad.

7. En un *sentido*, fue, *efectivamente/en efecto*, único.

8. Fue *el período* de la Historia en que todo el Occidente civilizado *estuvo/se encontró* bajo un solo gobierno centralizado.

9. Por *eso*, sus leyes y tradiciones han influido en todos los países del Occidente *de hoy*.

10. Los detalles concretos de la fundación de Roma y de su historia primitiva están *cubiertos* en una oscuridad que *posiblemente/a lo mejor* nunca será disipada.

11. Pero en años posteriores, cuando Roma llegó a ser la mayor ciudad del mundo, los historiadores romanos *inventaron relatos imaginarios/crearon fantásticas leyendas* sobre la fundación de la ciudad y los sucesos que siguieron.

12. Son, en realidad, mitos cuyos *pormenores/datos* carecen de *todo fundamento histórico/ toda credibilidad histórica*, pero que tienen la importancia de ser vestigios del modo de pensar de la gente de aquellos tiempos, *pensados/creados/imaginados* como historias fabulosas que han atravesado los siglos y aún se las recuerda.

13. Cuando los romanos *fijaron/definieron* sus mitos, la civilización griega hacía tiempo que había pasado por su apogeo.

14. A pesar de ello, aún era muy admirada por sus *grandiosas obras*.

15. El mayor *acontecimiento* de la historia primitiva de Grecia había sido la Guerra de Troya, y los creadores romanos de leyendas *se desvelaron/se empeñaron/hicieron todo lo posible* por hacer remontar a esa guerra *el inicio* de su historia.

16. *Especialmente/Sobre todo*, fue el poeta latino, Virgilio, quien *relataría/narraría* en su poema *La Eneida*, los comienzos del famoso Imperio Romano.

17. En la Guerra de Troya, un ejército griego *cruzó* el mar Egeo para llegar a la costa noroccidental de Asia Menor, donde *se encontraba/estaba* la ciudad de Troya.

18. Después de un largo *sitio/cerco*, los griegos *conquistaron/ocuparon* la ciudad y la incendiaron.

19. De la ciudad en llamas escapó uno de los más *valerosos/bravos* héroes troyanos: Eneas.

20. Con algunos otros *que huían*, zarpó en veinte barcos en busca de un *sitio* donde construir una nueva ciudad que *sustituyera* a la que habían destruido los griegos.

21. Fue así como desembarcó en la costa septentrional de África, donde se acababa de *crear* la ciudad de Cartago, bajo *el gobierno/la dirección* de la reina Dido.

22. Ésta se enamoró del bello Eneas, y, por un momento, el troyano *quiso* quedarse en África, casarse con Dido y convertirse en rey de Cartago.

23. *No obstante*, los dioses *creían/consideraban* que éste no era su destino.

24. *Mandaron* un mensajero para ordenarle que partiese, y Eneas, obediente, se marchó *precipitadamente* sin *despedirse de* Dido.

25. La pobre reina, al verse abandonada, cayó en la desesperación y *se mató*.

26. Este fue el momento romántico culminante de la leyenda de Eneas, y a los romanos debe de haberles *encantado/gustado* el modo cómo *se vinculaba* esto con las historias primitivas de Roma y de Cartago.

27. Siglos después de la época de Dido, Roma y Cartago libraron gigantescas guerras, en

las que Cartago finalmente *fue derrotada/fracasó*, por lo que parecía *adecuado/justo/ conveniente* que la primera gobernante cartaginesa muriera de amor por un antepasado del pueblo romano.

28. Eneas llegó a la costa sudoccidental de Italia, la región de Lacio, gobernada por un rey llamado Latino que, *probablemente/aparentemente/según se suponía*, dio su nombre a la región, al pueblo y a su lengua.

29. Eneas se casó con la hija de Latino y después de una *corta* guerra con ciudades vecinas se impuso como *soberano/rey*.

30. Como ocurre siempre, *surgieron/tuvieron lugar* incesantes conflictos internos en la familia real.

31. Uno de los reyes fue *expulsado/echado* del trono por su hermano menor.

32. La hija del *legítimo* rey dio a luz a dos hermanos gemelos, a quienes el usurpador ordenó matar para que no le *quitasen/arrebatasen* el gobierno de la ciudad cuando *se hiciesen mayores*.

33. Por ello, a los niños los *pusieron/dejaron* en una cesta, que fue *arrojada/tirada/botada* al río Tíber.

34. El usurpador *creyó* que *perecerían* sin que él tuviese que matarlos en persona.

35. Allí los *halló/descubrió* una loba, que *se encargó de* ellos, amamantándolos.

36. Los hechos referidos son poco creíbles, pero para los romanos de entonces y de después tenían un enorme *significado* simbólico, pues la leyenda demostraba que ellos descendían de unos antepasados que *se habían alimentado del/se habían empapado del*, cuando niños, el coraje y la bravura de los lobos.

37. Algún tiempo más tarde, un pastor *encontró* a los gemelos, se los quitó a la loba, los llevó a su *casa* y los crió como hijos suyos. A uno *lo llamó* Rómulo y, al otro, (de) Remo.

38. Ya *mayores*, los gemelos *dirigieron/organizaron* una revuelta que *arrojó/echó* al usurpador del trono y restableció en el poder a su abuelo, el rey legítimo.

39. Pero en cuanto al *sitio* donde construir una nueva ciudad propia, los dos hermanos tuvieron *un fuerte altercado*.

40. Por la noche, cada uno *se colocó/se apostó* en la colina que *había escogido* y esperó los presagios que traería el alba.

41. Remo *afirmó/aseguró* que había ganado porque sus aves habían aparecido primero; pero Rómulo *indicó* que sus aves eran más numerosas.

42. En la lucha que *se produjo*, Rómulo mató a Remo y comenzó a construir, en el Palatino, las murallas de su nueva ciudad, sobre la cual iba a gobernar.

43. La llamó Roma en su propio honor, ya que Rómulo *quiere decir* "pequeña Roma".

VI. **Modifique la estructura de la oración según la indicación dada al final.**

1. *La Península Itálica* se extiende hacia el Sur desde el Continente Europeo y penetra en el mar Mediterráneo. Tiene unos 800 kilómetros de largo y una forma semejante a una bota.

2. *Fue en esta península* donde surgió un Estado que llegó a ser el más grande, el más poderoso y el más respetado de la antigüedad.

3. *A lo largo de los siglos, su territorio abarcó la extensión* comprendida entre el océano Atlántico y el mar Caspio, y desde la isla de Inglaterra hasta el Nilo superior.

4. *A pesar de sus defectos y final derrumbe, los hombres* lo juzgaron, retrospectivamente, durante siglos, como una época de grandeza y felicidad, *y esto fue así porque* los tiempos que siguieron a su caída fueron muy duros y miserables.

5. *Aunque* son mitos cuyos detalles carecen de toda veracidad histórica, tienen la importancia de ser vestigios del modo de pensar de la gente de aquellos tiempos, concebidos como historias fabulosas que han atravesado los siglos y aún se las recuerda.

6. *Los romanos que dieron forma final a sus mitos seguían* admirando la civilización griega, a pesar de que hacía tiempo que esta había pasado por su apogeo.

7. *Como el mayor suceso de la historia de Grecia* había sido la Guerra de Troya, los creadores romanos de leyendas se esforzaron por hacer remontar, hasta ella, los comienzos de su historia.

8. En la Guerra de Troya, un ejército griego atravesó el mar Egeo para llegar a *la ciudad de Troya*, que se hallaba en *la costa noroccidental de Asia Menor*.

9. *De la ciudad* que tomaron e incendiaron los griegos, escapó uno de los más valientes héroes troyanos.

10. Fue así como desembarcó en la costa septentrional de África, donde se acababa de fundar la ciudad de Cartago, *gobernada* por la reina Dido.

11. *El troyano no pudo* quedarse en África, *ni* casarse con Dido, *ni* convertirse en rey de Cartago, porque los dioses sabían que éste no debía ser su destino.

12. Eneas, que *obedecía* a los dioses, se marchó apresuradamente *sin despedirse de* Dido.

13. La pobre reina, al verse abandonada, *cayó en tal desesperación que se suicidó*.

14. *El momento romántico culminante de la leyenda de Eneas demuestra* que a los romanos debe de haberles complacido el modo cómo se relacionaban, con esto, las historias primitivas de Roma y Cartago.

15. *Como Cartago perdió finalmente las gigantescas guerras* que se libraron entre las dos ciudades, parecía apropiado que la primera gobernante cartaginesa muriera de amor por un antepasado del pueblo romano.

16. Eneas llegó a la costa sudoccidental de Italia, donde gobernaba un rey, llamado Latino, *el cual,* probablemente, dio su nombre a la región, al pueblo y a lengua. (**OJO: Solo se pide sustituir la parte en cursiva**, **el relativo** *que*)

17. *Cuando la hija del verdadero rey* dio a luz a dos hermanos gemelos, el usurpador ordenó matarlos, *porque temía* que le disputasen el gobierno de la ciudad cuando crecieran.

18. Por ello, a los niños los colocaron en una cesta y *los lanzaron* al río Tíber.

19. *Ya crecidos, los gemelos, mediante una revuelta que ellos conducían,* expulsaron del trono al usurpador y restablecieron en el poder a su abuelo, el legítimo rey.

VII. Con sus propias palabras, explique, en español, lo que significan las siguientes expresiones.

1. con el tiempo: después de cierto tiempo

2. retrospectivamente: recordando lo que ocurrió en un tiempo pasado

3. están envueltos en una oscuridad: no se saben con claridad

4. como historias fabulosas que han atravesado los siglos: como relatos imaginarios que han quedado en la memoria de la gente durante siglos

5. hacía tiempo que había pasado por su apogeo: hacía tiempo que había perdido su esplendor y prosperidad

6. este no era su destino: este no era lo que la vida le había reservado

7. el momento romántico culminante: el punto de mayor pasión amorosa

8. la cesta encalló en la costa: la cesta quedó inmóvil al chocar con algo sólido cerca de la costa

VIII. Rellene los espacios en blanco con *que* o *donde* según convenga.

1. Eneas desembarcó, junto con otros compatriotas suyos, en la costa septentrional de África, *donde* ya existía una ciudad recién fundada bajo la administración de la reina Dido.

2. Según los arqueólogos, los instrumentos de piedra *que* acaban de desenterrar, pertenecen a la época neolítica.

3. ¿Sabes cuál es la construcción más emblemática *que* hay en el centro de la ciudad?

4. El desierto *donde* se hallan las Pirámides y la Esfinge no queda muy lejos de El Cairo.

5. La cantidad de piedra *que* se requirió para construir la mayor de las pirámides egipcias fue tal que, con ella, sería posible alzar un muro algo más alto que un hombre y unos cuatro mil kilómetros de largo.

6. El guía nos condujo al interior de una selva *donde* todavía se conservaban las ruinas de una antigua ciudad.

7. Los emigrantes tuvieron que establecerse en aquella región casi desértica, *donde* se dedicaron, con muchas dificultades, a cultivar algodón.

8. Iré *adonde* resulte fácil encontrar empleo.

9. Al amanecer, se levantó un fuerte viento *que* disipó las nubes.

10. El intérprete dijo a los turistas que no quedaba muy lejos el hotel *donde* tenían reservadas las habitaciones.

IX. Enlace las dos oraciones independientes mediante el adverbio relativo *donde*. Diferencie el carácter especificativo y explicativo de la oración subordinada según el caso.

1. Esta es la casa *donde* ocurrió la tragedia que todos conocemos. (*especificativa*)

2. Mi padre, tras muchos años de ausencia, volvió al pueblo *donde* había ejercido la profesión de abogado durante muchos años. (*especificativa*)

3. Un grupo de soldados logró forzar la puerta del cuarto *donde* se hallaban encerrados algunos de sus compañeros. (*especificativa*)

4. A partir de entonces, comencé a tener contacto con la llamada *alta sociedad*, *donde* conocí la más espantosa corrupción y degeneración. (*explicativa*)

5. Subimos a la cumbre de la montaña, desde *donde* se puede contemplar el bonito panorama de la ciudad. (*explicativa*)

6. Los aborígenes se reunieron en el santuario, *donde* depositaron ofrendas en homenaje de una deidad mitad hombre mitad elefante. (*explicativa*)

7. El periodista visitó una de las prisiones, *donde* los abusos contra los presos le impresionaron fuertemente. (*explicativa*)

8. La joven escritora quería visitar la zona minera *donde* varios de sus familiares sufrieron en carne propia la injusticia social. (*especificativa*)

9. Los observadores internacionales llegaron al barrio más miserable de la ciudad *donde* acababa de producirse un violento conflicto entre inmigrantes de dos etnias diferentes. (*especificativa*) (**OJO: hay ambigüedad en este tipo de oraciones: una coma las transforma en explicativas**.)

10. Remo y Rómulo se plantaron en sus respectivas colinas, *donde* esperaban que se presentaran presagios que les ayudarían a decidir en qué sitio construir una nueva ciudad propia. (*explicativa*)

X. **Traduzca al español las siguientes oraciones.**

1. Como no tenía dónde dejar su maleta, la colocó sobre la mesa.
2. El último habitante de la ciudad sitiada, al no saber por dónde escapar, decidió arrojarse desde la cima de una alta torre.
3. Le dije a la dueña del hostal que necesitaba una caja donde depositar mis pertenencias.
4. Los turistas recorrieron media ciudad en busca de un hotel dónde alojarse.
5. Los refugiados no pedían otra cosa sino un rincón dónde pasar la noche.
6. Los novios ya sabían dónde celebrar la boda.
7. El campesino acabó por encontrar un pedazo de tierra donde plantar sus árboles frutales.
8. De repente, al niño se le ocurrió dónde esconder sus juguetes.
9. Los navegantes trataban de desembarcar en una islita donde fundar su propia ciudad.
10. El príncipe no tenía ningún territorio donde establecer su propio reino.

XI. **Reorganice la oración cambiando la parte en cursiva, de modo que pueda utilizar el adverbio relativo *como*.**

1. El latín vulgar, al imponerse sobre las hablas aborígenes, sufrió notables cambios, y *fue así como* dio origen a una multitud de lenguas nuevas.
2. En esas zonas la gente comenzó a confundir algunos sonidos y, *fue así como* surgieron discrepancias lingüísticas.
3. El rey *hizo como si* se pusiera el traje.
4. Maldad contra maldad y bondad por bondad. ¿*Es así como* hay que tratar a la gente?
5. Se comportó correctamente, *como correspondía a* un joven bien educado/*como debía hacer* un joven bien educado.
6. Dejad de disputar, *como deben hacer* los buenos amigos.
7. Los dos se despidieron llorando, *como si* nunca más se fueran a ver.
8. Los numantinos *querían* romper el cerco, pero ignoraban *cómo hacerlo*.
9. Los romanos abrieron una zanja profunda a lo largo de la muralla. *Fue así como* pudieron evitar que los asediados huyeran en busca de refuerzos.
10. *Fue en un momento de desesperación cómo* los asediados empezaron a matarse entre sí.

XII. Ejercicios del léxico.

A. Complete las siguientes oraciones utilizando, en forma adecuada, los siguientes vocablos.

1. La multitud enfurecida forzó el portón a empujones y logró *penetrar* en el espacioso patio.

2. Si piensas cambiar de opinión, yo *respeto* tu voluntad.

3. No creas en las palabras bonitas de ese desconocido. ¡Son *pura* mentira!

4. A medio camino de nuestro destino, el capitán *ordenó* detener la marcha.

5. ¡Qué lástima! Se ha secado el manantial del que brotaba el agua más *pura* de la zona.

6. El barco de los investigadores hizo un recorrido *a lo largo* de la costa noroccidental de la isla en busca de la desembocadura de algún río que les permitiera seguir navegando aguas arriba.

7. A pesar de su pequeñez territorial, Grecia no dejaba de ser *respetada* y admirada, en la antigüedad por otras naciones, debido a sus portentosas realizaciones culturales.

8. Yo no *comprendo* cómo puedes vivir en una habitación llena de polvo, y con la ropa, los libros y los papeles tirados por todas partes. ¿Por qué no la *ordenas* un poco?

9. Cuesta creer que tú hayas concebido la idea de confiar en una persona incompetente la misión de *conducir* la empresa.

10. Eneas sostuvo, ante su gente, que encontraría algún lugar donde fundar una nueva ciudad para *reemplazar* su Troya destruida por los griegos.

11. El gobernador amenazaba con castigar duramente a cualquiera que no lo *obedeciera*.

12. A pesar de su absoluta *obediencia* a los superiores, nunca lo han premiado.

13. El territorio que ocuparon los invasores *comprendía* muchas ciudades importantes.

14. La torpeza de tus movimientos *demuestra* que es la primera vez que *conduces* un coche.

15. Esas manchas de humedad *demostraba* que el agua ya había *penetrado* en el edificio.

B. Traduzca al español las siguientes oraciones.

1. Roma llegó a ser/se convirtió en el imperio más poderoso y respetado en su época.

2. El extenso territorio de Roma comprendía casi toda Europa y parte de África.

3. En el continente europeo hay tres penínsulas que penetran en el Mediterráneo.

4. A lo largo de la historia hemos visto el surgimiento y la caída de numerosos imperios.

5. No te ofendas. Lo que acabo de decir es pura broma.

6. Creyendo que nos había sometido a todos, nos exigía una absoluta obediencia.

7. No te estoy suplicando; te estoy ordenando.

8. Los refugiados escapados de la guerra que se ha librado en su país, al cruzar la frontera, fueron conducidos por la policía a un campo de concentración.

9. ¿No te fijaste en su expresión? Con esa sonrisa no solo te demostraba su afecto sino que se sentía muy complacido estar junto a ti.

10. ¿Surgió en Europa otro imperio que reemplazó a Roma cuando este se derrumbó?

C. Al escuchar la perífrasis, diga el vocablo o expresión correspondientes.

1. absorber   2. alba   3. amamantar   4. centralizar   5. complacer

6. culminante   7. derrumbar   8. influir   9. juzgar   10. sobrevivir

XIII. Dictado.

录音（Transcripción）

Italia, situada al sur de Europa, es una península semejante a una bota. Al norte está separada de Francia, Suiza y Austria por los Alpes, bañada por el Mediterráneo al oeste, con su punta aguda penetrando al sur en el mar Jónico y pegada al este al mar Adriático. Por su territorio corren varios ríos y el más importante es el Po, cuyo valle de suelo fértil se extiende al pie de los Alpes. Otro sistema montañoso, llamado cadena alpina, atraviesa de norte a sur toda la península. Estas cordilleras dividen el país en tres regiones diferentes. Además, a lo largo de sus costas se ven diseminadas numerosas islas de variado tamaño. Su clima es cálido y bastante seco. Entre sus principales recursos y productos, se pueden citar los minerales ferrosos, el azufre, el mármol, el arroz, el vino y el aceite de oliva.

Tiene una superficie de trescientos mil trescientos veintiséis kilómetros cuadrados y cuarenta y nueve millones de habitantes.

En cuanto a su historia, basta con señalar que, durante milenios, la suya se mezcló con la de Roma, que fue un poderoso imperio en la antigüedad. Hoy día, este nombre simplemente se aplica a una ciudad: la capital de Italia.

XIV. Escuche la grabación y luego haga una versión oral resumida.

录音（Transcripción）

Penélope es costarricense, pero lleva años viviendo en Copenhague, capital de Dinamarca. Le han concedido una beca para que estudie genética en una universidad de ese país. Como es una chica alegre y sociable, no ha tardado mucho en hacerse amiga de muchas personas jóvenes de uno y otro sexo, tanto nativos como de procedencia extranjera. Gracias a ese ambiente de cálida amistad, se le ha disminuido sensiblemente la nostalgia de su tierra y su familia.

Un día, su amiga Cristina, una chica danesa, la invitó a cenar en su casa. Penélope estaba muy ilusionada con la invitación, porque desde hacía tiempo sentía el deseo de conocer de cerca cómo vivía la gente de un país rico, como Dinamarca. Sabía que su amiga vivía sola en una vivienda alquilada, una mansión enorme con jardín, piscina y todo, según imaginó. Sin embargo, su sorpresa fue mayúscula cuando Cristina la condujo a un habitáculo diminuto de apenas quince metros cuadrados. Del mobiliario no vio más que un pequeño escritorio con una computadora portátil y algunas sillas plegables.

Al ver en su rostro la expresión de sorpresa y confusión, su amiga le dijo sonriendo:

"Te preocupa que yo no tenga donde cocinar, ¿verdad? Pues mira."

Accionando una pequeña manivela que había en la pared, consiguió que una parte rectangular de ella fuera descendiendo poco a poco hasta quedar instalada horizontalmente en el suelo. ¡Era todo el equipo de cocina!

Luego de devolver todo eso al hueco que había dejado, comenzó a repetir la misma operación en otras partes del cuarto, mostrando sucesivamente su cama, su estantería de libros y su minúsculo baño.

Una vez repuesta de su asombro, Penélope exclamó: "¡Comprendo! ¡Es así como se debe vivir! ¡En forma sostenible!"

XV. Trabajos de casa.

3. Traduzca al español el siguiente texto:

No se sabe con claridad, ni siquiera en nuestros días, los detalles concretos sobre la fundación de la Antigua Roma, pero existe una fantástica leyenda que ha venido transmitiéndose de generación en generación desde hace siglos. La concibieron los historiadores romanos que se empeñaron en remontar el origen de su pueblo a la famosa guerra de Troya y relacionar, así, su historia primitiva a la de la Antigua Grecia.

De acuerdo con esa leyenda, su primer antepasado fue un héroe troyano, uno de los pocos que sobrevivieron a la catástrofe de la guerra. Cuando zarpó con otros fugitivos de su país ocupado por el enemigo, tenía la intención de encontrar alguna tierra donde construir una nueva ciudad para reemplazar la Troya incendiada por los griegos. Tras múltiples peripecias, llegó finalmente a la costa sudoccidental de Italia donde tuvo la suerte de conocer a la princesa del país, casarse con ella y de esa manera convertirse en rey, pero la historia le reservaba otro destino.

Así, mucho tiempo después, fue uno de sus descendientes quien decidió fundar la ansiada ciudad en el sitio actual, a la que le puso su propio nombre, Rómulo, que significa *pequeña Roma*.

UNIDAD

第十一课

· 课文参考译文 ·

手镯

（根据梅赛德斯·巴列斯特罗斯的同名短篇小说改编）

费利萨大声读道：

"诚实的行为。昨日早晨，36岁的清洁工埃拉迪亚·加西亚·比尼亚斯在打扫电影院时，捡到一只价值15万比塞塔的手镯，交给了因珂鲁萨区警察局。手镯的主人是乌拉圭人尼拉·萨尔塞多女士。她给了埃拉迪亚一大笔酬谢金。"

费利萨穿上毛衣，钻进被子，慢慢回想着读到的内容。每次到别人家工作，她总会拿一份报纸包自己的便鞋。到了晚上，她就把报纸拿来读。"前女王索拉娅参加冬季运动""摩纳哥王妃格蕾丝怀孕待产……"，各种世界上的新闻萦绕在费利萨的脑海里，伴随她进入梦乡。那是一个神奇而陌生的世界，她虽是其中的一员，但这个世界却对她一无所知。"诚实的行为"？

假如她捡到一只这样的手镯，会还给它的主人吗？会的。要是不还呢？她会去乘火车："给我一张三等座的票！"不，要一等座的。那可是15万比塞塔啊！她要坐白天的车，这样就能看到每个车站的名字。之后她要乘村子里的汽车，把头伸向车窗，故乡田野的新鲜气息会扑面而来。"我在埃特克萨拉尔下车。"鲜嫩的牧草、清新的空气、深深踩在雨水浸软的土地里的牛蹄印、清晨时分脚夫们的号子、新鲜的饲料。"诚实的行为"。

她在那间不通风的小破屋里憋得喘不过气来。能打开朝过道的那扇破窗子也好啊！这样她就能喘口气，呼吸到隔壁房子里闭塞的空气和院子里的霉味，不用闻自己屋子里的垃圾味和臭汗味了。可真要这么做，她那位老太婆室友又要和她大吵大闹了，为了落得耳根清净……。"一只价值15万比塞塔的手镯"，这可是一大笔钱。

黎明时分的寒气令她冻得瑟瑟发抖。被冻僵的双脚相互揉搓着，就像两块石头。

在这要醒没醒的时候，往事一涌而上，在她脑海里打转，让她感觉坐上了一圈一圈旋转的木马。"那个坑害你的男人叫什么来着？"拉撒路，死人的名字。拉撒路，那个坑害她的男人。"女儿还活着的时候，我还……"，之后便一无所有。"在马德里当清洁工能赚大钱。你应该去干。""过节的时候我会回来。"她没有回去。"这只镯子值……"，睡梦中，所有事情都搅和在一起。粗糙的枕头布在她脸颊上磨来磨去。"我要攒钱回家过节。"月圆夜里焰火的光，之后是斗牛，广场舞会，焚烧纸牛。"摩纳哥王妃格蕾丝……"，那个老乞丐窝在折叠床里打着呼噜，喘着粗气。

她睡着了，每次都梦到她女儿。"与其过她未来要过的日子，不如死了更好。"大家都对她说。可她知道不是这样的，不管过什么样的生活，活着比什么都好。"小天使去了天堂。"不，在天堂比不上在她怀里舒服。在天上，没有谁，哪怕是圣徒和上帝本人，会比她更爱这个小姑娘。没有人会像她一样哼着摇篮曲哄孩子睡觉。"闭嘴，你这个异类，你这是冒犯上帝。"夜里，她女儿肯定会在天上，没错就是天上，哭泣，还会呼唤自己的妈妈。

第二天早晨，她打电话给中介，询问当天工作的地点。那家人住得很远，在一个新居民区。去那里要先坐地铁，然后转公交车，再走好长一段路。她边走边问，终于到了那里。

工作和往常一样。"请问怎么称呼您？"洗东西、擦地。又换一家，厨房换了一间，洗墩布的水桶换了一只，但干的活一样。这个世界、这世界上的人，对她、对她的女儿、对埃特克萨拉尔的鸽巢、对她村庄里的节日一无所知。这个世界对她一无所知。

6点时，活儿干完了。她穿上鞋，把晚餐扔进草筐。"我可以把这几张纸带走吗？"

天色渐黑。她在陌生的街区里漫无目的地走着。"劳驾，去公交站走这条路对吗?"她继续往前走，汽车车灯像一阵阵风刮过，那边大概是高速公路。"我这是又迷路了。"没人能问路。一阵风刮过，一股寒风。她辨不清方向，不停地打转。"看马德里有多大啊!"

她走下人行道准备过街，没有留意回头看。一切都发生在一瞬间。急刹车，剧烈的撞击和疼痛，剧痛像一把火从腹部冲上了嘴巴。

从看似空无一人的地方冒出了许多人，忙成一团。把她撞倒的出租车送她去了急救中心。半路上，她恢复了神志。疼痛消失了，她好像没有了躯体。她听到了拉撒路的声音，那个外乡人的声音。她闭上的眼睛里，又出现了他闪亮的目光。

天旋地转! 那个有死人名字的外乡人，用死亡的悲伤目光注视着她。她在座位上扭动着。"诚实的行为。这只镯子值……"，那镯子一定就在这里。她看不到，没有力气把它靠近眼睛，但她知道是什么。

她要乘村里的汽车，要看那柔和的风景映在河水中，看湿润的山脊，看多纳马里亚和拉瓦延的宅第，看贝蒂扎兰润泽的山谷。那里是她的故乡。她睁不开眼睛，想要握紧镯子的手越来越松。"我在埃特克萨拉尔下车。""我已经到了。我闻到了村庄的味道。我回来了。我以为自己再也不会回来了!"

"一名妇女被撞身亡"，这条消息不过是世界上所有消息中的一条。那是一个广袤的、对她一无所知的世界。

练习参考答案

I. Siguiendo la grabación, lea los siguientes poemas.
    略。

II. Conjugue los siguientes verbos en todas las personas, modos y tiempos indicados.
    略。

III. Escuche las preguntas sobre el texto y contéstelas oralmente en español.

录音（**Transcripción**）

1. ¿Cuál es el contenido de la noticia que estaba leyendo Felisa?
2. ¿Por qué tuvo que ponerse un jersey antes de meterse en la cama?
3. ¿Qué fue lo que hizo una vez acostada en la cama?
4. ¿Qué hábito tenía cuando terminaba sus faenas en la casa donde servía como asistenta?
5. ¿Por qué la autora dice que aunque Felisa formaba parte de ese mundo, pero que este no la conocía y le resultaba extraño?
6. ¿Qué fantasía tuvo al leer la noticia sobre la pulsera que había encontrado en el cine una mujer de la limpieza?
7. ¿Qué ilusión se forjaba imaginando que le tocaba semejante fortuna?
8. Describa su viaje imaginario.
9. ¿Por qué hasta el momento no había podido hacer ese viaje a su pueblo natal?
10. ¿Por qué olía mal el cuartucho donde dormía?
11. ¿Por qué no podía abrir el ventanuco que daba al corredor?
12. Reconstruya la historia de la chica según los recuerdos que se le juntaban en su duermevela.
13. ¿Estaba de acuerdo Felisa con el comentario de la gente que creía que era mejor que la niña hubiera muerto?
14. ¿Qué hizo a la mañana siguiente?
15. ¿Le resultó fácil desplazarse a la casa ubicada en un barrio nuevo en la que prestaba servicios?
16. ¿Qué ocurrió ese día cuando acabó sus faenas de siempre?
17. ¿Qué significaba el hecho de que recordara la voz y la mirada de Lázaro en plena agonía?
18. ¿Por qué se asocia a ese hombre con la muerte?

答案（Clave）

1. En la noticia que lee Felisa, titulada *Rasgo de honradez,* se cuenta que una empleada encargada de limpiar un cine, encontró una pulsera valorada en mucho dinero; no obstante, en vez de quedársela, la entregó en la Comisaría del Distrito. Luego, localizada la dueña de la joya, se le notificó que su pulsera había sido encontrada. Cuando se la entregaron, premió muy generosamente a la chica.

2. Porque habitaba un cuartucho muy modesto, sin calefacción, en el que en invierno hacía mucho frío; por eso, a Felisa no le quedó otro remedio que dormir con el jersey puesto.

3. Ya en la cama, antes de conciliar el sueño, solía ir repasando sus lecturas.

4. Antes de irse de la casa donde trabajaba, solía envolver en un periódico viejo las alpargatas que se calzaba en las labores. Cuando regresaba a su dormitorio, se ponía a leer el diario que había usado como envoltorio.

5. Basta con echar un vistazo a lo que se publicaba en los periódicos para comprobar que el mundo del que ella formaba parte, la ignoraba por completo, y en cambio, se interesaba por emperatrices, princesas, o sea, los peces gordos de la sociedad.

6. Se puso a fantasear pensando en la posibilidad de que ella también pudiera encontrar una joya parecida, y se planteó la pregunta: ¿Se la devolvería a la dueña o no se la devolvería?

7. Parece que a ella no le importaba tanto aquel rasgo de honradez y pasó por su mente la idea de que no estaría mal que se quedara con la fortuna, que le proporcionaría condiciones para hacer muchas cosas imposibles de llevarse a cabo hasta ese momento, por ejemplo, viajar a su pueblo natal.

8. Se imaginaba que, contando con suficiente dinero, podría darse el lujo de viajar por primera en tren, además, de día, para ir leyendo los nombres de las estaciones por donde pasaría. Luego, en el coche que la conduciría finalmente a su destino, se dedicaría a contemplar el paisaje, percibiendo todo lo que le resultaría familiar: el olor del campo tierno de su tierra, los pastos jugosos y el aire fino, las pezuñas de los bueyes hundiéndose en la tierra blanda después de la lluvia, las voces de los arrieros a la amanecida, el pienso fresco...

9. Porque su salario de sirvienta, siendo una miseria, no le alcanzaría para nada.

10. Porque la habitación donde dormía estaba muy mal ventilada.

11. Porque la vieja mendiga con quien compartía el dormitorio no se lo permitía y puede que le armara una gresca muy gorda si ella se empeñaba en abrir el ventanuco para poder respirar, por lo menos, el aire encerrado de la casa de vecindad y la humedad del patio.

12. Antes de venir a Madrid para trabajar como sirvienta, vivía en su pueblo natal, pobre, pero tranquila. Un día, se presentó en su tierra un foráneo llamado Lázaro.

Probablemente, el hombre la sedujo y de esa relación nació una niña que no tardó en morir. En esa época, en un pueblo apartado, una chica con semejante experiencia, seguro que no era bien vista. En tal situación, alguien le aconsejó ir a Madrid a buscar colocación y ganar algún dinero.

13. En torno a la niña que ella tuvo, hubieron de surgir incesantes comentarios. Según algunas vecinas, más valió que hubiera muerto, pues, ¿qué vida le podría haber dado ella, pobre y soltera? Sin embargo, como buena madre, ella no pensaba lo mismo. A pesar de que la gente afirmaba que la niña, convertida en ángel, podría haberse subido al cielo, sostenía que ni en el cielo la criatura se sentiría tan bien como en el cobijo de su regazo. Ahí, nadie, ni los santos, ni Dios mismo la querría tanto, la arrullaría y le cantaría para que durmiese, como ella le cantaba. Su hija lloraría de noche en el cielo, en el mismísimo cielo, y llamaría a su madre. Evidentemente, los vecinos consideraban una blasfemia su criterio, por eso la mandaban callar por hereje y ofensora a Dios.

14. A la mañana siguiente, telefoneó a la agencia para pedir las señas de la casa adonde iría a trabajar.

15. No, como estaba en un barrio nuevo y lejano, a Felisa le costó mucho encontrarla. Tuvo que viajar primero en metro, luego en autobús y por último caminar un buen trecho preguntando a la gente para, finalmente, localizar la casa.

16. Como todavía no conocía la zona, se volvió a extraviar de regreso a casa. Así, mientras iba dando vuelta, totalmente desorientada y confusa, soportando el viento frío, fue atropellada por un automóvil.

17. Porque es la causa de su perdición, lo peor que pudo pasarle en la vida. Si no hubiera sido por él, ella nunca habría venido a la ciudad y, por tanto, no habría terminado así.

18. Lázaro es un personaje bíblico que, luego de estar cuatro días muerto, fue resucitado por Jesús, en un célebre milagro. Las veces que ella lo recuerda, lo hace asociando su nombre a lo negativo: la muerte, y no valor positivo de volver a la vida. Y esto es así porque es Lázaro quien, prácticamente, la pone en la vía que la conduce a la muerte.

IV. Diga a qué se refieren las palabras en cursiva, y en caso de que sean verbos, señale cuál es su sujeto. Todas las oraciones son del texto.

1. *hacer*: Eladia García Viñas

   la: la pulsera

   entregó: Eladia

2. *la joya*: la pulsera

   gratificó: la ciudadana uruguaya, doña Nila Salcedo

3. *Fue*: Felisa

   sus: de Felisa

   iba: Felisa

   se llevaba: Felisa

   lo: el periódico

4. *el*: el mundo

   la: a Felisa

   conocía: el mundo

5. *Asomada*: Felisa

   le: a Felisa

   vendría: el olor del campo tierno de su tierra

   su: de Felisa

6. *Se ahogaba*: Felisa

   pudiese: Felisa

   daba: el ventanuco

   Podría: Felisa

7. *su*: de Felisa

   le: a Felisa

   la: a su compañera de habitación

8. *Una fortuna*: la pulsera

9. *la*: a Felisa

   Restregó: Felisa

   uno: el pie

   otro: el pie

10. *se juntaban*: todos los recuerdos

    le: a Felisa

    dando: todos los recuerdos

le: a Felisa

11. *te*: a Felisa (una pregunta que ella se hacía a sí misma)

12. *la*: a Felisa

13. *la niña*: la hija que tuvo con Lázaro

14. *se sacan*: buenos cuartos

    Eso: ir a Madrid a trabajar de asistenta

15. *volvió*: Felisa

16. *lo*: todo

17. *Le*: a Felisa

    le: a Felisa

    servía: la tela áspera

18. *aquella vieja mendiga*: la compañera de habitación de Felisa

    su: de la vieja mendiga

19. *la niña*: su hija muerta

20. *le*: a la niña

    ha valido: que haya muerto

    le: a la niña

    esperaba: La vida

21. *le*: a Felisa

    decían: *impersonal* (los demás, los vecinos)

22. *la*: la vida

23. *Un angelito*: la niña muerta

24. *estaría*: la niña

    su: de Felisa

25. *la*: a la niña

    la: a la niña

    le: a la niña

    ella: Felisa

26. *Calla*: vocativo refiriéndose a Felisa

    hereje: vocativo refiriéndose a Felisa

    ofendes: tú (los demás dirigiéndose a Felisa)

27. *Era*: la casa adonde iría a trabajar

28. *usted*: (la dueña de la nueva casa dirigiéndose a Felisa)

29. *lo mismo*: las mismas faenas

30. *venga*: (expresión peninsular que indica repetición de la acción)

31. *Todo*: todo lo que ocurrió

32. *Surgió*: la gente

    parecía: que no hubiese nadie

    se armó: un revuelo

33. *Había desaparecido*: el dolor

34. *los ojos cerrados*: de Felisa

    le: a Felisa,

    volvió: el brillo de la mirada de él

    él: Lázaro

35. *El hombre de fuera*: Lázaro

    su nombre de muerto: el nombre de Lázaro

36. *la*: la pulsera

    le: a Felisa

    faltaban: las fuerzas

    aquello: la pulsera que veía en su imaginación

37. *se aflojaba*: la mano

    le: a Felisa

    la: la mano

38. *sabía*: el mundo

    ella: Felisa

V. En la lección 6, hemos estudiado el estilo indirecto *libre*. Repáselo para luego compararlo con otra modalidad lingüística y literaria que aparece en esta lección. Es algo parecido, pero tiene rasgos que lo hacen un poco diferente. En él no se anteponen ni se posponen verbos anunciadores tales como *dijo, preguntó, pidió, pensó*, etc., ni otros signos propios del estilo directo, a la frase que se inserta en el discurso narrativo del autor como una intromisión del personaje, en voz del narrador. Y esto es lo que tiene usted que hacer en este ejercicio.

1. La ex emperatriz Soraya hace deporte de invierno. La princesa Grace de Mónaco espera un niño... (*Eran titulares de las noticias publicadas en el periódico.*)

2. Deme un billete de tercera. No; de primera. (*Eran palabras que decía Felisa en su imaginación.*)

3. ¡Ciento cincuenta mil pesetas! (*Era la respuesta que Felisa imaginaba que le daría el*

vendedor de billetes.)

4. Yo bajo en Echalar. (*Era la frase que Felisa imaginaba que diría.*)

5. Una pulsera valorada en ciento cincuenta mil pesetas. (*Era el fragmento de la noticia de prensa que Felisa recordaba.*)

6. ¿Cómo se llamaba el hombre que te perdió? (*Era la pregunta que Felisa se formuló mentalmente a sí misma.*)

7. Mientras me vivió la niña, aún... (*Era el recuerdo de Felisa.*)

8. En Madrid, asistiendo, se sacan buenos cuartos. Eso deberías tú hacer. (*Eran frases que le decían los vecinos o amigos a Felisa.*)

9. Volveré por fiestas. (*Era la frase que Felisa pensaba decirse antes de partir de su pueblo.*)

10. Voy a juntar para ir por fiestas a mi pueblo. (*Era la frase que Felisa pensaba decirse a sí misma.*)

11. Más le ha valido. Para la vida que le esperaba. (*Eran comentarios que decía la gente.*)

12. Un angelito al cielo. (*Era el comentario que hacía la gente.*)

13. Calla, hereje, que ofendes a Dios. (*Eran reproches que le hacía la gente.*)

14. ¿Cómo se llama usted? (*Era la pregunta que le hizo a Felisa la dueña de la nueva casa a que llegaba a prestar servicios.*)

15. ¿Me puedo llevar estos papeles? (*Era la pregunta que hizo Felisa a la dueña de la casa.*)

16. Me hace el favor: ¿Voy bien para la parada del autobús? (*Era la pregunta que Felisa formuló a algún desconocido que encontró por el camino.*)

17. Me he vuelto a extraviar. (*Era la frase que podría haber murmurado Felisa, o por lo menos lo pensó.*)

18. ¡Hay que ver lo grandísimo que es Madrid! (*Era la exclamación que Felisa pronunció, o por lo menos formuló mentalmente.*)

19. Yo bajo en Echalar. Ya he llegado. Ya noto el olor de mi aldea. Ya he vuelto. ¡Creí que nunca volvería! (*Era el delirio de Felisa pronunciaba en plena agonía.*)

20. Mujer atropellada y muerta por un automóvil. (*Era el titular de periódico.*)

VI. **En el texto hay muchas secuencias donde se ha omitido algo en favor de la agilidad y rapidez de estilo. Lo que tiene que hacer en este ejercicio es localizarlas y luego completar la idea agregando lo que considere que podría haberse dicho.**

1. Deme un billete de tercera (*clase*).

2. Y luego (*tomaría*) el coche de su pueblo.

3. (*Percibiría*) Los pastos jugosos y el aire fino. (*Vería*) Las pezuñas de los bueyes que se hunden en la tierra blanda de lluvia. (*Oiría*) Las voces de los arrieros a la amanecida y (*notaría*) el pienso fresco.

4. Por no oírla... (*se puso a repasar las noticias que acababa de leer.*)

5. Voy a juntar (*dinero*) para ir por fiestas a mi pueblo.

6. (*Era/Tenía*) Nombre de muerto.

7. Mientras me vivió la niña, aún... (*valía la pena permanecer en el pueblo.*)

8. Luego (*ya no había*) nada (*que me retuviera*).

9. (*Disfrutaría de*) El brillo de los cohetes en la noche de plenilunio. Y luego las vaquillas y el baile en la plaza, y el toro de fuego.

10. Más le ha valido. Para la vida que le esperaba (*Más le ha valido que haya muerto, teniendo en cuenta la vida que le esperaba.*)

11. Era lejos, en un barrio nuevo: el metro, el autobús y una buena caminata (*Viajó en metro, en autobús y luego una buena caminata.*)

12. (*Oyó*) El frenazo del coche, (*y sintió*) el golpe tremendo y el dolor.

13. Y (*sonó*) la voz de Lázaro, el forastero.

14. (*Volvió a vislumbrar al*) El hombre de fuera con su mirada triste de muerte, con su nombre de muerto.

15. (*Vería*) Toda la tierra suya.

VII. **De entre las expresiones o términos numerados del 1 al 3, escoja la forma que pueda reemplazar a la parte en cursiva.**

1. 3)	2. 2)	3. 1)	4. 2)	5. 3)
6. 1)	7. 3)	8. 1)	9. 3)	10. 3)
11. 2)	12. 3)	13. 1)	14. 3)	15. 1)
16. 3)	17. 2)	18. 1)	19. 3)	20. 2)

VIII. **Teniendo en cuenta el contexto, sustituya las palabras en cursiva por sus sinónimos.**

1. *Acto/Gesto/Caso* de honradez.

2. ... una pulsera, *estimada/tasada/calculada* en ciento cincuenta mil pesetas...

3. La dueña de la joya, que resultó ser la ciudadana uruguaya, doña Nila Salcedo, *premió/ obsequió* espléndidamente a Eladia.

4.　... de ese mundo extraño, *maravilloso/magnífico*, del que ella formaba parte, ...

5.　Restregó uno contra otro los pies *congelados/helados*, como piedras.

6.　En el duermevela se le *amontonaban/aglomeraban/reunían* todos los recuerdos, ...

7.　En Madrid, trabajando de asistenta, *se ganaba mucho dinero*.

8.　*La labor/El trabajo/Los quehaceres* de siempre.

9.　En el trayecto *recuperó el conocimiento/volvió en sí*.

10.　No podía mirarla, *carecía de/le escaseaban* las fuerzas para acercar aquello a la altura de sus ojos, ...

11.　No podía abrir los ojos y se le aflojaba la mano con la que quería *agarrar/coger/tomar* la pulsera.

12.　La noticia entre todas las noticias del mundo, del *inmenso/vasto* mundo que no sabía nada de ella.

IX.　**Conjugue, primero, el infinitivo que está entre paréntesis en el tiempo y la persona correspondientes, y luego, ponga los verbos principales en presente, por ejemplo:** *se pregunta, todos le dicen*, **etc. y ve qué consecuencias puede haber respecto a los verbos entre paréntesis. Traduzca al chino las resultantes de ambos casos.**

1.　Justina se preguntaba/*se pregunta* qué **haría** si la asignaran a ese cargo. ¿**Resolvería** todos los problemas o **moriría** de angustia?（要是她被派去担任那个职务，她**会**怎么办呢？她**能**解决所有的问题吗？**会不会**把她愁死？）

2.　Todos le decían/*le dicen* que al morir, su hija había pasado a otro mundo mejor. Podía ser verdad, pensaba. Allá, a lo mejor, no **habría** hombres que la perdieran a una. Una no **se humillaría** tanto trabajando como asistenta en casas ajenas y no **dormiría** en un cuartucho sin ventilación y maloliente en compañía de una vieja mendiga gruñona.（那儿**也许不会**有人坑害她，**八成**也用不着低三下四地在别人家里当女佣，也**未必会**跟一个唠唠叨叨的要饭老婆子住在一间臭烘烘、不通风的破屋子里。）

3.　A veces me ponía/*me pongo* a pensar cómo **trataría** a mis alumnos si yo fuera profesor. Seguramente les **querría** mucho y les **enseñaría** con mucha paciencia. Pero no por eso **dejaría** de ser exigente con ellos.（要是当上老师，我**会**怎样对待我的学生呢？我**准会**很喜欢他们，耐心地教他们，当然也**一准会**严格要求他们。）

4.　Alguna gente afirmaba/*afirma* que con el dinero se podía hacer todo, pero yo lo dudaba. ¿**Se compraría** la amistad? ¿**Se ganaría el respeto**?（**能**买来友谊吗？**能**赢得尊重吗？）

(OJO: Los verbos conjugados en presente no afectan a la forma de los subordinados que permanecen en condicional simple. La traducción tampoco cambia.)

X. Sustituya el futuro imperfecto de indicativo por el condicional simple y diga qué cambios de matiz se ha producido. Traduzca las oraciones originales y las resultantes al chino.

1. Será necesario castigar severamente a esa gente.

    有必要严惩那些人。

    Sería necesario castigar severamente a esa gente.

    恐怕有必要严惩那些人。（委婉建议）

2. Te acompañaré con mucho gusto.

    我很高兴能陪你。

    Te acompañaría con mucho gusto.

    我倒是很愿意陪你。（婉拒）

3. Le gustará intervenir en la conferencia.

    他准愿意在讨论会上发言。

    Le gustaría intervenir en la conferencia.

    他没准会愿意在讨论会上发言。（设想，猜测）

    他倒是愿意在研讨会上发言。（婉拒）

4. Ventilaré frecuentemente la habitación.

    我会经常开窗给房间通风。

    Yo ventilaría frecuentemente la habitación.

    （要是我），会经常给房间开窗通风。（委婉建议）

5. Sin guía, te extraviarás.

    没有向导，你会迷路的。

    Sin guía, te extraviarías.

    没有向导，你说不定会迷路的。（委婉建议）

6. Asomada a la ventanilla le vendrá al sentido el olor del campo tierno de su tierra.

    探出车窗外，她就将感受到家乡柔软土地的气息。

    Asomada a la ventanilla le vendría al sentido el olor del campo tierno de su tierra.

    探出车窗外，她或许会感受到家乡柔软土地的气息。（可能）

7. Ahí podrán ustedes respirar el aire fresco.

    到了那儿，你们将能呼吸到新鲜空气。

Ahí podrían ustedes respirar el aire fresco.

到了那儿，你们有可能呼吸到新鲜空气。（揣测）

8. La vieja le armará una gresca.

那老婆子会跟她大吵大闹。

La vieja le armaría una gresca.

那老婆子没准要跟她大吵大闹。（揣测）

9. Este hombre te perderá.

这人要坑害你。

Este hombre te perdería.

这人说不定会坑害你的。（揣测）

10. De esa manera recobraréis lo que os pertenece.

这样你们将重新得到属于你们的东西。

De esa manera recobraríais lo que os pertenece.

这样没准你们才能重新得到属于你们的东西。（揣测）

XI. **Traduzca al español las siguientes oraciones.**

1. No sabíamos cómo ir a la comisaría que habías dicho.

2. La asistenta no tenía con qué recoger la basura.

3. Amalia acabó por encontrar un periódico para envolver sus alpargatas.

4. De súbito, a Nicolás se le ocurrió a quién entregar la joya que había encontrado.

5. Por fin, Sandra halló el pañuelo con que restregarse las mejillas.

6. En aquel momento yo no sabía cómo gratificar al muchacho que me había ayudado.

7. Berta necesitaba otra chica con quien compartir la habitación.

8. Nadie sabía cómo valorar aquella joya.

9. El arriero encontró en el corredor un rincón donde colocar su catre.

10. En esa circunstancia deberías saber a quien acudir.

XII. **Ejercicios del léxico.**

A. **Traduzca al chino las siguientes oraciones fijándose especialmente en las palabras destacadas a la cabeza de cada grupo, cuya traducción varía según el caso.**

armar(se)

1. En la historia no han faltado casos en que naciones pequeñas y débiles consiguieron expulsar a invasores poderosos, *armados* hasta los dientes.（武装）

历史上不乏弱小国家将武装到牙齿的强大侵略者赶出国土的例子。

2. ¿Cómo se te ha ocurrido desmontar el reloj si no eres capaz de *armarlo* de nuevo?（组装）

要是不会重新装起来，你怎么就心血来潮把它拆了呢？

3. Noto algo raro en esa gente. Parece que está *armando* alguna intriga.（策划）

我发现那伙人鬼鬼祟祟的。他们好像在策划什么阴谋。

4. No veo el motivo de *armar* semejante gresca.（掀起）

我看不出为什么要这样大吵大闹。

asistir

1. Trataremos de encontrar el mejor cirujano de la ciudad para que *asista* al joven atropellado por un automóvil.（救治）

我们一定会找全市最好的外科医生救治这个被汽车撞伤的小伙子。

2. Ya deja de disputar con Gumersinda. No te *asiste* la razón.（支持，支撑）

你别跟Gumersinda争了。你不占理。

3. El ingeniero pidió que, para armar el gigantesco artefacto que había inventado, lo *asistieran* por lo menos diez técnicos.（协助，当助手）

工程师要求至少要10名技术员帮助他一起把他发明的庞大机器组装起来。

4. Todo el mundo se disputaba por *asistir* a aquella celebración que, según decían, sería fabulosa.（参加，出席）

大家都争着去参加那场据说会十分精彩的庆典。

atropellar

1. Al chofer lo metieron en la cárcel por *haber atropellado* a un anciano.

司机因为轧了一位老人坐了牢。

2. De repente, el ladrón salió de su escondite y se abrió paso *atropellando* a los policías que lo rodeaban.

突然，小偷从藏匿的地方出来了，推开周围的警察往外冲。

3. ¿Cómo pudiste tolerar que *atropellaran* tus derechos?（践踏，无视）

你怎么能容忍他们践踏你的权利？

4. La corrupción y la impunidad son formas vergonzosas y deplorables con las que se *atropella* a diario la moral y las leyes de un país.

腐败和犯罪分子逍遥法外这些令人无地自容和为人诟病的现象，让一个国家的道德和法律不断被践踏。

encerrar(se)

1. Iván ha tenido su coche *encerrado* bajo llave en el garaje durante los seis meses que duró su ausencia. Ahora que ha vuelto, no lo puede usar porque ha perdido la llave y forzar la cerradura le está resultando un asunto muy complicada.

Iván半年没在家，就把自己的汽车锁在了车库里。现在他回来了，却因为车钥匙丢了，开不了车。撬锁对他来说太难了。

2. Señora, por favor, *encierre* sus gallinas en el corral para que no salgan a estropear los cultivos.（关进）

女士，劳驾您把鸡关进鸡窝，别让它们踩坏了庄稼。

3. ¿Qué extraño rito celebrará ese grupo de gente, que ha tenido que *encerrarse* en ese sótano oscuro y húmedo?

那帮人把自己关在又黑有潮的地下室里，在举办什么古怪的仪式？

4. Sonia dijo que *se encerraría* todo el día en su habitación para que nadie la molestara, porque le urgía terminar su tesis de doctorado.（关进，躲进）

Sonia说她整天都要躲在自己的房间里，以免旁人打扰，因为她急着完成博士论文。

espléndido

1. Normalmente, en esta época llueve mucho en este pueblo, pero el tiempo les ha regalado a ustedes, para su paseo, un *espléndido* día de sol.

一般在这个季节里，这个小城雨水不断。但是今天你们来游览，阳光明媚，是老天对各位青睐有加。

2. Os agradezco que me hayáis invitado a vuestra casa: fue una *espléndida* fiesta la que organizasteis en honor de la profesora venezolana recién llegada.

非常感谢你们邀请我来你们家做客。你们为欢迎新来的委内瑞拉老师举办的聚会非常好。

3. Los ganadores del torneo no pudieron quedar más contentos con los *espléndidos* obsequios recibidos de manos del alcalde de la ciudad.

比赛优胜者从市长手中接过精美的奖品，满足之情无以复加。

4. Todos los presentes felicitaron calurosamente a la joven pianista por su *espléndido* concierto de música barroca.

所有观众都对那位青年钢琴家举办的精彩巴洛克音乐会表示热烈祝贺。

estremecer(se)

1. A pesar de una cuidadosa asistencia médica, la paciente seguía *estremeciéndose* con unos extraños escalofríos.

尽管接受了悉心治疗，那位女性患者仍然莫名其妙地打寒战，浑身发抖。

2. Aquel escándalo de corrupción que involucraba a varios altos funcionarios fue de tal magnitud, que *estremeció* a toda la nación.

那个贪腐大案牵涉数位高官，规模之大，举国上下为之震动。

3. Al enterarme de lo que habías hecho, *me estremecí* de rabia e indignación, tanto, que tardé mucho en recobrar la calma.

听了你的话，我气得浑身发抖，过了很久才平复下来。

4. Aquella noche, una estruendosa explosión de origen desconocido *estremeció* toda la zona residencial.（震撼，使震动）

那天晚上，一声来路不明的巨大爆炸声让整个居民区感到惊恐。

hundir(se)

1. Pasan cosas raras en esta zona pesquera. ¿De qué van a vivir, digo yo, esos pescadores que, en protesta por los bajos precios del pescado, *hunden* sus barcas?（使沉没）

最近发生在这个以捕鱼为生的地区的事情让人匪夷所思。按我的想法，那些渔民为了抗议鱼价过低而把渔船沉入海底，那他们以后以什么为生呢？

2. La noticia estremeció a todo el mundo. A mí, especialmente, me dio la sensación de que se me *hundía* el suelo.

消息震惊了全世界。特别是我，我感觉天塌地陷。

3. Debido a la mala calidad de los materiales empleados, *se hundió* el puente recién construido. Las autoridades han iniciado una investigación para dar con los culpables.

由于使用的材料质量低劣，刚建好的桥塌了。相关部门已经开始调查，以求找出责任人。

4. Cuando *se hundió* el Imperio Romano，Europa entró en un período histórico denominado Edad Media.

罗马帝国灭亡后，欧洲进入了被称为"中世纪"的历史时期。

perder(se)

1. No te imaginas lo olvidadizo que es ese hijo mío. Cada vez que regresa del colegio, se lamenta de *haber perdido* algo.

你想象不到我那个儿子有多么丢三落四。每次从学校回来，都抱怨说丢了东西。

2. Cualquiera se puede *perder* en una tumultuosa manifestación como esta, así que, mejor, dame la mano y no me sueltes, pase lo que pase.

谁都可能在这么乱的游行中走丢，所以你最好拉住我的手，不管发生什么都别松开。

3. ¿Todavía no comprendes que ha sido tu falta de honradez lo que te *ha perdido*?

你还没明白，是你的不诚实毁了你。

4. Está a la vista que el equipo B va a perder.

很明显，B队要输。

rasgo

1. Le pedí un autógrafo a la escritora y ella me escribió una dedicatoria con letra de *rasgos* tan enmarañados, que resultó una cosa ininteligible.

我请女作家为我签名。她给我写了几句话，笔迹潦草，根本没办法看清楚。

2. Dicen que los perros no reconocen a las personas por sus *rasgos* físicos, sino por su olor.

据说狗是通过体味，而不是面貌特征辨识人的。

3. Profesor, ¿me puede resumir en pocas palabras los *rasgos* principales del humanismo?

老师，您能用几句话概括一下人文主义的主要特点吗？

4. Aquel *rasgo* de heroicidad de Humberto nos sorprendió a todos, pues siempre lo habíamos creído un muchacho indiferente y temeroso.

Humberto见义勇为的行为让我们大吃一惊，因为我们之前一直以为他冷漠、胆小。

reflejar(se)

1. Se miró en el espejo y se llevó un gran susto: la figura que *se reflejaba* en él no parecía suya.（映照在）

她一照镜子，吓了一跳：镜子里的人一点不像她。

2. ¡Qué bonito paisaje con la montaña cubierta de vegetación, *reflejada* en el lago!（映照出倒影）

长满树木的大山倒映在湖水中，风景漂亮极了！

3. La forma atropellada en que hablaba *reflejaba* a las claras su agitación.（反映出）

她慌张的语气，明显反映出她很紧张。

4. El director filmó una nueva película que reflejaba muy bien los conflictos sociales de su país.（反映，表现）

导演拍了一部新电影，很好地反映了他们国家的社会冲突。

valorar

1. La fortuna que poseen esas personas está *valorada* en miles de millones.（估价）

那些人的财产估计有数十亿。

2. Lo que más *valoro* en Sergio es su honradez.（珍视，看重）

我看重Sergio的是他的真诚。

3. Todavía no se sabe cómo *valorar* el significado del más reciente hallazgo arqueológico.（评估，评价）

目前还不知道如何评价最近一次考古发现的意义。

4. Me pone enfermo la gente incapaz de *valorar* la importancia de la amistad.（珍视，看重）

那些不知道珍视朋友情谊的人让我不舒服。

B. Traduzca al español las siguientes oraciones.

1. "Si no dejas de hacer travesuras, te voy a encerrar en tu cuarto todo el día", le amenazó la madre a su pequeño, que acababa de romper tres platos.

2. Al entrar en aquella sala tan espléndidamente iluminada sentí un repentino vértigo.

3. El ingeniero propuso hundir el puente viejo para construir otro nuevo.

4. ¡Deja de restregarte los ojos con esas manos sucias!

5. Tu amigo ese es una persona de raro carácter: anda armando grescas por cualquier cosa.

6. El exceso de elogios han perdido al joven escritor.

7. ¿Qué lío estás armando en secreto, encerrado, solo, en tu habitación?

8. El terrible ataque terrorista contra un hospital estremeció a toda la población.

9. No podemos tolerar que atropelles a tu antojo a los demás.

10. ¿En cuántos euros valoras esa joya que has visto en el museo?

11. Yo sostengo que sus palabras reflejan el sentimiento de la mayoría.

12. Restriega más fuerte, si no, no podrás quitar esas manchas de la mesa.

C. Al escuchar la perífrasis, diga el vocablo o expresión correspondientes.

1. aflojar   2. ahogar   3. brillar   4. duermevela   5. extraviarse
6. hereje   7. recobrar   8. revolver   9. sentido   10. ventilación

XIII. Dictado.

录音（Transcripción）

Felisa, chica campesina, vivía con su familia en un pueblito apartado de Galicia, España. Sus días transcurrían tranquilos hasta que un día apareció un forastero llamado Lázaro. Desde un principio, Felisa tuvo la sensación de que el hombre la perseguía con su mirada triste, algo que, curiosamente, ejercía en ella cierta atracción, lo que hizo posible que cayera en la debilidad de dejarse seducir. De esta relación, nació una niña que no tardó en morir, al mismo tiempo que su padre desaparecía. Los infortunios de la chica dieron ocasión para que en el pueblo se desataran la maledicencia y las murmuraciones, que fueron haciendo insoportable su existencia en el pueblo. Entonces, sus íntimas amigas le aconsejaron que se fuera a Madrid a buscar trabajo como asistenta y ganar algo de dinero. Sin embargo, la cosa no le salió tal como había deseado. Es sabido que el oficio a que se dedicaba no estaba bien pagado, de modo que ni siquiera le permitía alquilar una vivienda adecuada. Se veía obligada a compartir, con una vieja mendiga, sucia y gruñona, un cuartucho mal ventilado que siempre olía a sudor y a basura.

Una tarde, después de acabar las faenas en una casa ubicada en un barrio desconocido, cuando viajaba de regreso, se extravió y comenzó a dar vueltas y más vueltas, hasta que, de repente, sin haber salido de esa confusión y angustia, un automóvil la atropelló. Herida, fue llevada al hospital, donde murió.

XIV. Escuche la grabación y luego haga una versión oral resumida.

录音（Transcripción）

Moisés es un hombre de comportamiento tan singular que desconcierta y horroriza a todos los que tienen trato con él. Desde casi siempre, viene cometiendo incesantes errores de catastróficas consecuencias. A pesar de esto, no solo se niega a atender las críticas y los consejos de los demás, sino que insulta, incluso, castiga duramente a cualquiera que se atreva a contradecirlo. Veamos algunos daños irreparables causado por él:

Su hija de siete años es ciega. ¿Saben por qué? Porque cuando la niña cumplió un año y comenzó a tener uso de razón, el padre le tapó los ojos con vendas oscuras para que no viera las cosas feas que ocurrían en su entorno. Como era de esperar, la vista de la niña se fue atrofiando hasta que ella quedó convertida para siempre en invidente.

Actuando de manera parecida, insistió en obstruirle al segundo hijo los oídos con herméticos tapones a fin de que el pequeño, que había empezado a balbucear cosas inentendibles, no llegara a articular, en palabras, las groserías que podía oír pronunciar a la gente a diestra y siniestra.

Hace un año, el matrimonio tuvo un tercer hijo. Cuando el niño mostraba señales de empezar a hablar, su mujer le suplicó que no volviera a cometer otra estupidez. El hombre no dijo ni sí ni no.

Un día, le tocó bañar a la criatura. Al cabo de un rato se le oyó murmurar:

"Esta agua está muy sucia. Hay que cambiarla."

Alzó la palangana con el niño dentro, se acercó al río y arrojó ahí todo el contenido del recipiente.

XV. Trabajos de casa.

3. Traduzca al español las siguientes oraciones:

1) Marco, afloja la cuerda, que se va a romper.

2) Me lancé al lago para salvar al niño que se ahogaba.

3) Anochecía cuando llegamos al destino.

4) No todo lo que brilla es oro.

5) Siempre me extravío en ese gigantesco centro comercial.

6) ¿No lo sabes? Todos los amigos te apreciamos por tu honradez/Valoramos mucho tu honradez.

7) No se preocupen. La paciente ya ha recobrado la conciencia.

8) No revuelvas más la sopa en el plato. La estás estropeando.

9) Nuestros sentidos son: la vista, el oído, el olfato, el paladar y el tacto.

10) El trayecto entre esas dos ciudades es muy corto. Uno no tarda mucho en recorrerlo.

第十二课

从帕斯卡尔计算器到电脑

（根据同名文章改编，选自儿童环球图书馆"伟大飞跃"系列第9册《发明与发现》，马德里桑迪亚纳出版社，1972年）

在所有文明中，"计算"始终是人们关注的问题。原始人竖起手指、脚趾，扳着一个个指头数着月相；古埃及人借助尺子和圆规丈量土地；因为有了砝码和天平，腓尼基商业发达；古希腊人以推演定理、计算圆周为乐；罗马人则用算盘掌控着自己的财富。得益于这些系统的方法，算术逐渐发展，技术不断完善，使科研的深度和精准度不断提升成为可能。

然而，随着科学范畴不断延展，计算变得越来越复杂。简单的求和很容易解决，但许多简单求和加在一起，例如做100万次加法就是一次非常费时、费力的操作。如果除了求和还要求差，再做成百上千次乘法、除法，那么任何人都会筋疲力尽，中途放弃。

历史上每个时代都有自己解决计算问题的工具。我们的时代拥有电子计算机，又叫"电子大脑"。这个名字也许有些夸张，但它说明这一设备比以往任何同类机器都更高级。

很少有发明像"电脑"一样出自许多发明者之手。计算机集诸多发明于一身，在几百年的时间里不断完善，并运用了多项新的数学理论。计算机之所以能在20世纪问世，取决于两个要素：第一，从技术层面上讲，人类在电子领域取得了进步；第二，从数学角度来讲，人类发明了计算机赖以运行的基本机制——二进制。

世界上第一批投入应用的电脑诞生于美国，是第二次世界大战期间由美国政府委托制造的，主要用于防空高射炮炮弹自动导向系统和核能研究。

第二次世界大战后，计算机为各个领域带来的巨大益处显露无遗，包括公共管理、工业制造和科学研究等各个方面。由此，电脑开始被广泛应用。

但世界上第一台计算机——不是电子计算机——的历史要追溯到17世纪中叶。这台电子计算机发明于路易十三时期的法国，时间为1642年。不过，直到将近19世纪，这一发明都没能得到普及。

这台计算机的发明人名叫布莱兹·帕斯卡尔，他的父亲是军队中的一位出纳。毫无疑问，正是父亲的工作让他有了设计一台机器的想法，这样可以方便父亲——肯定也包括其他家人——每个月计算士兵薪水。

站在我们所处的时代看，帕斯卡尔计算机的机制很简单。它由不同大小的齿轮组成，个位上的齿轮每转十圈，十位上的齿轮转一圈，十位上的齿轮转动十次，就带动百位上的齿轮转动一次，以此类推。

运用类似机制的器械还有机动车计程器，一种标记机动车行进距离的装置。齿轮每转1000圈，里程计就记录1000米，以此类推。一些商业机构的记录仪器也和帕斯卡尔的"算数机"运行原理相似。

之后，许多发明家不断对帕斯卡尔的计算器进行完善，但机器的本质始终没有改变，即都是手动的，而且只用于算术运算。

虽然"算数机"和现代电脑之间差距巨大，但它们的运行原则均出自一个想法，即把繁复的数学运算转化成一系列基础性操作，从而节省时间和脑力。

现在，电脑已在各行各业被普遍使用，很难说哪个领域不使用电脑。随便一家企业，不管是生产性的、商业性的还是金融性的；或一家机构，不管是政府机关、旅行社还是其他机构，都能看到计算机这个神奇的装置让人类的活动更舒适、更高效、更精准，甚至更创新。最令人惊奇的是，它正不断进入越来越多的家庭。如果你有一台个人计算机或笔记本电脑，而且还接入了互联网，就能明白"信息时代"一词的含义。

许多近代发明已经高度融入我们的日常生活，以至于我们对它们习以为常，殊不知它们一个个都是名副其实的神器。例如，看见飞机飞行或是乘坐飞机在空中移动，没有人会感到惊奇，也很少有人会去想，为了让这样一个沉重的庞然大物起飞并高速飞行，科学家曾长期攻坚，完成克服地球引力这个多少年来似乎不可能完成的任务，进而驯服自然。如今，在电视前看到直播发生在千里之外的事情，有谁会感到惊讶？没有。假如能让一位古时候的科学家复活，告诉他影像可以远程传输，并且让他坐在电视机前亲眼看到这一景象，他会有何反应？在对电视机的运行机制感兴趣之前，他的第一反应恐怕是惊叹，而且会惊叹很长时间。

这些发明让我们的生活变得更舒适，但有些发明因使用不当也会伤害我们，尤其是青年人。我们就是这样：作为互联网、手机、社交软件等无数新旧发明的普通使用者，用这些发明解决生活中复杂问题的同时，却没有发觉自己已经失去了惊讶和赞叹的能力。

练习参考答案

I. **Siguiendo la grabación, lea el siguiente poema.**
略。

II. **Conjugue los siguientes verbos en todas las personas, modos y tiempos indicados.**
略。

III. **Escuche las preguntas sobre el texto y contéstelas oralmente en español.**
录音（**Transcripción**）

1. ¿Qué actividad ha constituido siempre una preocupación constante en todas las civilizaciones desde la antigüedad?

2. ¿Cómo calculaban los hombres primitivos?

3. ¿Cuáles fueron los más notables logros matemáticos en las antiguas culturas mediterráneas?

4. ¿Qué importancia ha tenido para la humanidad esa metódica costumbre de calcular?

5. ¿Qué ocurría con el cálculo a medida que avanzaba la ciencia?

6. ¿Cómo se llaman las cuatro operaciones básicas de la aritmética?

7. ¿Se suele efectuar una sola operación en nuestras actividades cotidianas?

8. ¿Qué ocurre si se mezclan varias operaciones cuando se hace algún cálculo?

9. ¿Cuál es el instrumento más eficaz en nuestra época para resolver el problema del cálculo?

10. ¿Crees que es realmente exagerado el nombre de cerebro electrónico, aplicado a la computadora electrónica? ¿Por qué?

11. ¿Se ha inventado en forma fácil y en corto tiempo el ordenador?

12. ¿Cuáles han sido los factores decisivos que han hecho posible su invención?

13. ¿En qué circunstancias surgieron los primeros cerebros electrónicos?

14. ¿En qué actividades se usaron al principio?

15. ¿A qué campos se extendió su aplicación desde la guerra?

16. ¿En qué fecha apareció la primera calculadora mecánica?

17. ¿Quién fue su inventor?

18. ¿Por qué se le ocurrió inventar un aparato de ese tipo?

19. ¿En qué consistía el mecanismo del invento de Pascal?

20. ¿Sigue sirviendo en nuestros días el mismo mecanismo?

21. ¿Permaneció siempre en las mismas condiciones el artefacto que ideó Pascal?

22. A pesar de su incesante perfeccionamiento, ¿tuvo cambios esenciales?

23. ¿En qué consiste la diferencia que separa la calculadora de Pascal de un ordenador moderno?

24. ¿Cuál es el principio de funcionamiento de una computadora electrónica?

25. En la actualidad, ¿está limitada su aplicación?

26. ¿Cuáles son las principales ventajas que ofrece un cerebro electrónico?

27. ¿Se reduce su uso a los campos públicos?

28. ¿Cómo se llama nuestra época en que el ordenador individual es, conectado a internet, una herramienta de uso cotidiano para gran parte de la población mundial?

29. Cite algunos casos corrientes para nosotros, en apariencia desprovistos de novedad y del efecto de asombro, pero que para gente de otros tiempos serían fenómenos sumamente fabulosos e inimaginables.

30. ¿Es la comodidad la única cosa que nos deparan estos inventos tecnológicos?

31. ¿Cuáles pueden ser los daños que causa el mal uso de ellos?

32. ¿Dispones tú de un ordenador? ¿Qué haces con él?

答案（Clave）

1. Desde la antigüedad, en todas las civilizaciones hacía falta calcular, entre otras cosas, para contar las fases de la luna, medir la superficie de un terreno, saber el peso de productos, determinar el tamaño de la rueda antes de fabricarla y confirmar la ganancia de un negocio.

2. Los hombres primitivos recurrían a sus diez dedos para contar, de lo cual surgió lo que se llama el sistema decimal.

3. Los egipcios inventaron la regla y el compás para medir sus tierras, los fenicios supieron utilizar pesas y balanzas para valorar ganancias y pérdidas comerciales, los griegos idearon teoremas en su afán por conocer los misterios de la naturaleza, y los romanos crearon ábacos que les facilitaban enormemente las operaciones de cálculo.

4. Esa metódica costumbre de calcular impulsó el perfeccionamiento de la técnica y el progreso de la ciencia.

5. A medida que la ciencia iba abarcando cada día mayor número de aspectos de la vida humana, el cálculo se complicaba cada día más.

6. Son la suma, la resta, la multiplicación y la división.

7. No. Frecuentemente no solo se repiten las sumas, las restas, las multiplicaciones y las divisiones, sino que también hace falta mezclar las cuatro operaciones.

8. Mezclar cuatro operaciones implica realizar una actividad mental tan laboriosa y de tanta demanda de tiempo que no hay cerebro humano que no se fatigue y renuncie finalmente a buscar el resultado.

9. Es la computadora, ordenador en España. También se llama metafóricamente cerebro electrónico.

10. Sí, me parece una denominación un tanto exagerada. Pues, a pesar de su eficiencia, rapidez e incluso creatividad en la solución de problemas, no creo que haya alcanzado la flexibilidad y la imaginativa del cerebro humano. Pero el nombre vale teniendo en cuenta su notable superioridad respecto al funcionamiento de otras máquinas ya existentes.

11. No, en realidad es la suma de muchos descubrimientos y el resultado de varios siglos de perfeccionamiento, así como la consecuencia del surgimiento de nuevas teorías matemáticas, que ha demandado el esfuerzo de varias generaciones de inventores.

12. Han sido dos los factores decisivos que han hecho posible la aparición del ordenador: uno, de carácter técnico, en el que cabe mencionar los progresos realizados en electrónica; otro, de naturaleza teórica, consistente en el descubrimiento del sistema binario por el que se rigen todas las computadoras.

13. Los primeros ordenadores los utilizaron los norteamericanos durante la segunda guerra mundial.

14. Los aplicaron a la dirección automática del tiro de las baterías antiaéreas y a los estudios de energía nuclear.

15. Después de la guerra, debido a sus visibles ventajas, su uso se extendió a muchos otros campos, por ejemplo: la administración pública, la industria, la investigación científica.

16. La primera calculadora mecánica comenzó a usarse en Francia a mediados del siglo XVII, concretamente, en l642.

17. El inventor se llamaba Blas Pascal.

18. Siendo hijo de un pagador real del ejército, Pascal debía de sentir mucha angustia al ver que su padre, y a veces incluso toda la familia, se dedicaban, todos los meses, a laboriosas faenas para calcular los sueldos que había que pagar a los soldados. Entonces, se le ocurrió idear un sistema mecánico de cálculo para ahorrar tiempo y esfuerzos.

19. Se trata de engranajes de diversos tamaños: a cada diez vueltas de la rueda de las unidades se mueve una vez la de las decenas; cada diez vueltas de las decenas equivale a una vuelta de las centenas y así sucesivamente.

20. Sí, el mismo principio sigue aplicándose al cuentakilómetros de los automóviles, a las máquinas registradoras de los establecimientos comerciales, entre otras cosas.

21. No, porque posteriormente muchos otros inventores fueron perfeccionando la calculadora ideada por Pascal.

22. No, a pesar de los incesantes perfeccionamientos, la máquina no sufrió ningún cambio esencial: continuaba siendo mecánica, accionada por una manivela, y sólo era útil para realizar operaciones aritméticas.

23. La diferencia entre ambos artefactos es notoria. La computadora moderna, además de su accionamiento mediante la energía eléctrica, es capaz de efectuar no solo todas las operaciones aritméticas, sino también un sinnúmero de funciones que el hombre le exige, como por ejemplo, redactar textos, hacer diseños, navegar por internet, y muchas otras posibilidades.

24. Es el mismo principio que rige el funcionamiento de la calculadora de Pascal: ahorrar tiempo y esfuerzo mental al transformar operaciones matemáticas laboriosas en una sucesión de operaciones elementales.

25. Evidentemente, no. En la actualidad, su aplicación se ha extendido a tantos campos que resulta difícil decir en qué terreno no se utiliza. Ninguna oficina, sea de índole administrativa, empresarial o comercial, puede estar desprovista de este artefacto que depara comodidad, eficiencia y precisión. Además, ha penetrado en la vida diaria de las familias. ¿Acaso usted no dispone de un ordenador individual que le ayuda a estudiar español y, conectado a internet, le permite informarse fácilmente de todo lo que ocurre en el mundo?

26. La mayor ventaja del cerebro electrónico es su multifuncionalidad. Aparte de eso, la computadora moderna, particularmente en su modalidad portátil, es ya una herramienta imprescindible, sobre todo, para los jóvenes, a quienes se les suele ver viajando con ella por todas partes.

27. No. Como se ha dicho, su uso es muy variado, desde el público hasta el privado.

28. Se llama época informática.

29. Por ejemplo, el avión, un aparato gigantesco y pesado, capaz de levantar vuelo y deslizarse a velocidad en el espacio; el televisor en cuya pantalla se puede presenciar los sucesos que están teniendo lugar en ese mismo momento a miles de kilómetros.

30. No. Nos deparan también efectos negativos que vienen del excesivo uso que se hace de estos inventos, sobre todo, por parte de los jóvenes.

31. Son muchos. Basta con citar los más notorios: hace daño a la vista, el perjudica la salud al obligar a la gente a la vida sedentaria, reduce la comunicación cara a cara entre personas, entre muchas otras cosas.

32. Respuesta libre.

IV. Diga a qué se refiere la parte en cursiva, y en caso de que sea verbo, señale el respectivo sujeto. Todas las oraciones son del texto.

1. *los*: los dedos

   uno: los dedos

   uno: los dedos

2. *sus*: del egipcio

    ayudado: el egipcio

3. *esta metódica costumbre*: hacer cálculos en diversas actividades

4. *necesita*: un millón de sumas distintas

5. *se fatigue*: cabeza humana

    renuncie: cabeza humana

    el resultado: resultado de las operaciones aritméticas de sumar, restar, multiplicar y dividir

6. *la nuestra*: la época

    otorga: el nombre exagerado

    este aparato: el cerebro electrónico

7. *lo*: el cerebro electrónico

    nuestro siglo: el siglo XX

    uno: un factor

    otro: otro factor

    el: el sistema binario

    se rigen: todas las computadoras

8. *los norteamericanos*: los primeros cerebros electrónicos

    construidos: los primeros cerebros electrónicos

    el gobierno: el norteamericano

    encontraron: los primeros cerebros electrónicos

9. *la guerra*: la Segunda Guerra Mundial

    se vieron: las enormes ventajas

    empezaron: las computadoras

10. *este oficio paterno*: pagador real del ejército

    el: el oficio paterno

    lo: a Pascal

11. *contemplado*: el mecanismo

12. *Se trata*: *impersonal*

    la: la rueda.

13. *el*: el mecanismo

14. *la máquina aritmética*: la calculadora de Pascal

    su: del moderno cerebro electrónico

    la: la idea

15. *resulta difícil*: decir en qué terrenos no se utiliza

    se utiliza: el cerebro electrónico

16. *industrial*: empresa

    comercial: empresa

    financiera: empresa

    administrativa: oficina

    turística: oficina

    de otra índole: oficina

    el ingenioso artefacto: el cerebro electrónico

17. *es*: que viene penetrando cada día en mayor número de casas

    viene penetrando: el ingenioso artefacto

18. *parecen*: los inventos

    desprovistas: cosas

    son: cosas

19. *le*: a nadie

    llama la atención: ver volar un avión o estar dentro de él

    estar dentro: nadie

    él: un avión

    desplazándose: un avión

    los: las personas

    un aparato tan grande y pesado: el avión

    se deslice: un aparato tan grande y pesado

    un punto: vencer la ley de la gravedad

20. *está teniendo lugar*: un suceso

21. *le*: a un científico de otros tiempos

    se pueden transmitir: las imágenes

    lo: las imagines se pueden transmitir a la distancia

    lo: al científico de otros tiempos

22. *interesarse*: el científico de otros tiempos

    su: del científico de otros tiempos

    se quedaría: el científico de otros tiempos

23. *cómoda*: la vida

    algunos: los inventos

    ellos: los inventos

han causado: los inventos

siguen causando: los inventos

24. *ellos*: los inventos

V. **Modifique la estructura de cada oración según la indicación que está entre paréntesis, al final de la expresión propuesta.**

1. *En todas las civilizaciones ha existido* siempre una constante preocupación que es calcular.

2. *El hombre primitivo contaba* las fases de la luna juntando sus dedos y recorriéndolos uno a uno.

3. *El egipcio utilizaba* la regla y el compás para medir sus tierras.

4. *Sin el equilibrio mercantil de pesas y balanzas,* el comercio fenicio no habría florecido.

5. *Para el griego,* el teorema y el cálculo del círculo fueron un entretenimiento.

6. *El romano se sirvió de* un ábaco para controlar sus riquezas.

7. *Esta metódica costumbre hizo* posible el perfeccionamiento de la técnica y una ciencia cada vez más profunda y más precisa.

8. *Cada día, una mayor extensión de la ciencia requería* más complicados cálculos.

9. *No hay cabeza humana* que no se fatigue y renuncie a buscar resultados de operaciones que incluyan suma, resta, multiplicación y división al mismo tiempo.

10. *En la nuestra tenemos la computadora electrónica, llamada también cerebro electrónico,* nombre que, a pesar de su exageración, otorga a este aparato una categoría superior a las demás máquinas existentes.

11. El cerebro electrónico ha tenido muchos más inventores que otros inventos.

12. *Son dos* los factores que lo hicieron posible en nuestro siglo: uno, de carácter técnico, fueron los progresos realizados en electrónica, y otro, de carácter matemático, el descubrimiento del sistema binario por el que se rigen todas las computadoras.

13. Los primeros cerebros electrónicos que funcionaron en el mundo *fueron construidos en EE. UU.* por encargo del gobierno durante la Segunda Guerra Mundial.

14. *Después de la guerra, las computadoras empezaron a usarse en gran escala* porque se vieron claramente las enormes ventajas que ofrecían en los más diversos campos, desde los organismos de administración pública a la industria, la investigación científica, etc.

15. La historia de la primera computadora, *que no era electrónica,* se remonta a mediados del siglo XVII.

16. ... la máquina no sufrió ningún cambio esencial *mientras se accionaba mecánicamente, por una manivela,* y sólo era útil para realizar operaciones aritméticas.

17. *Aunque la distancia técnica que separa la máquina aritmética de un moderno cerebro electrónico es grande,* su principio de funcionamiento responde a la misma idea: la de ahorrar tiempo y esfuerzo mental al transformar operaciones matemáticas laboriosas en una sucesión de operaciones elementales.

18. Actualmente, la aplicación del cerebro electrónico se ha extendido a tantos campos que *apenas hay terrenos en que no se utilice.*

VI. **Sustituya la parte en cursiva por alguna expresión sinónima o afín según el contexto.**

1. El egipcio midió sus tierras *utilizando/sirviéndose de/valiéndose de* la regla y el compás.

2. El comercio fenicio *creció/se desarrolló/aumentó debido al/a causa del* equilibrio mercantil de pesas y balanzas.

3. Gracias a esta metódica costumbre, la técnica fue perfeccionándose y *haciendo posible* una ciencia cada vez más profunda y más precisa.

4. Una simple suma es una operación *simple/fácil* de resolver.

5. Un millón de sumas es una operación muy laboriosa y *requiere/gasta/demanda* mucho tiempo.

6. ... no hay cabeza humana que no *se canse/se agote* y *se niegue* a buscar el resultado.

7. ... nombre *tal vez/a lo mejor/probablemente* un poco exagerado, pero que *concede/depara/proporciona* a este aparato una categoría superior a las demás máquinas existentes.

8. Dos factores lo hicieron posible en nuestro siglo: uno de carácter técnico, fueron los progresos *hechos/efectuados/logrados/conseguidos/obtenidos* en electrónica, ...

9. Después de la guerra se vieron claramente las enormes ventajas que las computadoras *mostraban/presentaban* en los más diversos campos y empezaron a *utilizarse/usarse/emplearse* en gran escala.

10. La invención de esta calculadora mecánica *sucedió/ocurrió/se produjo/surgió* en Francia.

11. La invención de esta calculadora mecánica tuvo lugar en Francia, en 1642, bajo el reinado de Luis XIII, *a pesar de que/si bien* el invento no llegó a generalizarse hasta mucho tiempo después, casi en el siglo XIX.

12. El mecanismo de la máquina de Pascal, *visto/observado/valorado/juzgado* desde nuestra época, resulta sencillo.

13. ... un engranaje *calcula/cuenta* los metros.

14. ... la máquina no sufrió ningún cambio *fundamental/sustancial/básico*.

15. Sin embargo, *a pesar de* la gran distancia técnica que separa la máquina aritmética de un moderno cerebro electrónico, su principio de funcionamiento responde a la misma idea: la de *economizar/gastar menos* tiempo y esfuerzo mental.

16. Basta con ver cualquier empresa, ... para enterarse de la comodidad, eficiencia, precisión y hasta creatividad que *proporciona/ofrece* el ingenioso artefacto a las actividades humanas.

VII. Sustituya la parte en cursiva por una construcción preposicional.

1. El romano controló sus riquezas *por medio de* un ábaco.

2. *A medida que* la ciencia se hacía más extensa, los cálculos eran cada vez más complicados.

3. Eran importantes aquellos progresos llevados a cabo *a lo largo de* siglos.

4. Las computadoras comenzaron a aplicarse *a gran escala*.

5. *Sin duda alguna* fue el oficio paterno el que lo llevó a inventar una máquina capaz de simplificar las complicadas operaciones de suma, resta, multiplicación y división.

6. Funcionan *de la misma manera* el cuentakilómetros de los automóviles y las máquinas registradoras de algunos establecimientos.

7. El forastero daba muerte a las palomas *a mordiscos*.

8. A pesar de todo su poderío, el imperio se derrumbó *al fin y al cabo*.

9. La gente vivía *en la mayor miseria*.

10. Se esforzó *en vano/de balde*.

VIII. Rellene los espacios en blanco con construcciones preposicionales.

1. Conocimos al joven inventor *a través del* gerente de una empresa.

2. *A lo largo de* la historia de la antigüedad, Grecia nunca llegó a ser un país poderoso.

3. Los invasores conquistaron a los aborígenes *por medio de* intrigas y traiciones.

4. *En comparación con* el año pasado, el Producto Nacional Bruto no ha crecido mucho.

5. Los visitantes recorrieron aquel país *a lo largo* y *ancho de* su hermosa tierra.

6. *A diferencia del* moderno cerebro electrónico, la primitiva calculadora funcionaba mecánicamente accionada por una manivela.

7. Las primeras computadoras electrónicas se fabricaron *a petición/por el encargo del*

gobierno estadounidense.

8. Para poder escribir un reportaje (报道), la periodista estuvo varios días *en compañía de* aquellos refugiados.

9. En muchos establecimientos todavía se utilizan ábacos *en lugar/vez de* calculadoras modernas.

10. *De acuerdo con* los teoremas matemáticos que yo conozco, no debería haberse obtenido este resultado.

IX. **Para imprimir un tono enfático a la disyunción —está en cursiva—, agregue la forma adecuada del verbo *ser*.**

1. En ese museo, se puede ver todo tipo de instrumentos antiguos para hacer diversos cálculos: **sean** *ábacos, reglas, compases, pesas o balanzas*.

2. Los cálculos se fueron complicando debido a múltiples circunstancias: **fuese** *el crecimiento demográfico, la ampliación industrial y comercial o la complejidad de la vida social*.

3. Lo que ocurre es que los científicos rechazaron aquel nombre, **fuera** *por exagerado, por largo, por difícil de pronunciar o por capricho*. ¡Qué sé yo!

4. A mí me da lo mismo el nombre de esta nueva máquina —**sea** *computadora, ordenador, calculadora electrónica o cerebro electrónico*—, lo que me importa es su enorme utilidad.

5. Dos factores —**sean** *los progresos efectuados en electrónica o el descubrimiento del sistema binario*— resultaron decisivos para la invención del ordenador.

6. Ya en un principio, el nuevo artefacto encontró aplicación en diversos terrenos: **fuese** *en decisiones estratégicas* (战略的)*, en la dirección automática del tiro de las baterías antiaéreas o en estudios de energía nuclear*.

7. Después de la guerra, la aplicación de las computadoras se extendió mucho: **fuese** *en los organismos de administración pública, en la industria, en el comercio, o en la investigación científica*.

8. El nuevo invento no llegó a generalizarse hasta mucho tiempo después, casi en el siglo XIX. Las causas —**fuera** *la ignorancia pública, el poco interés de los gobernantes, o el atraso social*— pudieron haber sido muchas.

9. Muchos otros aparatos —**sea** *el cuentakilómetros de los automóviles, sean las máquinas registradoras de algunos establecimientos*— se rigen por el mismo mecanismo.

10. En todo caso, tendrás que ahorrar en algunas de estas cosas: **sea** *en tiempo, en dinero o en esfuerzos*.

X. **Ejercicios del léxico.**

A. **Complete las siguientes oraciones utilizando las siguientes voces o sus derivaciones.**

1. Después de *calcular* los gastos de su futura boda, los novios se dieron cuenta de que la suma resultaba *fabulosa*. Claro que podían *ahorrar*, ¡pero hasta cuándo!

2. Sabemos que *por medio del* lenguaje los hombres nos entendemos unos a otros. Pero, además de esto, ¿existen otros *medios* de comunicación?

3. *Gracias a* su oportuna intervención, pudimos *resolver* los problemas que nos preocupaban.

4. Una vez hechos los *cálculos* del dinero que se requería, los dos científicos *resolvieron* abandonar el proyecto.

5. Todos los funcionarios tendrán que ser conscientes de que ellos están *al servicio de* los ciudadanos y no al revés.

6. Yo ya sabía que el novio de Berta, mi mejor amiga, la está engañando, pero no me he atrevido, hasta el momento, a decirle nada para *ahorrarle* un disgusto.

7. ¡Hombre, no *exageres*! El trayecto que tú dices lo he recorrido varias veces y no me parece tan largo.

8. La invención de la computadora electrónica *marcó* una nueva época.

9. Hemos recurrido a diversos *medios* para evitar el conflicto entre esa gente, pero, desafortunadamente, ninguno *funcionó*.

10. Me pareció toda una *exageración* cuando Julián afirmó que aquel suceso insignificante había estremecido a todo el país.

11. El viejo matrimonio vivía precariamente con el escaso *ahorro* que les quedaba.

12. Escucha, ese ruidito raro indica que hay algún problema en el *funcionamiento* de la ventiladora.

13. ¿A qué viene esa desesperación tan *exagerada* si no ha pasado nada grave?

14. Se está investigando de dónde ha sacado esa *fabulosa* cantidad de dinero aquel funcionario de alta categoría.

B. **Traduzca al español las siguientes oraciones.**

1. Al hombre lo echaron en prisión porque se había puesto al servicio de los japoneses durante la guerra.

2. No hace falta que intervengas. Todo está resuelto.

3. Los refugiados fueron ahí en busca de medios de subsistencia.

4. Según los cálculos, se sacó una suma fabulosa.

5. ¿Cuántos goles ha marcado tu equipo?

6. No entiendo del funcionamiento de este aparato. ¿Me lo puedes explicar?

7. Gracias a aquella oportunidad, pudo ahorrar un poco de dinero.

8. No creas en sus palabras. Le gusta exagerar.

9. ¿Qué crees? Él ha conseguido el puesto por medio de la influencia de su padre.

10. Aquí tienes la lista de las compras. Calcula cuánto dinero se requiere/se necesita/ hace falta.

C. Al escuchar la perífrasis, diga el vocablo o expresión correspondientes.

1. ábaco 2. aritmética 3. centena 4. comodidad 5. deslizar

6. fatigar 7. laborioso 8. otorgar 9. portátil 10. renunciar

XI. Complete las oraciones eligiendo, de las palabras dadas al final de cada oración, la más adecuada (o las más adecuadas) para el contexto.

1. Lo hemos oído todo. ¿Cómo puedes *negarlo*?

2. Esta sala ya no *pertenece* a nuestro grupo. Ahora la ocupa el grupo B.

3. Al ver que la anciana se iba a caer, el muchacho corrió y logró *sostenerla* entre sus brazos.

4. Dicen que se va a *formar* un equipo de fútbol en la facultad. ¿Vas a participar en él?

5. Lo que acabo de decir es pura verdad. Y lo *afirmo* una vez más, a pesar de que ustedes no lo creen.

6. Como detesto las disputas, siempre trato de *evitar* hablar con él.

7. Está decidido a llevar a cabo su audaz proyecto. Nadie puede *detenerlo*.

8. Al ver que nadie estaba de acuerdo con él, no tuvo más remedio que *abandonar* su descabellada idea.

9. No me siento digno de ningún agradecimiento. En cambio, *me enorgullezco/me alegro* de haber podido serles útil en algo a ustedes.

10. Paco es un hombre terco. Cuesta trabajo *convencerlo* de que las cosas no son como él piensa.

11. Como no le gustan los ruidos de la ciudad, ha decidido *trasladarse al/establecerse en el* campo.

12. A pesar de ser bastante ambicioso, tu proyecto resulta *aceptable*.

XII. Conjugue los infinitivos que están entre paréntesis en el tiempo y la persona correspondientes.

(Continuación del ejercicio XII, Lección 2, de este tomo)

Cuando unos minutos más tarde, *llegaron* mis compañeros, les *expliqué* en pocas palabras lo ocurrido. Me *miraron* sorprendidos. Todo les *parecía* muy extraño. En seguida me *subí* al caballo y *seguimos* nuestro camino.

Media hora después, *llegamos* al parador de Bellaver. *Créanme*, amigos, este parador *era* el lugar más misterioso, frío y triste que yo *podía* imaginar.

Corrimos a sentarnos alrededor del fuego. *Estábamos* muy cansados y *teníamos* hambre y frío.

Mientras nos *preparaban* la cena, yo *miraba* cómo *se movía* el fuego. Su color *cambiaba* lentamente del azul más pálido al rojo más profundo y encendido. Su sombra *jugaba* en los cristales de las ventanas y sobre las sucias y húmedas paredes de la habitación.

Empezamos a cenar. Con la comida *pedimos* un buen vino para olvidarnos del frío. Todos *estábamos* nervioso esperando la historia de la Cruz del Diablo.

Cuando *estábamos* en los postres, nuestro guía *terminó* su vaso de vino, *se limpió* la boca con la mano y con voz grave *comenzó* a hablar.

Esa noche nos *contó* la historia más increíble que *he oído* en toda mi vida.

(*La Cruz del Diablo*, Gustavo Adolfo Bécquer, p.11,

Español, Santillana/Universidad de Salamanca, Madrid, 1991)

XIII. Dictado.

录音（**Transcripción**）

¿Qué es más útil? ¿El tren o el bolígrafo? Depende. Para muchos que no escriben a menudo, pero se ven obligados a desplazarse en tren diariamente, en efecto, el bolígrafo no le sirve mucho en sus quehaceres habituales. Para muchos otros que, a lo mejor, apenas viajan en tren una vez al año y, sin embargo, no pueden dejar de escribir, hacer cálculos, preparar clases o firmar cartas, el bolígrafo les ha de resultar imprescindible. Sea como fuese, queda muy clara una cosa: La gran mayoría sabe —o desea saber— quién inventó la locomotora, pero nadie sabe ni se interesa por saber el nombre del inventor del bolígrafo.

Similar caso ocurre con centenares de miles de inventos, a pesar de que son artefactos que desempeñan un importante rol en nuestra vida cotidiana: sin ellos estaríamos privados de muchísimas comodidades.

A partir de los siglos XIX y XX, numerosos inventos vienen estableciéndose entre nosotros de manera tan arrolladora, que el hogar de cualquier familia podría pasar por un museo donde se exhiben su enorme variedad. Estamos tan familiarizados con ellos que ni siquiera se nos ocurre preguntar quién los ha inventado.

XIV. Escuche la grabación y luego haga una versión oral resumida.

录音（Transcripción）

Una tarde, yo estaba en un bar tomando mi té caliente y sin azúcar, para respirar un poco y relajarme después de los intensos trabajos de la mañana. De repente, vi que entraba una pareja. El chico le rodeaba a la chica por la cintura con un brazo a la vez que le murmuraba algo al oído. Se notaba claramente que estaban enamorados. Los dos se sentaron a la mesa que se encontraba, justo, frente a mí. La chica pidió un zumo de manzana y el hombre, un café con leche. Supuse que no tardarían en iniciar la habitual escena de arrumacos, lo que me puso un poco incómodo, pues me daba la impresión de que estuviera atisbando la intimidad ajena. Pero para mi tranquilidad, nada de eso ocurrió. Cada uno se sacó su celular y se puso a hablar con su interlocutor ausente. Eran conversaciones muy animadas, interrumpidas de vez en cuando por carcajadas estruendosas. La ruidosa cháchara continuaba todavía cuando me levanté para irme.

Eso me recordó una fiesta a que me invitaron. Yo soy una persona aficionada al jolgorio y me junto cada dos por tres con amigos para charlar, cantar, bailar. Naturalmente, en aquella ocasión también esperaba una reunión así, llena de voces y risas, pero ocurrió algo diferente: tras los consabidos saludos y abrazos, luego de que los invitados se acomodaran donde se sintieran más a gusto, comenzó a reinar un silencio extraño. Observé que, excepto yo, todo el mundo tenía en la mano un aparato. Me fijé que eran de diferente forma y tamaño, y que cada cual prendía los ojos en él como, ya leyendo, ya tecleando mensajes, ya mirando unas figuritas en miniatura que se movían incesantemente en esas pantallas diminutas.

¡Viva la vida moderna!, me dije completamente desolado.

XV. Trabajos de casa.

3. Traduzca al español las siguientes oraciones:

    1) A medida que progresa la tecnología, las armas se van volviendo cada día más mortíferas.

    2) A mediados del siglos XX, la televisión comenzó a generalizarse, primero en los países desarrollados y luego en el resto del mundo.

    3) Es cierto que la ciencia y tecnología moderna nos puede deparar muchas comodidades, pero su mal uso también causa graves daños.

    4) Esas bailarinas llevaban faldas largas que les tapaban los pies, de modo que no se podía ver cómo los movían para deslizarse por el escenario.

5) Me extraña que esa gente carezca de conocimiento elemental sobre la historia universal.

6) El sistema binario es esencial para el funcionamiento del cerebro electrónico.

7) Tras un día entero manejando unas manivelas pesadísimas, Gonzalo llegó a casa muy fatigado.

8) Me quedé maravillado por la precisión con que el conferenciante utilizaba aquellas palabras.

9) ¡Detente! ¿Quién te ha otorgado el derecho de atropellar a nadie?

10) Acabamos por renunciar a aquella faena, pues nos dimos cuenta de que era fatigante y laboriosa.

13

第十三课

课文参考译文

替代能源

（根据同名文章改编，选自桑迪亚纳百科图书馆第12册《能源与技术》，马德里桑迪亚纳出版社，1984年）

在人们的记忆中，20世纪70年代不会是一个十分美妙的年代，因为当时发生了一次可怕的危机，直到80年代初才结束。

危机的诱因之一是能源，主要是煤炭和石油，有可能枯竭。为了满足人类飞速发展的需要，这些能源被过度开采。面对这种情况，人类开始寻找替代石油的新能源，比如核能。核能有利有弊，目前许多国家都开始开发利用它。然而人们仍在研究，希望找到可以产生足够能量却不像核能那样危险的能源。核能可造成放射物泄漏或核反应堆爆炸，例如1986年4月26日，乌克兰切尔诺贝利核反应堆爆炸；2001年，日本东部沿海地区发生地震，继而出现海啸，导致福岛核电站冷却系统出现故障，辐射气体泄漏，3月11日核反应堆爆炸。水同样是人们可以利用的重要能源，但存在一个问题：许多生态保护主义者极力主张保护环境，坚决反对建造大型水利工程。

不过希望仍然存在：在不远的将来，所谓的替代能源，即来自太阳（太阳能）、地球（地热）的能源可能成为人类最重要的能量供给来源。此外，还有其他可利用的能源，如风能、潮汐能、有机废弃物或植物衍生物带来的能量（动植物质能）等。需要指出的是，这三种能源都被认为是次要能源，只能在人类能源的总需求中起补充作用。实际上，替代能源正在发挥着重要作用。在建造了这类能源设施的地区，石油的消耗量已经大幅度减少。

另一方面，开发这些能源不会对环境造成污染，也不会有任何严重的风险。它们属于清洁能源，取之不尽、用之不竭。然而，目前存在一个严峻的问题：凭借现在的技术，还无法大规模利用这类能源。

太阳能。光是能量从一处转移到另一处的一种形式，太阳光即是从太阳转移到地球的能量。光是一种放射物，由光波组成。光波很像把一颗石子扔进池塘后，水面上形成的波纹，但又不完全一样。

光波和水波在一些方面很不一样，我们就不在此展开说明了，但它们又有相似之处。二者都可以测量出长度，而波长是一种光波区别于另一种光波的重要属性。用笔画一条横向的波浪线，您会看到一连串曲线有的向上，有的向下，向上的叫波峰，向下的则叫波谷。两个波峰或两个波谷之间的距离就是波长。

也就是说，光由多种光波组成，波长不同，光波种类就不同。光波长的辐射携带的能量很少，光波短的辐射则可以传递大量能量。

根据这一点，我们可以把光按照辐射的量进行分类，组成电磁光谱。详见下方图示。

在太阳光中，并不是所有的辐射都能到达我们的星球。有一些光无法穿过外大气层到达地球，只有中波光或长波光才能到达地面，而携带着巨大能量的短波光，例如紫外线、X射线和γ射线，都被大气层折射或吸收了。这一现象对我们至关重要，如果这些光辐射到达地表，那么有机生物会因为辐射而被烧伤或体内出现基因突变、癌变及其他紊乱，从而无法存活。这些未能到达地表的短波光辐射所携带的能量占太阳光向地球传输的能量的一半以上。请看到达地面的太阳光有多大潜能，地球在5分钟内接受的日照可以满足1970年全人类的能源需求。

因此，不难理解，只要能够利用一部分太阳光能，许多能源问题便迎刃而解。

地热能。火山爆发的能量一直让人类不寒而栗。几千年以来，面对火山爆发，人类只能惊恐万分地逃走。但现在，随着科技进步，人们有可能开始利用这个被储存在地底深处的能源。世界上的一些地方已经在使用天然蒸汽发电。我们坚信，技术的进步可以不断提高人类对地热的利用率。

风能。自古以来，人们就知道利用风为自己服务。诸位还记得《堂吉诃德》中著名的风车吗？现代的风车已经用轻盈、坚固的钢制叶片取代了沉重的木制叶片，此外，通过一系列技术革新，风能到电能的转化率也大幅度提高。

还有一些能源可供我们使用，其中，潮汐能是利用潮水涨落过程中产生的能量；生物质能则源自某些作物中提取的油脂。能源的种类还有很多，受篇幅限制，就不在这里一一叙述了。

· 练习参考答案 ·

I. Siguiendo la grabación, lea el siguiente poema.
    略。

II. Conjugue los siguientes verbos en todas las personas, modos y tiempos indicados.
    略。

III. **Escuche las preguntas sobre el texto y contéstelas oralmente en español.**

录音（**Transcripción**）

1. ¿Qué recuerdo dejó en la memoria de la humanidad la década de los 70 del siglo XX y por qué?

2. ¿A qué se debió esa crisis?

3. ¿Cuál fue la causa de esa excesiva explotación del carbón y petróleo?

4. ¿Cómo se trató de afrontar esta situación?

5. ¿Qué riesgos implica el aprovechamiento de la energía nuclear?

6. ¿Se han producido, de hecho, casos catastróficos?

7. ¿Puede ser una solución la energía hidráulica?

8. ¿Qué otras fuentes de energía alternativas pueden explotarse todavía?

9. ¿Qué ventajas presentan?

10. ¿Están en condiciones, estas energías alternativas, de sustituir al carbón y al petróleo?

11. Diga lo que sepa sobre la energía solar.

12. ¿Cómo se ha manifestado, a lo largo de la historia, la energía almacenada en el seno de la Tierra?

13. ¿Se puede aprovecharla en beneficio del hombre?

14. ¿Cuál es el ejemplo que demuestra que el hombre ya sabía utilizar la energía eólica desde la antigüedad?

15. ¿Son iguales los molinos de viento moderno que los descritos en el *Don Quijote*?

16. ¿Qué significan la energía maremotriz y la biovegetal?

答案（Clave）

1. La humanidad la recordará como una época no muy halagüeña, debido a la terrible crisis que el mundo atravesó en esos años, una crisis que duraría hasta comienzos de la siguiente década, la de los 80.

2. La crisis se debió, entre otras cosas, al conocimiento del posible agotamiento del carbón y el petróleo, principales fuentes de energía explotadas en exceso.

3. A mediados del siglo veinte, el vertiginoso avance tecnológico impulsó un incesante progreso social en todos los aspectos. Obviamente, para poder atenderlo cumplidamente, surgió una necesidad cada vez mayor de consumo de carbón y de petróleo, que constituían las principales fuentes energéticas en aquella época.

4. Para afrontar esa situación, el hombre comenzó a esforzarse por buscar nuevas fuentes energéticas —por ejemplo, la energía nuclear— que pudieran sustituir los combustibles fósiles ya mencionados.

5. Uno de los más frecuentes riesgos que se corren es la fuga radiactiva cuando se produce algún accidente que puede causar la explosión de uno o más reactores.

6. En efecto, se han producido algunos accidentes de ese tipo, de los cuales, los que han ocasionado las más nefastas consecuencias han sido dos: el que ocurrió en Chernóbil, Ucrania, en abril de 1986. Su efecto fue tan desastroso que ha dejado, por decenas de años, una inmensa extensión de territorio despoblado y estéril. El otro sucedió en Japón en marzo de 2011, en la Central Nuclear de Fukushima, en la que explotaron varios reactores debido a un fortísimo terremoto seguido de un tsunami.

7. De hecho, en muchas partes del mundo, incluyendo China, se está aprovechando ampliamente este recurso energético. Sin embargo, sus perniciosas influencias sobre el medio ambiente, sobre todo tratándose de gigantescas obras hidráulicas, han suscitado serias objeciones por parte de los ecologistas.

8. Por de pronto, se pueden citar la energía solar, la geotérmica, la eólica, la maremotriz y la biovegetal.

9. Son limpias y no contaminan; tampoco provocan efectos ecológicos negativos. Algunas de ellas, incluso, son inagotables.

10. Todavía no, porque todavía quedan por solucionar importantes problemas de tipo tecnológico, y porque, además, su explotación comercial a gran escala tendría que superar muchos impedimentos. Pero eso no ha impedido que en algunas regiones del mundo se haya puesto en marcha su explotación con el resultado de que se ha logrado ahorrar sensiblemente carbón y petróleo. Por ejemplo, en Islandia, para generar electricidad, se está empleando el vapor natural que brota de la profundidad de la Tierra, con tanto éxito, que cubre una considerable parte del consumo de la población.

11. La luz solar es, en realidad, una de las formas que adopta la energía para trasladarse desde el sol a la Tierra. Es una especie de radiación compuesta de ondas similares que se producen en un estanque cuando se arroja una piedra sobre su superficie. Lo que pasa es que solo las radiaciones de onda corta (de reducida

distancia entre dos crestas o dos valles) son capaces de transportar gran cantidad de energía, como por ejemplo, la radiación ultravioleta, los rayos X y los rayos γ. Sin embargo, estas difícilmente consiguen llegar a la superficie de la Tierra, porque son reflejadas o absorbidas al atravesar la atmósfera. Este hecho es muy importante para nosotros, puesto que si estas radiaciones llegaran a la superficie terrestre, sería imposible la existencia de organismos vivos, que estarían expuestos a quemaduras, mutaciones genéticas, cáncer y otros trastornos biológicos producidos por ellas. Las radiaciones de onda corta que no llegan a la superficie terrestre suponen más de la mitad de la energía total que nos llega desde el Sol. Veamos la potencialidad de la energía solar que logra llegar a la superficie terrestre: la energía que recibe la Tierra en 5 minutos habría bastado para cubrir las necesidades de toda la humanidad en 1970.

12. A lo largo de la historia, esta energía se ha manifestado, mayoritariamente, en la erupción volcánica, que hace estragos entre los humanos en lugar de proporcionarle algún beneficio.

13. Por supuesto, como se ha dicho en la respuesta número 11. Además, con los progresos de la tecnología, el aprovechamiento de la energía geotérmica, de seguro, ha de ir aumentando.

14. Fue el molino de viento que se describía en la obra cervantina titulada *El Ingenioso Hidalgo don Quijote de la Mancha*.

15. Aunque se rigen por el mismo principio, una gran diferencia los separa, la cual consiste en la sustitución de las pesadas palas de madera por otras de acero, más ligeras y robustas; además, con una serie de mejoras técnicas se está logrando un mayor rendimiento en la conversión de energía eólica en energía eléctrica.

16. La primera consiste en la utilización de la energía producida en la subida y la bajada de la marea. En cuanto a la segunda, se trata de emplear el aceite que se extrae de algunos cultivos.

IV. **Diga a qué se refiere la parte en cursiva, y en caso de que sea verbo, señale el respectivo sujeto. Todas las oraciones son del texto.**

1. *la*: la década de los 80

2. *se agotaran*: las fuentes de energía

   explotadas: las fuentes de energía

3. *esta situación*: que es posible que se agoten el carbón y el petróleo

   sus: de la energía nuclear

   se viene utilizando: la energía nuclear

4. *se sigue investigando*: *impersonal*

   la: la Central Nuclear de Fukushima

   se produjeron: explosiones

5. *la*: una importante fuente de energía

   se puede echar mano: una importante fuente de energía

   existe: un problema

6. *proceden*: las llamadas energías alternativas

   lleguen: las llamadas energías alternativas

7. *cabe*: que estas tres últimas son consideradas como energías menores...

   estas tres últimas: el viento (energía eólica), las mareas, el oleaje marino (energía maremotriz) y los desechos orgánicos (energía biovegetal)

   servirían: estas tres últimas

8. *estas fuentes alternativas de energía*: la solar, la geotérmica, la eólica, la maremotriz y la biovegetal

   funcionan: ciertos dispositivos

   aprovechan: ciertos dispositivos

   están aprovechando: estas fuentes alternativas de energía

9. *se hace*: la obtención

   lo: la obtención de energía de estas fuentes se hace sin contaminar el medio ambiente y sin correr ningún grave riesgo

   las: estas fuentes

   convierte: lo que

   inagotables: fuentes limpias

10. *presentan*: estas fuentes

    su: de estas fuentes

11. *puede adoptar*: la energía

    trasladarse: la energía

    en nuestro caso: la energía solar

12. *compuesta*: la luz

    se forman: las ondas

    se arroja: una piedra

su: del estanque

13. *las*: las ondas

   ambos casos: las ondas del estanque y las de la luz

   caracteriza: una propiedad

   diferencia: una propiedad

   una determinada onda: cualquiera onda

14. *Trace*: usted

   verá: usted

   unas: curvas

   otras: curvas

15. *las primeras*: las curvas hacia arriba

   las segundas: las curvas hacia abajo

16. *se pueden diferenciar*: las ondas

   su: de las ondas

17. *transportan*: las radiaciones que tienen una longitud de onda muy grande

   cuya: de las radiaciones

18. *esto*: que la luz está compuesta de radiaciones de diferentes longitudes

   se pueden distinguir: todos los tipos de radiaciones

   componen: todos los tipos de radiaciones

   se representa: el espectro electromagnético de la luz

19. *alcanzan*: no todas las radiaciones que proceden del Sol

   nuestro planeta: la Tierra

   son capaces: no todas las radiaciones que proceden del sol

20. *Esto*: capaces de atravesar las altas capas de la atmósfera y llegar hasta la superficie terrestre

   lo: esto

   las: las radiaciones

21. *Este hecho*: que solo las radiaciones de onda larga consiguen atravesar las altas capas
   de la atmósfera y llegar hasta la superficie terrestre

   ellas: las radiaciones de onda corta

22. *suponen*: las radiaciones de onda corta que no llegan a la superficie terrestre

   llega: la energía total

23. *habría bastado*: la energía que recibe la Tierra en 5 minutos

24. *es*: comprender que con sólo aprovechar una parte de la energía solar recibida se
   solucionarían muchos de nuestros problemas energéticos

se solucionarían: muchos de nuestros problemas energéticos

25. *al hombre*: a la humanidad

   no ha sabido: el hombre

   despavorido: el hombre

26. *su*: del hombre

   esta energía almacenada en el seno de la Tierra: la geotérmica

27. *se está empleando*: el vapor natural

28. *irá aumentando*: el aprovechamiento de la energía geotérmica

29. *sus*: de los hombres

30. *Recuerdan*: ustedes

31. *unas*: palas

   ligeras y robustas: palas

   se está logrando: un mayor rendimiento en la conversión de energía eólica en energía eléctrica

32. *quedan*: otras energías

   su: de la marea

   cuya: de la fuente biovegetal

   se extrae: el aceite

   espacio: el espacio del texto

V. **Sustituya la parte en cursiva por una palabra que exprese una idea afín o parecida, que figura en el texto.**

1. No sería nada *halagüeña* la perspectiva de la humanidad si se siguiera abusando de los combustibles fóciles.

2. En la historia contemporánea, es común que un país *atraviese* prolongadas épocas de crisis económica y política, sin que tenga a la vista ninguna solución.

3. Todavía permanecía en la memoria de mucha gente *el desbarajuste* que había provocado aquella grave crisis.

4. De seguir explotándolos en exceso, muchos de los recursos naturales *se agotarían*, tarde o temprano.

5. La computadora electrónica se inventó, en un principio, para *atender cumplidamente*, por un lado, a los complicadísimos cálculos necesarios que hacía la dirección automática de tiro de las baterías antiaéreas, y por otro, a los requerimientos de los estudios de energía nuclear.

6. El *vertiginoso* avance tecnológico plantea muchos otros problemas en espera de solución.

7. La utilización de la energía nuclear, aparte de sus evidentes ventajas, supone, al mismo tiempo, bastantes *riesgos*.

8. El proyecto que propone tiene sus ventajas y sus *desventajas*.

9. El sol es una importante fuente energética *de la que se puede echar mano*.

10. Si bien el agua es una fuente energética limpia y barata, los ecologistas dedicados a la protección del medio ambiente, ponen *serias objeciones* a la construcción de grandes obras hidráulicas.

11. En muchas partes del mundo se viene generalizando el uso de energías que *proceden* del Sol y de la Tierra.

12. En algunas regiones de China, existen condiciones muy favorables para que sea *aprovechada* la energía eólica.

13. Evidentemente, para poder aprovechar diversas fuentes energéticas alternativas, hacen faltan *dispositivos especiales* en cada caso.

14. La ventaja de algunas fuentes energéticas alternativas consiste en *la generación* de la energía sin contaminar el medio ambiente ni correr graves riesgos.

15. La puesta en funcionamiento de varias instalaciones en esas provincias contribuirá a *ahorrar*, en gran medida, carbón y petróleo.

16. ¿Qué medidas *se han adoptado*, últimamente, para *resolver* el problema de la contaminación medioambiental?

17. ¿Sabes cómo *se traslada* la electricidad de un lugar a otro?

18. La luz es una radiación compuesta de ondas *parecidas* a las producidas en un estanque cuando se arroja una piedra en él.

19. Tanto las ondas de la luz como las del estanque tienen algo en común: en *ambos* casos se puede medir lo que se llama longitud de onda, que es *una propiedad* que caracteriza y diferencia a una determinada onda de otra.

20. Los distintos tipos de radiaciones de la luz *componen* lo que se llama espectro electromagnético.

21. Las radiaciones de onda larga que consiguen *atravesar* la atmósfera y *alcanzar* a la superficie terrestre solo *suponen* menos de la mitad de la energía total procedente del Sol.

22. Los habitantes de aquellos pueblos, al ver el volcán en erupción, no pudieron hacer otra cosa que escaparse *despavoridos*.

23. Un considerable porcentaje de la electricidad que se utiliza en esta región está *generado* por fuentes energéticas alternativas.

24. El molino de viento descrito en el *Don Quijote*, es un buen ejemplo que nos indica cómo el hombre sabía, desde la antigüedad, utilizar la fuerza del viento en sus *quehaceres domésticos*.

25. En muchas partes del país, los modernos molinos de viento *han sustituido* a las centrales termoeléctricas que consumían carbón y petróleo.

VI. **Modifique la estructura sintáctica de cada oración según la indicación dada al final.**

1. *La humanidad* recordará la década de los 70 del siglo XX como una época no muy halagüeña.

2. *Debido a la terrible crisis económica que el mundo atravesó en la década de los 70 del siglo XX*, que duraría hasta comienzos de la siguiente (la de los 80), esa década será recordada como una época no muy halagüeña.

3. *La posibilidad del agotamiento de las fuentes de energía tradicional fue, entre otras cosas*, la causa de este desbarajuste.

4. *El vertiginoso progreso* ha hecho que el carbón y el petróleo hayan sido explotados en exceso.

5. *Esta situación* ha obligado al hombre a comenzar a buscar nuevas fuentes de energía que puedan sustituir al petróleo.

6. Actualmente, en muchas partes del mundo, se está echando mano de la energía nuclear *a pesar de* sus ventajas e inconvenientes.

7. Se investiga también sobre otras nuevas fuentes para obtener suficiente energía sin que *el hombre afronte* los riesgos de la energía nuclear.

8. *En un futuro no muy lejano*, las energías que proceden principalmente del Sol y de la Tierra, quizá sean *el más importante suministro energético* de que disponga la humanidad.

9. En la actualidad, las fuentes alternativas de energía están jugando un papel importante, *al ahorrar*, en gran medida, el consumo de petróleo en algunas regiones.

10. *Al obtener energía de estas fuentes* se ha reducido la posibilidad de la contaminación y de otros graves riesgos. (o: se han evitado la contaminación y otros graves riesgos.)

11. *En el momento actual, su aprovechamiento de forma masiva* tendrá que ser resuelto por la tecnología.

12. *La energía puede adoptar* la forma de luz para trasladarse de un lugar a otro.

13. La luz es una radiación, es decir, está compuesta de ondas parecidas, pero no iguales, a las ondas que se forman en un estanque sobre *cuya superficie se arroja una piedra*.

14. *Son las radiaciones de longitud corta* las que transportan gran cantidad de energía.

15. *Son los diferentes tipos* de radiaciones los que componen lo que se llama el espectro electromagnético.

16. *Como* algunas radiaciones que proceden del Sol no son capaces de atravesar las altas capas de la atmósfera y llegar hasta la superficie terrestre, solo una parte de ellas alcanza a nuestro planeta.

17. *La atmósfera* refleja y absorbe las radiaciones que transportan gran cantidad de energía.

18. *Si* se pudiese aprovechar la energía que recibe la Tierra en 5 minutos, ella cubriría las necesidades de toda la humanidad en 1970.

19. *Si solo* se aprovechara una parte de la energía solar recibida, se solucionarían muchos de nuestros problemas energéticos.

20. *Durante miles de años, la erupción de un volcán siempre ha aterrorizado tanto* al hombre que no ha hecho más que escaparse despavorido.

21. *Gracias al* avance tecnológico, el hombre comienza a utilizar en su beneficio esta energía almacenada en el seno de la Tierra.

22. *En los molinos modernos* se han sustituido las pesadas palas de madera por palas de acero más ligeras y robustas.

VII. Sustituya el pronombre relativo *que* por *cual* (o *el que*) donde su presencia sea posible y proporcione mayor precisión.

1. Marianela, *que* calculaba con un ábaco, lo hacía más rápido que una compañera suya, *que* empleaba una calculadora solar.

2. Ayer, paseando por el parque, me encontré con el responsable de la administración, *el cual* me pidió excusas por su error en el cobro de las facturas de luz, agua y gas.

3. La empresa contrató a varias chicas inmigrantes de América del Sur, *las cuales* resultaron ser trabajadoras muy eficientes.

4. El decano ya se disponía a marcharse cuando fue interceptado por una alumna, *que* le expresó su agradecimiento por el premio *que* él le había otorgado.

5. Solo recuerdo que el conferenciante nos habló de los teoremas con *que* se entretuvieron los griegos; la regla y el compás *que* ayudaron a los egipcios a medir sus tierras; la pesa y la balanza, *que* contribuyeron al florecimiento comercial de los fenicios; y el ábaco,

que facilitó a los romanos en el control de sus riquezas.

6. Durante la Segunda Guerra Mundial, en los Estados Unidos se inventaron las primeras computadoras con *las que/las cuales* se pensaba calcular con precisión en la dirección automática del tiro de las baterías antiaéreas.

7. Ya conozco bastante bien los principios que rigen el funcionamiento del cerebro electrónico, sobre *los que/los cuales* me ha hablado no sé cuántas veces el ingeniero de informática.

8. La vida, a través de un sinnúmero de inventos, nos ha deparado una enorme comodidad a *la que* nadie está dispuesto a renunciar.

9. ¿Sabes lo que ha pasó? Calculando una y otra vez, el contador acabó por obtener una suma fabulosa en deudas *que* nos dejó aterrorizados a todos.

10. Un volcán en erupción es un espectáculo dantesco en *el que/el cual* las explosiones estremecedoras, el fuego y el desbordamiento de piedras fundidas en forma de lava han aterrorizado siempre al hombre.

VIII. **Rellene los espacios en blanco con el pronombre relativo** *que* **o** *cual* **según convenga.**

1. Me gustan las poesías de Rubén Darío, muchas de *las cuales*, incluso, me las he aprendido de memoria.

2. Nos impresionó la naturalidad *que* mostró la niña al tratar con personas adultas y desconocidas.

3. Le dije a mi sobrina que no me gustaba nada el tatuaje *que* ella tenía en la mejilla.

4. En el accidente de tráfico, resultó herida una chica, *la cual* fue llevada de inmediato al hospital por unos voluntarios. Ellos contarían, después, que tardó bastante en recobrar el conocimiento.

5. Con mucha alegría, la niña se calzó los zapatos *que* le acababa de comprar su abuela.

6. Aquella es una selva muy enmarañada en *la cual* uno se extravía fácilmente.

7. ¿En cuánto valoras la joya *que* se exhibe en el escaparate?

8. Un peatón nos señaló una comisaría a *la cual* nos recomendó acudir para poner la denuncia del robo que acababa yo de ser víctima.

9. Nos dijeron que el trayecto *que* pensábamos recorrer era sumamente largo.

10. Los basureros recién instalados en este barrio residencial —muchos de *los cuales* han sido destruidos por los gamberros— funcionan con un moderno sistema que permite reciclar automáticamente la basura.

IX. **Transforme las siguientes oraciones en estructura de infinitivo.**

1. Vimos bailar flamenco a la gente.

2. El gerente no nos permitió sustituir la vieja instalación por una nueva.

3. La madre vio revolverse inquieto al niño.

4. El padre mandó a la hija sumar todas las cifras anotadas en el papel.

5. ¿Quién te hizo renunciar a tu cargo?

6. ¿Por qué no dejó el capataz accionar la máquina a los obreros?

7. La tía le prohibió a su sobrina ventilar la habitación.

8. No puedo permitir a nadie exponerse a semejante riesgo.

9. Tu obstinación le hizo perder la paciencia a todo el mundo.

10. Oímos mecer la cuna a alguien.

11. Nuestra vecina vio encallar el barco cerca de la orilla.

12. Oí disputar violentamente a los dos hermanos.

X. **Sustituya la parte en cursiva por el pronombre personal átono correspondiente.**

1. *Los* vimos llegar.

2. *Los* vimos cargar el camión.

3. *Las* oímos discutir.

4. El juez *lo/le* dejó hablar.

5. El juez *la* dejó hacer preguntas.

6. *La* oímos cantar una bonita canción.

7. *Le* dejé leer la revista.

8. *Lo* dejé leer*la*.

9. *Lo/Le* hice hablar.

10. *Les* hice decir la verdad.

11. *Les* hice decir*la*.

12. *Le* permití leer la revista.

13. *Le* permití leer*la*.

14. *Se lo* permití.

XI. **Traduzca al español las siguientes oraciones.**

1. —¿Has visto pasar por aquí a las chicas?

   —Sí, las he visto pasar.

2. —¿Puede usted hacer que acepte nuestra invitación?

—No, no puedo hacer que la acepte. (No, no puedo hacerlo./No puedo hacer eso.)

3. Hazlo venir esta tarde.

4. Los demás querían ir a apagar el incendio, pero el hombre se lo impidió.

5. —¿Cree usted que me dejarán entrar?

   —Seguro que le/lo dejarán entrar

6. —¿Habéis oído cantar a los niños?

   —No, no los he oído cantar.

7. No os/les permito leer estas cosas.

8. Sus padres le prohíben acudir a ese lugar.

9. —¿Me permites hablar con él?

   —No, no te lo permito.

10. —¿Quién ha prohibido que los niños jueguen aquí?

    —Tomás se lo ha prohibido.

XII. Ejercicios del léxico.

A. Complete las siguientes oraciones utilizando las siguientes voces o sus derivaciones en forma adecuada.

1. El hombre investiga para ver si se pueden *explotar* fuentes alternativas de energía capaces de *sustituir* al carbón y al petróleo, que corren el *riesgo* de agotarse en poco tiempo.

2. Todo el mundo se quedó asombrado cuando los científicos revelaron que la luz solar es en realidad una especie de radiaciones que *transportan* energía. De *acuerdo* con esta teoría, existe la posibilidad de aprovecharla en beneficio de la humanidad.

3. Los distintos tipos de ondas que componen la luz *adoptan* la forma de diferentes colores en el espectro electromagnético.

4. No cambies de tema. Sigamos hablando de los posibles *riesgos* que supone la *explotación* de la energía nuclear.

5. La *sustitución* del equipo obsoleto contribuyó, *de hecho*, a aumentar el rendimiento.

6. No me sorprende la actitud que *adopta* tu amigo, pues sabe muy bien los inconvenientes que le puede acarrear tu decisión de llevar a cabo el proyecto.

7. La obesidad se debe, entre otras cosas, *al exceso* que se comete en la alimentación.

8. La mayoría de la población está de *acuerdo* con la política de *sustituir* la energía procedente del carbón y petróleo por algunas de las llamadas alternativas.

9. ¿Crees que no tenemos suficientes medios para *transportar* tal cantidad de productos? No te preocupes: ya disponemos de ellos.

10. Los participantes en la conferencia llegaron a un *acuerdo* sobre cómo evitar que *se exploten en exceso* los recursos naturales.

11. En esa zona montañosa, el único medio de *transporte* era el caballo.

12. No se sabe qué mutación sufrirá esta planta si *exponemos* sus semillas a los rayos γ.

13. Debería saber usted, señor gerente, que *a causa de* la falta de protección, sus obreros están *expuestos* a radiaciones muy peligrosas.

14. ¿Qué trámites se requieren en su país para *adoptar* un niño o una niña?

15. Desde hace mucho, los científicos ya vienen advirtiendo del peligro que supone vivir al pie del volcán, pero la gente les ha hecho caso omiso. La reciente erupción, ha arrasado, *de hecho*, varios poblados.

B. Rellene los espacios en blanco con las preposiciones o la forma contracta de preposición y artículo, según convenga.

1. En esa región se han explotado *en* exceso los recursos naturales.

2. Pienso sustituir este dispositivo *por* otro nuevo. ¿Estás *de* acuerdo?

3. Nunca le han gustado ideas nuevas, porque teme exponerse *a* riesgos.

4. Marcelo es un chico muy habilidoso y un amigo digno *de* toda mi confianza. *De* hecho, *a* él le debo mucho, pues me ha ayudado *a* solucionar muchos problemas complicados frente *a* los cuales yo no había sabido qué hacer.

5. *De* acuerdo *con* el criterio *de* los ecologistas, no es nada aconsejable construir grandes obras hidráulicas *en* esa zona.

6. *A* causa *de* la contaminación *del* medio ambiente, muchas especies animales y vegetales vienen sufriendo mutaciones muy raras.

7. Frente *a* aquella situación, no sabíamos qué actitud adoptar.

8. ¿Qué medio *de* transporte piensan utilizar *para* trasladar esa gigantesca máquina?

9. ¿Le parece acertada la sustitución *de* un director joven *por* otro *de* edad avanzada?

10. Debido *a* la negligencia *del* técnico, *por* poco explota uno *de* los reactores *de* la central nuclear.

C. Al escuchar la perífrasis, diga el vocablo o expresión correspondientes.

1. aprovechable   2. atmósfera   3. aumentar   4. biológico

5. complementar   6. ecologista   7. halagüeño   8. objeción

9. suministrar   10. vertiginoso

XIII. Dictado.

录音（**Transcripción**）

La humanidad se ha dado cuenta, hace poco, de que los recursos naturales que tiene a su disposición no son inagotables, lo que, por fin, la ha llevado a comprender que no le está permitido explotarlos de manera irracional. Uno de los graves problemas que se le plantean actualmente, precisamente, guarda una estrecha relación con las fuentes energéticas. A causa de la explotación excesiva, las reservas de carbón y petróleo, combustibles tradicionales, se va reduciendo vertiginosamente. Además, su aprovechamiento trae, como consecuencia, la contaminación del medio ambiente, cuyo daño se manifiesta, entre muchas otras cosas, en el conocido efecto invernadero.

En caso de que no se adopten, con urgencia, las medidas que hagan falta, no resultará nada halagüeña la perspectiva que le espera al hombre. Menos mal que, en vista de esta situación, se están efectuando investigaciones casi por todas partes del planeta, encaminadas a encontrar fuentes energéticas alternativas que sustituyan los combustibles minerales usados hasta hoy día. Una de las posibilidades consiste en el empleo de la energía nuclear, que, pese al riesgo que implica, se está explotando en muchos países. Se puede optar también por la energía solar, que presenta evidentes ventajas, ya que es limpia e inagotable. Sin embargo, queda un problema por solucionar: que se encuentre, mediante el avance tecnológico, el modo de usarla con poco costo y a gran escala.

XIV. Escuche la grabación y luego haga una versión oral resumida.

录音（**Transcripción**）

Érase una vez un emperador despiadado, licencioso y déspota. Gobernaba el imperio con mano dura y era tan cruel, que a cualquiera que se atreviese a decir algo que no le agradara, le cortaba la cabeza. La norma con que administraba los asuntos del estado no era otra que su capricho. Por ejemplo, un año, los campesinos sembraron mijo. Justo cuando los brotes ya asomaban, robustos, por la superficie de la tierra, a Su Majestad se le ocurrió que, en sus campos, era mejor cultivar otro cereal. De modo que hubo que arrasar todos los cultivos y sembrar, allí, otras semillas. Pero como ya había pasado la temporada, nada creció y aquel año hubo, a lo largo y ancho del país, una gran hambruna.

En sus horas de esparcimiento, el emperador se dedicaba por entero a divertirse con sus numerosas mujeres, y lo hacía en un inmenso jardín donde, aparte del paisaje natural, existían algunas rarezas insospechadas, como un extenso estanque lleno de licor en lugar de agua, pedazos de carne colgando de los árboles que rodeaban los quioscos y pabellones en los que se servían suculentos banquetes de platos selectos y variados. Amenizaban el festín orquestas conformadas por excelentes músicos.

En una de esas ocasiones, irrumpió, de súbito, en el convite, un mensajero. El emperador le ordenó, con voz autoritaria, que le diera el mensaje.

—La gente se muere de hambre, Majestad —dijo el mensajero con voz temblorosa—, desde hace tiempo no hay cereales, los graneros están vacíos, y en el suelo árido no hay ni rastro de verduras.

El emperador se enfureció.

—¡Qué pueblo tan ignorante! —vociferó—, ¡si no hay cereales ni verduras! ¿Cómo no se les ha ocurrido comer carne? ¡A comer carne!

XV. Trabajos de casa.

略。

第十四课

阿尔塔米拉洞窟壁画及其复制品

（根据帕克西·伊瓦龙多的《阿尔塔米拉洞窟公园》改编，刊载于《改革16》杂志，2014年1月12日，第1363期）

"快看！快看，爸爸！公牛！"根据传说，发现阿尔塔米拉洞穴的过程大致是这样：1879年前后，一个名叫玛丽亚·桑斯·德绍托拉的9岁女孩兴高采烈的叫声让他父亲马塞利诺注意到了一件令人难以置信的东西，他发现了最精美、之前一直不为人所知、日后被世人称为"第四纪西斯廷小教堂"的阿尔塔米拉洞穴壁画，这是世上每一位研究史前文明的史学家梦寐以求的奇迹。1985年，联合国教科文组织把此地列为人类文化遗产。可惜的是，此地的发现者，企业家、古生物爱好者马塞利诺·桑斯·德绍托拉已于1888年去世，他和女儿没有等到他们的重要发现得到官方认可。在西班牙，这类发现通常都要靠外国专家证明，这一次也不例外。几位法国史前考古学家在1902年证实了阿尔塔米拉洞穴的存在，并为它的发现者正名。

在那些画在石壁上、令人叹为观止的壁画中，让好奇的小女孩惊叹不已的动物并不是她常看到的在坎塔布里亚草原上吃草的牛，而是史前动物，包括十七只野牛、三只母鹿和一头野猪。

这个又黑又潮的洞窟长18米，宽9米，坐落在距离桑坦德市30公里的一片绿色牧场内。尽管小女孩不知道，但他爸爸明白，这些壁画意味着他们的祖先——"智人"——已经进化到能够在头脑中捕获到艺术灵感的程度。在这种冲动的驱使下，他们双膝跪地，借着火光，用赭石、炭块和动物脂肪在藏身的洞穴内作画。创作的具体时间无法确定，大致发生在13000多年前，即旧石器时代晚期。之后，1940年，在法国拉斯科洞穴中，人们发现了同一时代的壁画。于是，学者们得出结论，这两处风格和特点相似的精美壁画的作者应该是坎塔布里亚群山中的原始部落成员。他们过着游牧或定居的生活，在山中以狩猎和采集为生。

对坎塔布里亚和拉斯科等地区而言，旅游业是财政收入的主要来源，甚至几乎是当地唯一的经济来源，但旅游业又是洞穴壁画最险恶的敌人，因为大批游客在如饥似渴地观看壁画的同时，对这些遗迹造成了破坏。虽然发生的时间不同，但拉斯科和阿尔塔米拉洞穴都有相似的经历，即在备受瞩目之后遭到损坏。拉斯科洞穴接纳公众参观的时间很短，它1948年开放，1963年就已关闭，因为专家们很快发现，由于大量人群聚集，保存壁画的最佳环境条件已不复存在。为了避免因关闭洞穴导致莱塞济地区失去经济收入，也避免游客大量流失，20世纪80年代，一个复制的拉斯科洞穴建成并对公众开放。

在阿尔塔米拉发生的一切也大同小异，只不过时间更早、更长。阿尔塔米拉洞穴于1917年正式向公众开放，自1957年开始，专家们就不停地警告说，壁画受损速度惊人。人体散发出的物质改变了洞内原本最适于壁画保存的湿度和温度，导致洞内长出一些微小的菌类。然而，参观的人数不断增加，仅1973年一年，洞窟就接待了17.5万名参观者。1976年，在专家确定壁画已危在旦夕，面临完全消失的危险时，阿尔塔米拉洞穴才终于对公众关闭。

可是，对于每一位到访坎达布里亚的国内外游客来说，只要稍稍受过一点教育，或稍微有一点好奇心，怎么能不参观阿尔塔米拉洞穴呢？它就如同人类史前文明的麦加。他们渴望参观阿尔塔米拉洞穴是合情合理的，在阴暗潮湿的洞穴里，走近精美的旧石器时代画作，欣赏画中的野牛，是极其激动人心的。对现代人而言，根据个人的感受不同，这种体验如同穿越时空，眩晕之中窥探黑暗的远古时代，如同触摸人类历史的种种谜团，抑或如同走近早期智人艺术家的绝世佳作。各方面的数据同样显示，一旦没有魅力无限的阿尔塔米拉洞穴壁画，许多游客——尤其是外国游客——对到访坎塔布里亚没有一点兴趣。相反，他们会更喜欢去阳光充沛的地区度假，因此，为了既不失去游客，又保护好壁画，必须建一个与洞穴及洞内史前壁画一模一样的复制品。这个想法首先在拉斯科实现，之后在阿尔塔米拉延续。每年大约有9万人从世界各地前往阿尔塔米拉，尽管他们已经知道无法进入洞穴，只能观赏周边的环境。如果能有一模一样的复制品，这些游客将深感欣慰。正是考虑到这一点，阿尔塔米拉的复制工作开始了。

法国和西班牙的这一举动可圈可点，为其他有着丰富历史遗产的国家做出了榜样，特别是那些把注意力集中在旅游业及相关行业创造的大笔收入上，而对文物古迹疏于保护的国家。将经济利益置于文化遗产保护之上的做法很不负责任，这也决定了此类经济活动对祖先留下的文化遗产而言是最可怕的敌人。我们不是每天都能收到这种令人叹惋的消息吗？世界上某些地区的文物古迹不断受损，甚至被某些人肆无忌惮地毁坏，目的不过是满足个别领域的人们毫无节制、大肆敛财的贪欲。经常有报道说，在一些地方，建筑公司甚至动用推土机将千年古墓夷为平地。看到这些大型器械所到之处，古老的，具有极高历史、艺术和科学价值的墓葬文物成为一片瓦砾，让人十分气愤。对任何一个文明来说，这都是无法挽回的损失。众所周知，不管古人留下的是物质遗产还是精神财富，它们都是一个民族历史记忆的重要组成部分，是一种声音，时时提醒着这个民族是谁，从哪里来，到哪里去。一个无视自己历史的民族不仅没有根，更糟糕的是没有未来。

练习参考答案

I. Siguiendo la grabación, lea el siguiente poema.

略。

II. Conjugue los siguientes verbos en todas las personas, modos y tiempos indicados.

略。

III. Escuche las preguntas sobre el texto y contéstelas oralmente en español.

录音（Transcripción）

1. Según la leyenda, ¿quiénes fueron los descubridores de las pinturas rupestres de Altamira?

2. ¿En qué año ocurrió eso?

3. ¿Qué es lo que se dice en la leyenda sobre ese descubrimiento?

4. ¿Sabe algo sobre la *Capilla Sixtina*? ¿Por qué fue denominado el lugar como *Capilla Sixtina del Arte Cuaternario*?

5. ¿Pudo cubrirse de gloria el señor Marcelino Sanz de Sautuola con su importante descubrimiento?

6. ¿Por qué en un principio no se dio ninguna importancia al descubrimiento en España?

7. ¿Quiénes fueron los que se dieron cuenta de su importancia?

8. ¿Qué animales representan aquellas imágenes pintadas en las piedras de la gruta?

9. ¿Son pinturas en blanco y negro?

10. ¿Cómo pudieron realizar pinturas en colores aquellos hombres paleolíticos?

11. ¿Qué demuestra el hecho de que aquellos hombres primitivos hubieran podido realizar semejante maravilla artística?

12. ¿Cuál es la magnitud de la gruta en la que hay pinturas rupestres?

13. ¿Hace cuánto tiempo que se dibujaron estas figuras?

14. ¿En qué condiciones efectuaban sus actividades artísticas los *homo sapiens*?

15. ¿Cómo vivían aquellos artistas primitivos y sus compañeros?

16. ¿Qué ocurrió con las valiosas pinturas prehistóricas una vez abiertas al público, tanto en Altamira como en Lascaux, Francia? Explíquelo con detalle.

17. ¿Qué piensa usted sobre la relación existente entre el turismo y la conservación del patrimonio cultural?

18. ¿Qué importancia tienen para el hombre moderno estas cuevas?

19. ¿Qué sería de la zona donde se hallan las Cuevas de Altamira si desaparecieran las pinturas rupestres?

20. ¿Cómo se ha tratado de solucionar el problema para poder conservar las pinturas rupestres y a la vez atraer turistas?

21. ¿Conoce casos en que el afán lucrativo prima sobre la conservación del patrimonio cultural tanto en China como en el resto del mundo?

答案（Clave）

1. Una niña de nueve años y su padre descubrieron la cueva que guardaba las pinturas rupestres de Altamira.

2. Fue el año 1879.

3. La leyenda cuenta que los gritos alborozados de la niña llamaron la atención de su padre Marcelino Sanz de Santuola, quien se acercó a la gruta que señalaba su hija. Al meterse dentro, comprendió en seguida que estaba asistiendo a una maravilla soñada por cualquier prehistoriador del mundo, porque sabía que esas pinturas las habían realizado hombres primitivos de hacía decenas de miles de años.

4. Esta capilla pertenece al Vaticano y está adornada por frescos magníficos de famosos pintores del renacimiento, entre los cuales destacan los de Miguel Ángel. A la cueva se le denomina así por su calidad artística y sobre todo por su importancia histórica y cultural.

5. No, el descubrimiento de padre e hija no llamó la atención a nadie en España, ni siquiera a los especialistas.

6. Esta indiferencia se deriva de la ignorancia cultural que reinaba en aquel entonces en toda España debido a su atraso socio-económico y socio cultural.

7. Tuvieron que ser los ilustrados extranjeros, en este caso unos prehistoriadores franceses, quienes dieran fe, en 1902, de la existencia de las Cuevas de Altamira y de sus autóctonos descubridores.

8. Aquellas imágenes pintadas en las piedras de la gruta no representaban bueyes como creía la niña, sino animales prehistóricos que coexistían con los autores de las pinturas. Por ejemplo: bisontes, ciervos, jabalíes, entre otros.

9. No. Son policromadas, es decir, en colores.

10. Aquellos hombres paleolíticos ya habían aprendido a elaborar colorantes utilizando distintos materiales, como por ejemplo: ocre, carbón y grasas animales.

11. La capacidad de poder crear semejante maravilla artística demuestra que en aquella época, los *homos sapiens* ya se hallaban en una fase evolutiva bastante avanzada como para poder brotar de su cerebro la chispa de la inspiración, fuera religiosa, fuera estética.

12. La oscura y húmeda gruta tiene 18 metros de largo por 9 de ancho, es decir, 162 metros cuadrados de superficie.

13. Se dibujaron estas figuras hace más de 13.000 años.

14. Como se puede suponer, la caverna no tenía suficiente altura para que un hombre se enderezara, de modo que los autores de las pinturas rupestres se veían obligados a permanecer encuclillados o arrodillados para poder pintar. Además, en aquella oscuridad su única iluminación no pudo ser más que una antorcha encendida.

15. De acuerdo con los datos arqueológicos, aquellos hombres debieron de llevar una vida trashumante o sedentaria, cazando y recolectando a lo largo y ancho de las montañas de la zona.

16. El turismo acarreó, como consecuencia, la afluencia masiva de espectadores ávidos de contemplar la maravilla legada de la época cuaternaria, lo cual no tardó en causar un acelerado deterioro de las pinturas rupestres a causa del cambio de las condiciones ambientales idóneas para su conservación, tales como la temperatura, el nivel de humedad. En concreto, la emanación corporal humana favoreció el crecimiento de unos hongos microscópicos que iban destruyendo las pinturas.

17. Es innegable que el turismo constituye una importante fuente de riqueza pública, pero no se debe explotar parcialmente en detrimento de la protección del patrimonio cultural que nos dejaron nuestros antepasados.

18. En primer lugar, son importantes materiales tangibles para los estudios prehistóricos y paleo antropológicos. En segundo lugar, para la gente común y corriente, no solo constituye un centro de recreación y esparcimiento, sino más bien un museo, una academia donde se culturiza, reflexionando sobre los enigmas: ¿Quién soy? ¿De dónde vengo y adónde voy?

19. No solo se perdería una importante fuente de ingresos públicos, sino que, más lamentable aún, desaparecería una irrecuperable herencia cultural para toda la humanidad.

20. Se cerraron las cuevas para el turismo dedicándolas al exclusivo aprovechamiento científico. Cerca de ellas se construyeron réplicas idénticas a las originales, puestas al servicio del público.

21. Respuesta libre.

IV. Diga a qué se refiere la parte en cursiva, y en caso de que sea verbo, cuál es su sujeto. Todas las oraciones son del texto.

1. *su*: de la niña de nueve años

   asistía: su padre Marcelino

   la maravilla: las pinturas rupestres del período cuaternario

   desvelar: Marcelino Sanz Santuola

   su: de Capilla Sixtina del Arte Cuaternario, o sea las pinturas rupestres

2. *el lugar*: la cueva en la que están ocultas las pinturas rupestres

3. *todo esto*: el descubrimiento de la cueva de las pinturas rupestres a la que la Unesco declaró, después, Patrimonio Cultural de la Humanidad

   el mundo oficial: los gobiernos de España y de otros países, así como el círculo científico internacional

   su descubrimiento: el de la existencia de las pinturas rupestres

   el: el descubrimiento

4. *tuvieron que ser*: los ilustres extranjeros

   este caso: se refiere al descubrimiento de las pinturas rupestres

   sus: de las pinturas rupestres

   autóctonos descubridores: padre e hija, ambos españoles, o sea, nacionales

5. *aquella curiosa niña*: la hija de Marcelino, de nueve años

   eran: los animales pintados

   los: los bueyes

   veía: la niña

   Eran: los animales pintados

   representando: unas magníficas pinturas policromadas en relieve

6. *Ella*: la hija de Marcelino

   sí: Sí sabe

   sus: de padre e hija

   habían alcanzado: los *homo sapiens*

   su: de los *homo sapiens*

   la chispa de la inspiración: ingenio artístico.

7. *ese impulso*: la chispa de la inspiración

   pintaron: los *homo sapiens*

   su refugio: la gruta donde vivían los *homo sapiens*

8. *Ese prodigio*: la creación de las pinturas rupestres

   llamado: el período

9. *se descubrieron*: las coetáneas cuevas francesas de Lascaux

10. *los eruditos*: los arqueólogos y los paleoantropólogos

    ambas grutas: la de Altamira de España y la de Lascaux de Francia

    eran: los autores

11. *amigo bastante pródigo*: el turismo, factor muy productivo y generoso

    las arcas públicas: los ingresos económicos del estado

estas regiones: la región cantábrica de España y la comarca de Les Eyzies de Francia

dependen: las dos zonas mencionadas de ambos países

el peor enemigo: el turismo

las: las pinturas rupestres

12. *las*: las cuevas

han tenido: las cuevas de España y de Francia

13. *las primeras*: las cuevas francesas

14. *la masiva concurrencia humana*: la afluencia de numerosos visitantes

15. *se inauguró*: una réplica de las Cuevas de Lascaux

16. *Se abrió*: la cueva de Altamira

17. *La emanación corporal humana*: el vapor producido por el aliento y la transpiración

lo: la emanación corporal humana había cambiado el grado de humedad y la temperatura ideales

18. *enfermas*: las pinturas

corrían: las pinturas

se cerraron: las pinturas

19. *va a pasarse por alto*: el hecho

nacional: español

20. *la noche de los tiempos*: la época prehistórica inmemorial

21. *desaparecido*: el incentivo de Altamira

el incentivo de Altamira: el atractivo de sus maravillosas pinturas rupestres

22. *latitudes más soleadas*: el sur de España, por ejemplo Andalucía

23. *se ha hecho necesaria*: la clonación

ellas: las cuevas con pinturas rupestres

24. *Saben*: unas 90.000 personas de todo el mundo

podrán: unas 90.000 personas de todo el mundo

se limitarán: unas 90.000 personas de todo el mundo

25. *les*: a los visitantes procedentes de todo el mundo cada año

servirá: una réplica exacta

esa premisa: que una réplica exacta les sirva de consuelo a los visitantes

se han iniciado: las obras de la réplica de Altamira

26. *este proceder*: clonar grutas con sus pinturas rupestres para poner las réplicas al servicio turístico y de esta manera proteger las originales

aquellas: las naciones poseedoras de rico patrimonio histórico

producen: el turismo y otras industrias

27. *determina*: este modo irresponsable de dar prioridad al lucro en detrimento del patrimonio cultural

    esas actividades económicas: el turismo y las industrias puestas a su servicio aprovechando el atractivo del patrimonio cultural

28. *se reciben*: noticias lamentables

    revelan: noticias lamentables

    se vienen produciendo: el imparable deterioro, incluso, la alevosa destrucción de monumentos históricos

29. *se informa*: *impersonal*

    fue: ver cómo avanzaban estos mastodontes mecánicos dejando tras sí una estela de antiquísimos objetos funerarios de inestimable valor histórico, artístico y científico, hechos añicos

    estos mastodontes mecánicos: los enormes buldóceres

    sí: estos mastodontes mecánicos

    hechos añicos: los objetos funerarios

30. *Esto*: cómo avanzaban estos mastodontes mecánicos dejando tras sí una estela de antiquísimos objetos funerarios de inestimable valor histórico, artístico y científico, hechos añicos

31. *Es sabido*: que los vestigios culturales —sean materiales, sean espirituales— que han legado los antiguos forman importante parte de la memoria histórica de un pueblo, una voz que se encarga de recordarle constantemente quién es, de dónde viene y adónde va.

    han legado: los antiguos

    forman importante parte: los vestigios culturales

    le: al pueblo

    es: el pueblo

    viene: el pueblo

    va: el pueblo

V. Marque con una √ la/s interpretación/es que corresponda(n) a la parte en cursiva.

1. A. 1), B. 2)	2. A. 2), B. 3)	3. A. 1), B. 1)	4. 1)
5. 1)	6. 2)	7. A. 1), B. 2)	8. 3)
9. 3)	10. 1)	11. 3)	12. 2)
13. 2)	14. 1)	15. A. 2), B. 3)	16. 2)

VI. Teniendo en cuenta el contexto, sustituya la parte en cursiva por una expresión sinónima que aparece en el texto motivador de esta unidad.

1. Al oír, de lejos, las exclamaciones *alborozadas* de los arqueólogos, supuse que habían descubierto algo de importancia.

2. El galopante y visible deterioro de las pinturas rupestres *alertaron* a los expertos.

3. Ante aquellas esculturas de extraordinaria belleza, los prehistoriadores comprendieron que estaban *asistiendo a* una creación artística genial del paleolítico superior.

4. La amplitud de aquella gruta llena de estalactitas y estalagmitas *asombró* a los visitantes.

5. *La ganancia* de la empresa es suficiente como para ir mejorando las condiciones de trabajo de su personal.

6. Mi abuelo no poseía mucha riqueza, pero era una persona *pródiga*, siempre dispuesta a ayudar a sus amigos necesitados.

7. La economía de esa región dependía casi *totalmente* de los ingresos del turismo.

8. *La afluencia* masiva de turistas ha acelerado el deterioro de numerosos monumentos antiguos.

9. Varios templos budistas y taoístas *se han clausurado* porque necesitan una reparación exhaustiva.

10. Las primeras clonaciones de animales tuvieron una existencia brevísima, pero eso no *desalentó* a los experimentadores.

VII. Una las dos oraciones simples yuxtapuestas en una compuesta.

1. Viendo a la gente de esa ciudad paseando por las calles, da la impresión de que nos hallamos en un muestrario de razas.

2. Se ha comprobado la hipótesis de que los pobladores primitivos del país provienen de diferentes partes del mundo.

3. Los científicos han llegado a la conclusión de que el deterioro del medio ambiente conducirá a grandes desastres.

4. Recibimos la noticia de que alguien había revelado lo que habíamos procurado mantener oculto durante mucho tiempo.

5. No me explico tu ambición de que todo el mundo te obedezca absolutamente.

6. No nos dejaba dormir tranquilos el temor de que el niño se hubiera extraviado en el bosque.

7. Nos admiraba su seguridad de que la conferencia se inauguraría sin mayores dificultades.

8. Los prehistoriadores nunca han perdido la esperanza de que aquella incógnita se descifre algún día.

9. Humberto seguía con la sospecha de que en aquella caverna se guardaban algunos objetos funerarios antiguos de inestimable valor histórico.

10. Al cabo de muchos años, cuando regresamos al pueblo, nos dio la impresión de que en él no se había alterado nada.

VIII. Complete las oraciones con una subordinada complementaria de sustantivo. 略。

IX. Complete las oraciones con las palabras que se dan a continuación.

1. Nos extrañó su *sospecha* de que le ocultábamos algo.

2. La *idea* de que el hombre puede explotar los recursos naturales sin control no me parece nada correcta.

3. No está todavía comprobada del todo la *hipótesis* de que los aborígenes americanos tuvieran ascendencia asiática.

4. Sufría por el *temor* de que alguien revelara lo que él había hecho en forma oculta.

5. Diciendo eso, se marchó dejándome con la *duda* de si estaba o no de acuerdo.

6. Se valió de aquel ardid con el *propósito* de que el juez no lo declarara culpable.

7. Fabio insistió en hacer lo que se proponía a *riesgo* de que le echaran del equipo.

8. No nos convence en absoluto tu *conclusión* de que la única solución para la crisis económica consiste en impulsar un vertiginoso avance tecnológico.

9. Si no se acelera el proceso de utilizar energías alternativas, no solo se correrá el *peligro* de que la contaminación medioambiental se vuelva algo irreversible, sino también de que dentro de poco se agoten los combustibles fósiles.

10. Viendo la cara que puso mi sobrina al escucharme, daba la *impresión* de que no se alegraba nada de la noticia que le había traído.

11. ¿No crees que existe la *posibilidad* de que el director renuncie a su cargo antes de que termine el año?

12. Teníamos la plena *convicción* de que el rendimiento de la empresa mejoraría con creces si se sustituía el equipo obsoleto por instalaciones tecnológicamente avanzadas.

X. Sustituya la parte en cursiva por un adjetivo (o participio) o adverbio sinónimos, según convenga.

1. La pobre niña *huérfana* se quedó con nosotros.

2. El juez exigió al testigo que se explicara *más claramente*.

3. Tuve que correr *más rápido/rápidamente* para alcanzar a mis compañeros.

4. Su tía era una mujer *cariñosa*.

5. Llegaron todos a casa *cansados*.

6. Los dos amigos se comunicaban *frecuentemente* por correspondencia.

7. Fue una temporada *muy lluviosa*.

8. La campesina nos recibió *amablemente*.

9. El español *peninsular* es un poco diferente al de América Latina.

10. Todos nos quedamos escuchándolo *pacientemente*.

XI. **Ejercicios del léxico.**

A. **Complete las siguientes oraciones utilizando las siguientes voces.**

1. Nos *ha asombrado/asombra* que tú, un solterón empedernido, hayas decidido adoptar a esa niña africana huérfana.

2. Los habitantes de la zona estaban en contra de que una multinacional explotase sus recursos minerales, porque sabían que eso no les *favorecería* en nada.

3. La posibilidad de aumentar el beneficio de la empresa *depende* de múltiples factores objetivos y subjetivos.

4. ¿No les parece *asombroso* el hecho de que se hayan fabricado materiales de construcción de alta calidad utilizando desechos industriales?

5. Todo el país se quedó escandalizado cuando *se desveló* el secreto del vertiginoso enriquecimiento de esa gente vinculada a la alta burocracia.

6. No se preocupe, señor ministro. Ya está *comprobada* la eficacia del nuevo dispositivo.

7. No te imaginas el *asombro* que manifestó el público al ver con sus propios ojos la mutación que habían sufrido aquellas plantas expuestas a radiaciones cósmicas.

8. La *comprobación* del trastorno en la composición atmosférica inquietó a todo el mundo.

9. Nadie podía negar que era realmente *lamentable* la situación del país en cuanto al suministro de artículos de primera necesidad.

10. Ni siquiera una calculadora electrónica es *suficiente* para efectuar una operación matemática tan complicada.

11. Señora rectora, en relación al nuevo proyecto, no creo que se pueda *pasar por alto* el problema financiero.

12. El primer ministro *declaró* que titulares de varios organismos gubernamentales habían renunciado a sus cargos.

13. Todos sabíamos que el abuelo tenía un cáncer terminal, pero procurábamos *ocultárselo*.

14. ¿Crees que el hombre es capaz de desvelar todas las incógnitas *ocultas* en el Universo?

15. La empleada de la oficina de correos me dijo: "Siento no poder entregarle el paquete de libros sin que usted me muestre el *comprobante*."

B. Rellene los espacios en blanco con la forma simple o pronominal de los verbos que se dan a continuación.

1. ¿Recuerdan ustedes en qué año *se declaró* Cuba independiente de España?

2. *Asombró* a todos los presentes la precisión del resultado que sacó la niña tras un rápido cálculo mental multiplicando cifras de decenas de dígitos.

3. El notable progreso del hijo sirvió de gran consuelo a sus padres, que no habían dejado de *desvelarse* por él.

4. ¿Sabes por qué los EE. UU. no le *declaró* la guerra a Japón hasta 1942?

5. Aquel experimento tenía por objeto *comprobar* la posibilidad del aprovechamiento de la energía geotérmica.

6. Al ver que el enorme bisonte se lanzaba sobre ella, la loba retrocedió tratando de *ocultarse* detrás de una peña.

7. Los científicos iniciaron una intensa investigación procurando *desvelar* la causa que había producido aquel extraño fenómeno atmosférico.

8. No entiendo por qué en tu discurso *has pasado por alto* el galopante deterioro medioambiental de nuestra zona.

9. ¡Cómo se pudo/se ha podido *pasar por alto* el imparable aumento del desempleo en la reunión de los ministros!

10. El gobierno local hizo todo lo posible por *ocultar* la misteriosa desaparición de decenas de jóvenes de uno y otro sexo en aquella región desértica.

11. Por fin *se comprobó*, con el descubrimiento de unos objetos funerarios, la existencia de una tribu nómada que llevaba, hace miles de años, en aquella extensa estepa, una vida trashumante.

12. Los turistas *se asombraron* cuando el guía les dijo, mostrándoles las figuras de la cueva, que eso era una prueba de que el *homo sapiens* había alcanzado un grado evolutivo bastante elevado.

C. Al escuchar la perífrasis, diga el vocablo o expresión correspondientes.

1. alarma　2. alertar　3. allanar　4. alterar　5. autóctono

6. ávido　7. cazar　8. clausurar　9. desalentar　10. premisa

XII. **Conjugue los infinitivos que están entre paréntesis en el tiempo y la persona correspondientes.**

Querida amiga:

Ha de disculparme por llamarla así, y por ocuparle su tiempo, pero *tenía* que hablar con alguien. *Perdone* el atrevimiento; la *vi* ayer en la televisión y *pensé*: ella me *entenderá*, se le *nota* en la cara que me *ha* de entender. Y por eso le *escribo*, ¡*tengo* tanta necesidad de desahogar con alguien esta pena que *llevo* dentro! Y no *tengo* con quién. Con mis hijos, que lo *comprenderían*, no *debo* hablar. Y los demás, mis amigas y la gente que *conozco*, *se pondrían* a criticarme y a hablar mal de mí, y al final de mi vida *vendría* a encontrarme igual que al comienzo.

Yo *nací* y *me crié* en una aldea gallega, en la montaña. No *sé* si usted *sabe* lo que *es* vivir allí, o lo que *era*, porque ahora un poco mejoraron. No *había* más luz que la del cielo, ni más agua que la que *sacábamos* del pozo. Una cocina de piedra, una cama de tablas con un colchón de paja, porque la lana de las ovejas *se vendía* para comprar de comer, y las vacas y los cerdos allí mismo, personas y animales revueltos en aquella choza llena de goteras, con el piso de tierra siempre encharcado... ¡Aquello no *era* vida!

(*Solo pienso en ti*, Mini Letras, Marina Mayoral, pp.14-15,

H Kliczkowski, Madrid, 2001)

XIII. **Dictado.**

录音（**Transcripción**）

La caverna de Altamira se halla a 30 kilómetros de Santander, norte de España. Dentro de ella se conservan, hasta hoy día, preciosas pinturas rupestres, que crearon genios del arte de la época neolítica, trabajando en postura arrodillada y a la luz de unas antorchas. Las imágenes representan muy variados animales prehistóricos, tales como bisontes, ciervos, jabalíes, entre muchos otros.

Esta joya prehistórica la descubrieron, en 1879, por casualidad, un paleontólogo aficionado y su hija, los cuales tardaron mucho en ser reconocidos oficialmente como los primeros descubridores.

Desde que se abrió al público en 1917, han venido empeorándose las condiciones medioambientales dentro y fuera de la gruta, lo que ha provocado graves deterioros en las pinturas rupestres. En vista de eso, el gobierno español ha decidido construir una gigantesca réplica de la cueva para evitar la desaparición definitiva de ese prodigio que han legado sus antepasados primitivos.

XIV. Escuche la grabación y luego haga una versión oral resumida.

录音（**Transcripción**）

Un árabe se acercó con su borrico (驴) a una posada, porque sabía que los viajeros alojados ahí tenían que atravesar, al día siguiente, un extenso desierto inhóspito (不宜居住的). A lo mejor, alguno de ellos deseaba alquilar el animal para aliviar un poco el arduo recorrido.

Efectivamente, apenas llegó a la puerta de la casa, cuando un hombre le hizo señal para indicarle que quería hablar con él. Le preguntó si podía utilizar su burro para cruzar el desierto prometiéndole un buen pago. Accedió muy gustoso el árabe y se hizo el trato.

Muy de madrugada, para aprovechar al máximo el fresco matutino, los dos se pusieron en camino. Claro, el señor que había alquilado el asno iba montado mientras su dueño caminaba a trote al lado. Y así anduvieron un buen trecho hasta que el sol comenzó a quemar implacablemente. Entonces, el viajero propuso tomar algún descanso, lo que se apresuró a obedecer el árabe.

Como en el desierto no se veía ni una raquítica planta que les tapara siquiera un poco el sol, el viajero se contentó con acurrucarse (蜷缩) en la precaria sombra que dejaba el borrico estoicamente (坚忍地) parado encima de la arena ardiendo. Viendo eso, el árabe, achicharrado (烘，烤), no pudo aguantar más y se le ocurrió una idea. Tomó la brida (缰绳，笼头) haciendo que el burro diera algunos pasos adelante. Ahora era él quien disfrutaba de aquella frescura apenas perceptible dejando al otro totalmente expuesto al despiadado astro.

Una violenta disputa no se hizo esperar. Uno argumentaba que al alquilar el burro también tenía derecho a su sombra, pero el otro replicaba diciendo que él solo alquilaba el animal y no su sombra. Finalmente, los dos llegaron a las manos. El alboroto asustó al borrico, que huyó de ahí al galope.

Los dos contrincantes (对手) se quedaron sin cabalgadura y sin sombra.

XV. Trabajos de casa.

3. Traduzca al español las siguientes oraciones:

1) La voz de alarma para advertir del grave deterioro del medio ambiente todavía no resulta suficiente para alertar tanto a los gobiernos como a la población en general.

2) Como los turistas, con sus emanaciones corporales, fueron alterando la temperatura y el grado de humedad de la caverna, habían comenzado a crecer minúsculos hongos muy perjudiciales a la conservación de la pintura rupestre.

3) La heroína dijo a sus verdugos que prefería morir de pie a/antes que vivir de rodillas.

4) Las personas ávidas de enriquecerse culturalmente suelen ser lectores voraces.

5) Pronto se va a clausurar la exposición del arte hispanoamericano. Hemos de visitarla esta misma tarde.

6) No estoy de acuerdo con tu conclusión de que la nueva política favorezca a la mayoría de la población.

7) Avísame una vez tomada la decisión definitiva.

8) Según tú, ¿cuáles son las condiciones idóneas para la conservación de estas joyas prehistóricas?

9) Todavía no se ha inaugurado el ciclo de conferencias sobre la situación actual de los países latinoamericanos.

10) Tu error consiste en la falta de sensibilidad frente al dolor ajeno.

第十五课

课文参考译文

危险的改造

（根据埃娃·萨拉韦特的同名文章改编，刊载于《改革16》杂志，1996年12月16日，第1307期）

晚熟的番茄、能抵抗除草剂的大豆、自带杀虫细菌的玉米、分泌母乳的奶牛、快速癌变的老鼠、生长在北方的热带作物、能在盐碱地生长的可食用植物……这些东西都不是科学幻想，是所谓基因工程的产物。

基因工程为研究、预防和治疗疾病打开了新局面，但它的发展可能远不止于此。科学家可以用这些技术改善作物的特性、培育能抵御病虫害或能在盐碱地、寒冷气候等恶劣条件下生长的新品种。然而，想当救世主没有这么简单。假如一些公司把经济利益放在首位，忽视消费者的健康，会引起怎样的后果？从长远来看，无法预测基因改造对环境和人类健康造成的影响，生命有机体比一开始看上去要复杂得多，因此基因改造产生的意想不到的后果在短期内无法察觉。杀虫剂就是一个令人担忧的例子：多年来人们一直在研究杀虫剂对健康可能产生的影响。30年过后，科学家们终于认定DDT（双对氯苯基三氯乙烷）会损害人类的健康。最近三四年，人们发现某些杀虫剂能够模仿人体激素的功能，对人的生殖系统造成损伤。实际上，20世纪某个时期，世界上一些地区的男性精子数量明显减少，导致令人担忧的男性不育症出现。

基因污染同样危险。为增强植物的抗药性，人们对其进行基因改造，这些植物如果和其他种类的"杂草"杂交，产生的新品种可能会对除草剂有耐受性，这就是基因污染，它与人们进行基因改造的初衷背道而驰。想象一下这个场景：不管喷洒哪种农药，都无法消灭麦田、稻田和玉米地中与农作物争夺空间、水和营养物质的杂草。

连续两年，绿色和平组织都在揭露大型跨国公司的基因改造研究，要求制定国际公约，控制基因工程和向环境中释放经过基因改造的生物。据估计，这些转基因产品还没有足够的安全保障，并不能投放市场。同时，没有一位科学家能讲清楚它对环境的长期影响。

生态保护组织最担心的问题是这些"未来食品"所追求的"优点"背后，都隐藏着经济利益。在转基因产品研究上投资最多的跨国公司，恰恰都是化工公司，这些公司研发的转基因植物对它们生产的除草剂有抗药性。很显然，农民们如果使用了这些植物种子，就必须同时购买该公司生产的杀虫产品。这就意味着，除了能从转基因作物的专利注册中获利，这些公司还能确保继续销售杀虫剂产品。

这些公司还在研发能抵抗病虫害的作物，通过基因改造使植物产生杀死昆虫的毒素。比如，人们已经向一些可食用植物植入了能产生蝎子毒素或蜘蛛毒素的基因。通过这种方式，可以不再使用杀虫剂，这比传统的种植方式更有优势。然而，植物中的毒素同样可能对益虫和益鸟造成伤害，而且这些作物的最终目的是供人类食用，是否真的安全，仍然存在疑问。虽然有研究显示这些毒素不会损害人的健康，但如果过敏人群食用了这些作物，会不会产生未知的过敏反应？说到底，如果连昆虫都不愿碰这些食物，它们真的适合人食用吗？

总之，我们面临一个悖论。一方面，基因改造有许多优点，比如降低农产品价格、增加作物产量；然而另一方面，这种改造一旦失控，就会带来风险。

动物保护组织则对基因工程中越来越多使用动物进行实验感到非常忧虑。为了改变动物的大小、外形和生殖能力，人们对其进行基因改造，这可能增加动物患病的风险，造成其骨骼方面的问题，甚至造出名副其实的怪物。正因为如此，世界动物保护协会制作了一份报告，其中指出基因工程对动物和人有利有弊，建议制定法律并成立伦理道德委员会，控制相关研究和使用。同时，报告反对对动物实验进行专利注册。

尽管人们担心转基因食品可能产生长期不良影响，但它的大规模市场化似乎已无法阻挡。几天前，两艘满载转基因大豆的货船在巴塞罗那卸货。这些转基因大豆由美国一家跨国公司生产，抗某种除草剂。在销售这些大豆时，有人试图不在商标上注明它的来源，这个例子说明消费者很无助，大豆是各种食品的原料，从人造黄油、儿童食品到巧克力。

如果使用得当，生物技术可能成为人类历史上最重要的革命。然而一旦失控，它就会带来危险、造成混乱。《侏罗纪公园》的作者迈克尔·克里顿说过（《侏罗纪公园》是一部科幻作品，内容是由于使用了基因工程技术，恐龙得以复活）："很明显，每一位从事基因研究的人都参与了生物技术的市场化。客观公正的旁观者不存在。所有人都带着利益入局。"

练习参考答案

I. **Siguiendo la grabación, lea el siguiente poema.**

略。

II. **Conjugue los siguientes verbos en todas las personas, modos y tiempos indicados.**

略。

III. **Escuche las preguntas sobre el texto y contéstelas oralmente en español.**

录音（**Transcripción**）

1. ¿Qué resultados prácticos ha dado hasta el momento la ingeniería genética?

2. ¿Qué otras perspectivas promete todavía la ingeniería genética en medicina, en agricultura y en otros terrenos?

3. ¿Qué quiere decir *jugar a ser Dios*?

4. ¿Es la ingeniería genética una actividad meramente científico-tecnológica?

5. ¿Por qué es imposible predecir a muy largo plazo los efectos de la manipulación genética sobre el medio ambiente y la salud humana?

6. ¿Conoces algunos ejemplos que ilustren el hecho de que el avance de la ciencia y la tecnología puede dar resultados no deseables?

7. ¿Cómo se manifestó en el organismo humano —algunas regiones, durante un período del siglo XX— el efecto perjudicial que ejercían ciertos pesticidas?

8. ¿Por qué pudieron causar semejante daño esos pesticidas?

9. ¿Qué quiere decir *la contaminación genética*?

10. ¿Qué tipo de organización es *Greenpeace*? ¿Qué piensas tú sobre ella?

11. ¿Qué actitud adopta *Greenpeace* frente a la manipulación genética realizada por las grandes multinacionales?

12. ¿Qué es lo que más preocupa a las organizaciones ecologistas?

13. ¿Por qué son precisamente las empresas químicas multinacionales las que han invertido más dinero en la investigación de productos transgénicos?

14. ¿Qué ventaja les supone este proceder?

15. ¿Por qué medio pretenden estas empresas obtener cultivos resistentes a insectos y enfermedades?

16. ¿Qué ventajas y desventajas pueden presentar los productos así manipulados?

17. ¿Qué otros inconvenientes pueden tener si están destinados al consumo humano?

18. ¿Cuál es la paradoja a que nos enfrentamos en lo que se refiere a la manipulación genética?

19. ¿Qué es lo que temen las asociaciones defensoras de los animales?

20. ¿De qué manera tratan de controlar la situación?

21. ¿Puede citar un ejemplo de la indefensión de los consumidores?

22. ¿Cuál es el pro y el contra de la biotecnología?

23. ¿Por qué se dice que no hay observadores imparciales, por lo menos en lo tocante al tema de la ingeniería genética?

24. ¿Qué es lo que realmente impulsa la investigación genética?

答案（Clave）

1. Se han creado bastantes cultivos y animales con características moldeadas según la necesidad del hombre, como por ejemplo: tomates de maduración retardada, soja/soya resistente a herbicidas, maíz que contiene una bacteria pesticida para defenderse por sí mismo de posibles plagas, vacas que producen leche maternizada, ratones que desarrollan cáncer rápidamente, cultivos tropicales que crecen en el Norte, plantas comestibles que resisten la salinidad del suelo.

2. La ingeniería genética ha abierto nuevas perspectivas en la prevención y tratamiento de enfermedades, además de seguir creando nuevas especies de plantas resistentes a plagas o capaces de crecer en condiciones desfavorables en lo que se refiere a la calidad del suelo y adversidades climáticas.

3. Según creencias religiosas, fue Dios u otras deidades quienes crearon la vida y todo lo que existe en el mundo. Ahora, el hombre, mediante la ingeniería genética, se dedica a la misma creación haciendo que aparezcan nuevas especies de vegetales y animales. ¿Acaso los ingenieros genéticos no están jugando el mismo papel de Dios?

4. No, no siempre. Normalmente son las grandes empresas multinacionales las que están en condiciones de invertir en este tipo de investigación sumamente costosa, además, sin mucha garantía de seguro éxito. Es sabido de todos que lo que persiguen estas son, al fin y al cabo, un cuantioso lucro. De modo que se puede decir que, en muchos casos, el móvil económico es el que impulsa este tipo de avance científico-tecnológico.

5. Porque tanto el medio ambiente como los organismos vivos (plantas, animales, incluyendo al hombre) son sistemas complejos, en los que la leve modificación de una pequeña parte conlleva consecuencias imprevistas para el conjunto. Estas influencias, además, se suelen ir manifestando de manera paulatina y acumulativa. Es decir, se hacen notar muy lentamente durante decenas, incluso, centenas de años.

6. Por ejemplo, el daño que sufrieron tanto el medio ambiente como la salud humana debido a la amplia aplicación del pesticida llamado DDT, tardó 30 años en ser descubierto.

7. El efecto perjudicial que ejercían ciertos pesticidas en el organismo humano, en algunas regiones, se manifestó, concretamente, en la sensible disminución del número de espermatozoides que causó grave problema de esterilidad entre la población masculina.

8. Porque esos pesticidas son capaces de imitar el efecto de las hormonas humanas y producir daños en el sistema reproductor del hombre.

9. Veamos un ejemplo: es posible que las plantas genéticamente modificadas para ser más resistentes a los pesticidas, se mezclen con otros vegetales o malas hierbas que

se benefician de estas modificaciones genéticas para convertirse en plagas inmunes a los herbicidas. De modo que ninguna fumigación consigue exterminar las plantas nocivas que crecen en los trigales, arrozales, maizales y que les arrebatan a los cultivos espacio, agua y sustancias nutritivas. Es decir, la ingeniería genética puede contaminar el medio ambiente creando peligrosos enemigos de los cultivos provechosos para el hombre.

10. *Greenpeace* es una organización ecologista, dedicada a la protección del medio ambiente.

11. Esta organización manifiesta un gran recelo respecto a lo que vienen haciendo las grandes multinacionales, porque sus productos carecen de suficientes garantías para ser comercializados, ya que ningún científico es capaz de predecir el impacto que estos puedan tener sobre la salud humana como sobre el medio ambiente. Partiendo de esa premisa, *Greenpeace* exige un protocolo internacional que controle la ingeniería genética y la liberación en el medio ambiente de organismos modificados genéticamente.

12. Lo que más preocupa a las organizaciones ecologistas son los intereses económicos que se esconden tras la pretendida "bondad" de estos alimentos del futuro.

13. Porque estas empresas químicas multinacionales están aplicando el truco de "un tiro, dos pájaros". Veamos la cosa: dichas empresas comercializan las semillas de unos cultivos que, debido a la modificación genética, resultan ser resistentes solo a los herbicidas que ellas mismas fabrican. Eso significa que, si se utilizan los de otra procedencia, estos matan al mismo tiempo las malas hierbas y los cultivos. De modo que los campesinos que han comprado sus semillas, se ven obligados a utilizar también sus herbicidas.

14. La ventaja es obvia: además de los beneficios que obtengan con las patentes de los nuevos cultivos transgénicos, está garantizado que se sigan vendiendo sus propios herbicidas.

15. Lo hacen por medio de introducir, en los cultivos de alimentos, sustancias tóxicas obtenidas de algunos insectos, por ejemplo, de escorpiones o arañas.

16. La ventaja consiste en evitar el uso de insecticidas, ya que por la toxina que contienen estos cultivos, los insectos dañinos ni los tocan. Pero, simultáneamente, se puede plantear una gran duda: un alimento que ni lo tocan los insectos, ¿será aconsejable que lo consuma el hombre?

17. Incluso, en el caso en que estos alimentos se demuestren inofensivos para la salud humana en general, ¿qué pasará con las personas alérgicas que consumen este tipo de alimento en los que se han introducido modificaciones cuyo efecto sobre su alergia desconocen?

18. Se trata de una enorme paradoja: por una parte, la manipulación genética tiene muchas ventajas; por ejemplo, su utilización en la agricultura abaratará los productos y permitirá obtener mayores rendimientos. Pero, por otra parte, conlleva riesgos si se realiza de forma incontrolada.

19. Las asociaciones defensoras de los animales se preocupan por la amplia utilización de animales en la experimentación biotecnológica.

20. Proponen crear leyes y comités éticos que controlen la investigación y su uso, al tiempo que se oponen a las patentes sobre animales.

21. En una ocasión, en Barcelona, se descargaron dos barcos de soja/soya manipulada genéticamente para hacerla resistente a un herbicida determinado, pero sin indicar su procedencia en la etiqueta. Es sabido que la soja/soya es materia prima de diferentes tipos de alimentos, desde margarinas hasta comidas infantiles o chocolates. Si los consumidores ni siquiera conocen su procedencia e ignoran que ha sido genéticamente modificada, ¿cómo van a poder tomar opciones preventivas para protegerse de posibles daños?

22. La biotecnología podría ser la revolución más importante de la historia de la humanidad si se utiliza correctamente, pero puede conducir a un peligroso caos si se escapa de las manos.

23. Porque, desgraciadamente, en este mundo, lo que prima son intereses económicos y muchas veces es la necesidad del lucro la que determina qué se piensa y cómo se piensa.

24. Es el afán de lucro el que impulsa la investigación genética.

IV. Diga a qué se refiere la parte en cursiva, y en caso de que sea verbo, cuál es su sujeto. Todas las oraciones son del texto.

1. *sí mismo*: el maíz
2. *se denomina*: ingeniería genética
3. *su*: de las enfermedades

4. *sus*: de la ingeniería genética

    es: utilizar estas técnicas para mejorar los cultivos y crear nuevas especies resistentes a plagas o capaces de desarrollarse en condiciones adversas (tierras salinas, climas fríos, etc.)

    capaces: nuevas especies

5. *es*: jugar a ser Dios

6. *parecían*: los organismos vivos

    se pueden: efectos inesperados

    se hacen: efectos inesperados

7. *se han estudiado*: sus posibles efectos sobre la salud

8. *tuvieron*: 30 años

    se admitiera: *impersonal*

    se ha descubierto: la capacidad

9. *se detectó*: una sensible disminución del número de espermatozoides

    lo: se detectó una sensible disminución del número de espermatozoides

10. *lo*: un peligro añadido

    lo: que plantas modificadas genéticamente para ser más resistentes a los pesticidas, se mezclen con otras especies o malas hierbas que podrían beneficiarse de estas modificaciones genéticas y convertirse en plagas inmunes a los herbicidas

    se obtiene: el efecto contrario al deseado

    el deseado: el efecto

11. *Imagínense*: ustedes (los lectores)

    les: a los cultivos

    arrebatan: las plantas nocivas

12. *Se estima*: *impersonal*

13. *estos productos*: los productos genéticamente modificados

14. *dichas empresas*: las mismas empresas multinacionales

15. *estas*: las empresas multinacionales

    sus: de las empresas multinacionales

16. *Esto*: que los campesinos que utilizan las semillas que estas empresas proporcionan, se ven obligados a comprar, al mismo tiempo, sus productos preventivos contra plagas

    obtengan: las empresas multinacionales

    los nuevos cultivos transgénicos: los genéticamente manipulados para ser resistentes justo a los herbicidas que venden las mismas empresas

    se aseguran: las empresas multinacionales

se sigan vendiendo: sus propios pesticidas

sus: de las mismas empresas multinacionales

17. *Estas compañías*: las mismas empresas multinacionales arriba mencionadas

    estas: las plantas

18. *se han utilizado*: genes de toxinas de escorpión o de veneno de araña

19. *Esto*: que se introducen sustancias tóxicas que tienen algunos insectos

    lo: que se evita el uso de pesticidas

    los métodos tradicionales: la utilización de pesticidas e insecticidas

20. *Estas toxinas*: las que tienen el escorpión y la araña

    estos cultivos: los transgénicos con venenos de algunos insectos

    plantea: el hecho de que estos cultivos estén destinados al consumo humano

21. *se demuestre*: *impersonal*

    consuman: las personas alérgicas

    los: alimentos

    se han introducido: modificaciones cuyo efecto sobre su alergia desconocen

    cuyo: de las modificaciones

    su: de las personas alérgicas

    desconocen: las personas alérgicas

22. *lo*: un producto agrícola

    él: un producto agrícola

23. *su*: de la manipulación genética

    abaratará: la utilización de esta tecnología

    permitirá: la utilización de esta tecnología

24. *conlleva*: la utilización de la misma tecnología

    se realiza: la utilización de la misma tecnología

25. *representa*: la ingeniería genética

26. *su*: del cuerpo

    puede: la manipulación genética

27. *manifiesta*: la Sociedad Mundial para la Protección de los Animales

    propone: la Sociedad Mundial para la Protección de los Animales

    controlen: leyes y comités éticos

    su: de la manipulación genética

    se opone: la Sociedad Mundial para la Protección de los Animales

28. *su*: de los alimentos transgénicos

29. *se descargaron*: dos barcos de soja manipulada genéticamente

   la: la soja/soya

30. *Se pretende*: *impersonal*

   la: la soja/soya

   su: de la soja/soya

31. *se utiliza*: la biotecnología

   se escapa: la biotecnología

32. *resulta*: que casi todos los que se dedican a la investigación genética también comercian con la biotecnología

V. **Parafraseando con sus propias palabras, explique el significado de la parte en cursiva.**

1. Mediante manipulación genética se ha introducido, en el gen del maíz, una bacteria capaz de rechazar el ataque de insectos nocivos y enfermedades, de modo que el mismo cultivo está provisto de su propia defensa sin necesidad de recurrir a insecticidas y pesticidas.

2. Las vacas producen leche con las mismas propiedades de la leche materna.

3. ... desarrollan cáncer de forma extremadamente rápida.

4. Cultivos tropicales que, tras haber sido modificados genéticamente, se han adaptado a la temperatura fresca e incluso fría de las zonas del norte.

5. Plantas que, gracias a la ingeniería genética, pueden crecer en tierras con un tipo de sal que impide el crecimiento de la mayoría de cultivos.

6. Todas las realizaciones de ingeniería genética ya existen en nuestra vida cotidiana; no son cosas que describen los escritores y producen los directores cinematográficos según sus imaginaciones personales.

7. Es una tecnología que permite manipular los genes de los seres vivos reordenándolos, combinándolos y cambiándolos de sitio para producir efectos nuevos.

8. Aparte de lo indicado, con la ingeniería genética, el hombre puede hacer realidad muchos otros inventos fuera de la imaginación humana.

9. No le es fácil pero el hombre pretende desempeñar el papel de Dios creando nuevas especies de animales y vegetales.

10. Puede ocurrir que algunas empresas, al dar más prioridad a sus intereses económicos, dejen de lado la salud humana y como resultado, esta resulte seriamente perjudicada con los productos conseguidos.

11. Ciertos pesticidas, al lograr un efecto semejante al de las hormonas humanas, consiguen

engañar al sistema inmunológico del hombre y penetrar en su organismo, en este caso, en el sistema reproductor masculino, al que terminan por debilitarlo e, incluso, destruirlo.

12. Plagas que se han beneficiado de la resistencia a los pesticidas, lograda por manipulación genética en ciertos cultivos, terminan por adquirir esta misma capacidad, es decir, ya no las puede matar ningún pesticida.

13. Se refiere al resultado totalmente contrario a lo que se esperaba con la manipulación genética, ya que ahora las malas hierbas llegan a ser igualmente resistentes a cualquier pesticida y comienzan a crecer prósperamente junto con los cultivos, quitándoles espacio, agua y sustancias nutritivas.

14. Los organismos modificados genéticamente, antes de comprobar que son inofensivos, han de encerrarse estrictamente en los laboratorios y no dejarlos desenvolverse libremente en el ambiente natural.

15. Cualquier producto, antes de entrar en el mercado, tiene que estar garantizado de su inocuidad, o sea, de que no haga daño ni al hombre ni al medio ambiente. Pero los productos que esas empresas pretenden comercializar carecen de esta garantía.

16. La influencia, normalmente negativa, de los productos transgénicos es imprevisible, y además, tarda mucho en hacerse sentir, de modo que ningún científico es capaz de prever este tipo de impacto.

17. En la propaganda, las multinacionales sostienen que los alimentos confeccionados con sus productos transgénicos como materia prima, tienen una serie de virtudes benéficas para la salud humana. Lo que pasa es que, si no mienten, por lo menos exageran, porque lo que realmente persiguen consiste en venderlos en la mayor cantidad posible y obtener, así, copiosas ganancias.

18. Como en los campos de cultivo, las malas hierbas crecen junto con los cultivos quitándoles espacio, agua y sustancias nutritivas, es inevitable recurrir a herbicidas para eliminarlas, con el inconveniente de que resulten matando también los cultivos. De modo que las multinacionales se dedican a desarrollar plantas transgénicas resistentes exclusivamente al pesticida que ellas mismas fabrican para obligar a los campesinos a comprar no solo las semillas de sus plantas transgénicas, sino también sus herbicidas.

19. (Ya está contestada en la respuesta anterior.)

20. Algunas empresas van, incluso, más lejos, introduciendo sustancias tóxicas en las plantas para hacerlas resistentes a insectos y enfermedades. De esta manera se puede prescindir del uso de herbicidas y pesticidas, lo que supone una evidente ventaja sobre los métodos tradicionales.

21. La introducción de toxinas propias de algunos animales como el escorpión y la araña en los cultivos, supone un grave peligro para la salud humana, ya que muchos de ellos son materia prima para fabricar alimentos.

22. La biotecnología puede tener dos resultados contradictorios: Si se desarrolla adecuadamente, contribuirá a abaratar los productos agrícolas y aumentar el rendimiento, pero conlleva, al mismo tiempo, notables riesgos si se escapa de las manos. ,

23. Las plantas transgénicas no necesitan la protección de herbicidas y pesticidas, lo que supone una sensible reducción de los costos de la producción agrícola. Por otra parte, al evitar ataques de insectos y enfermedades, los cultivos pueden crecer y madurar en condiciones óptimas, aumentando, así, el rendimiento.

24. La ingeniería genética solo puede desarrollarse mediante experimentaciones, en las cuales se recurre, en la mayoría de los casos, a diferentes animales, tanto para modificarlos genéticamente de acuerdo con el deseo del hombre, como para probar el efecto que puedan surtir en el humano las plantas alimenticias transgénicas. Esta es precisamente la preocupación de esas asociaciones.

25. Evidentemente, un cerdo, un cordero, un pollo, etc, que tenga cuerpo más grande, da mayor cantidad de carne. Sin embargo, es posible que el aumento de tamaño provoque cambios inesperados en el esqueleto, por ejemplo, haciéndolo más poroso, o cosas por el estilo. Todo eso puede conducir a muy variado tipo de enfermedades difíciles de prever. Además, ¿qué ocurriría si de la manipulación genética surgiesen monstruos, por ejemplo, escorpiones del tamaño de un cocodrilo y arañas tan grandes como un oso?

26. No están de acuerdo con hacer experimentos científicos con animales.

27. Ese afán de no poner en la etiqueta de qué productos transgénicos se trata, responde a la intención de que los consumidores no se enteren de eso, lo cual facilitaría su comercialización,

28. Resulta muy difícil, si no totalmente imposible, que consumidores comunes y corrientes, en su afán de protegerse de los posibles daños a que están expuestos si consumen alimentos producidos con materia prima transgénica, consigan informaciones sobre la procedencia auténtica de los productos que van a adquirir, lo cual quiere decir que se encuentran en una situación de total indefensión.

29. Quiere decir: si el hombre pierde el control sobre ella.

30. Ningún observador es objetivo, ya que sus intereses económicos les impiden ver las cosas con objetividad.

VI. **Conjugue los infinitivos que están entre paréntesis en el tiempo y la persona correspondientes.**

1. Resulta bastante preocupante el hecho de que los que se dedican a la investigación genética *comercien* también con la biotecnología.

2. Ya, en aquel entonces, nadie era capaz de negar el hecho de que la ingeniería genética *podría/podía* utilizarse tanto correctamente como con el riesgo de conducir a un peligroso caos.

3. Del hecho de que todos *tienen* intereses en juego se saca la conclusión de que no hay observadores imparciales.

4. En aquella ocasión, la prensa comentaba que el hecho de que las multinacionales *tratasen* de ocultar la procedencia de sus productos genéticamente modificados, probaba que los consumidores se hallaban totalmente indefensos.

5. El peligro consiste precisamente en el hecho de que *parece* ya inevitable la comercialización de los alimentos transgénicos a gran escala.

6. Hace mucho tiempo, las asociaciones defensoras de los animales comenzaron a llamar la atención sobre el hecho de que la investigación genética *exigía* cada día mayor cantidad de animales para su experimentación.

7. El hecho de que la manipulación genética *pueda* variar el tamaño del cuerpo, su forma o la capacidad reproductora del animal es, al mismo tiempo, beneficioso y peligroso.

8. En un principio, los científicos se mostraron muy optimistas frente al hecho de que la modificación genética *serviría* para aumentar el rendimiento agrícola y abaratar los productos alimenticios.

9. Nos puede dar a entender muchas cosas el hecho de que algunas empresas químicas *se dediquen* a desarrollar plantas transgénicas resistentes, precisamente, a los herbicidas que ellas mismas comercializan.

10. Plantea muchas dudas el hecho de que *se intente* introducir toxinas venenosas en las plantas para hacerlas resistentes a insectos y enfermedades.

VII. **Enlace las dos oraciones simples mediante *el hecho de que* y haga las correspondientes modificaciones que exija la transformación.**

1. El hecho de que los cultivos de alimentos con genes de toxinas de escorpión o de veneno de araña *sean* resistentes a insectos y enfermedades, supone una ventaja sobre los métodos tradicionales.

2. El hecho que siempre *hubiera* intereses económicos que se escondían tras la pretendida bondad de los alimentos del futuro, preocupaba a las organizaciones ecologistas.

3. El científico nos invitó a reflexionar sobre el hecho de que las multinacionales que más dinero han invertido en la investigación de los productos transgénicos *son* empresas químicas.

4. El hecho de que muchas de las plantas genéticamente modificadas que desarrollan esas empresas *sean* resistentes, precisamente, a los herbicidas que comercializan ellas mismas, supone que, además de los beneficios que obtengan con las patentes de los nuevos productos, garantizan que se sigan vendiendo sus propios pesticidas.

5. Los ecologistas ven una gran amenaza para la humanidad en el hecho de que no hay garantías suficientes para la comercialización de los productos transgénicos y no existe ni un solo científico que pueda asegurar su impacto sobre el medio ambiente.

6. El hecho de que Greenpeace *llevase* dos años denunciando la manipulación genética realizada por las grandes multinacionales y *exigiera* un protocolo internacional que controlase la ingeniería genética y la liberación de organismos modificados genéticamente al medio ambiente, demostraba su gran preocupación.

7. El hecho de que las plantas modificadas genéticamente *puedan* mezclarse con otras especies o malas hierbas haciéndolas inmunes a los herbicidas, constituye un peligro añadido.

8. Las posibilidades de la ingeniería genética van mucho más allá, además del hecho de que ya *ha abierto* nuevas perspectivas en la investigación de enfermedades y su prevención y tratamiento.

9. El hombre espera muchos beneficios del hecho de que *es* posible utilizar estas técnicas para mejorar los cultivos y crear nuevas especies resistentes a plagas o capaces de desarrollarse en condiciones adversas.

10. El hecho de que los organismos vivos *sean* más complejos de lo que parecían en un principio nos advierte que no es sencillo jugar a ser Dios.

VIII. Conjugue los infinitivos que están entre paréntesis en el tiempo y la persona correspondientes.

1. Se ha decidido instalar dispositivos de alta tecnología que *eviten* la alteración de las condiciones idóneas para la conservación de esas pinturas murales antiguas.

2. Yo sospechaba que, con el estado de ánimo en que se encontraba Joaquín, diría, en la reunión, algo que nos *desalentara* a todos.

3. Para proteger la gruta, el gobierno invirtió gran cantidad de dinero en la construcción de una réplica que la *sustituyese*.

4. Me temo que esa multinacional va a iniciar, en nuestra región, una desmedida explotación minera que *acabe* por destruir su equilibrio ecológico.

5. La opinión pública criticó al gobierno por no haber tomado ninguna medida que *contribuyese* a mejorar la vida de la población económicamente menos favorecida.

6. ¿Acaso no te dije que una administración equitativa y eficiente constituía la premisa para que la empresa *funcionara* adecuadamente?

7. Algunos científicos predijeron que, con esa temperatura y humedad, no tardarían en surgir unos hongos microscópicos que *causarían* irreparable daño a las pinturas rupestres.

8. ¡Es realmente indignante que no hubiera nadie que *pusiese* objeción a una resolución tan absurda!

9. Hace falta un conjunto de leyes que *impidan* que las empresas actúen a su antojo contaminando el medio ambiente.

10. Los trabajadores exigían al patrón una garantía que *asegurase* el ejercicio de sus derechos.

IX. **Traduzca al español las siguientes oraciones.**

1. Es cierto que mucha gente se niega a consumir productos transgénicos.

2. Le advertí al gerente de aquella empresa que era ilegal que iniciase su experimentación biotecnológica antes de conseguir la debida autorización y la patente.

3. Era natural que tus compañeros manifestaran sus dudas sobre el proyecto que pensabas llevar a cabo, porque carecía de una serie de garantías.

4. Aunque está comprobado que estos comestibles no son perjudiciales para la salud de la mayoría de personas, ¿puedes asegurar que no afectarán a los alérgicos?

5. No nos parece prudente que nuestro departamento invierta tanto dinero en una investigación que conlleva gran riesgo.

6. Le manifesté al director de la oficina mi preocupación por que fuese demasiado tarde cuando se detectaran los efectos negativos del experimento sobre el medio ambiente.

7. Te repito, es lógico/obvio que un producto que contiene tanta cantidad de sustancia tóxica sea nocivo para la salud humana.

8. Veo que tu hermano ha tomado una decisión muy acertada, por eso no creo correcto que te opongas a ella.

9. La opinión pública afirmaba que era justo que los consumidores exigieran que en la etiqueta se indicase la procedencia de los productos que se comercializaban en el mercado.

10. Ya en aquel entonces, estaba comprobado que esa sustancia química podía causar esterilidad masculina.

X. Ejercicios del léxico.

A. **Complete las siguientes oraciones utilizando, en forma adecuada, las siguientes voces.**

1. He hablado bastante sobre la importancia de la conservación de nuestro patrimonio cultural. *A fin de cuentas*, estoy en mi derecho. Además, ya es hora de controlar la masiva afluencia de turistas que acuden a los monumentos antiguos.

2. No me acuerdo quién *planteó*, en la reunión, la idea de inaugurar una exposición de arte prehistórico africano.

3. Lo primero que hará cualquier organismo vivo, por simple reacción biológica, será *resistirse* a morir, aunque sea sometido a la acción de una sustancia altamente radiactiva.

4. El pescador poseía una embarcación muy pequeña pero bastante *resistente* a los impactos de las olas.

5. Aparte de su alto rendimiento, este cultivo tiene otra ventaja *añadida*: evita la utilización de pesticidas y herbicidas.

6. ¿Por qué has tardado tanto en poner la *denuncia* del robo? Ahora, a la policía le costará atrapar al ladrón.

7. Llevamos años *denunciando* la contaminación del medio ambiente de la zona, producida por una empresa petroquímica, pero nadie nos ha hecho caso.

8. Un *notable* paleoantropólogo declaró que su equipo había descubierto, en una región desértica, algunos esqueletos bastante bien conservados de hace 70.000 años.

9. Aunque el gobierno *ha manifestado* su propósito de simplificar una serie de trámites burocráticos, todavía no hemos visto ningún resultado.

10. Un grupo de expertos se dedica a investigar la manera de *contener* el galopante deterioro de las pinturas rupestres.

11. En esta zona, las plantas tienen que *resistir* múltiples condiciones adversas, en lo que se refiere tanto al clima como al suelo.

12. Los visitantes se admiraban de los *notables* progresos que habían conseguido ellos en el área del aprovechamiento de energías alternativas.

13. Si crees que esa sonrisa es una *manifestación* de su buena voluntad, estás equivocado: sonríe cada vez que va a cometer una maldad.

14. No entendíamos qué *pretendían* ustedes con la formación de ese comité.

15. La vida sería mucho más cómoda si se consiguiese utilizar *a gran escala* esa tecnología.

16. Al verme visiblemente alterado ante aquel atropello, mi prima me tocó ligeramente la mano y me dijo: "*Contente*, no vayas a complicar la situación."

17. La *pretendida* generosidad de aquel tipo solo era una trampa: esa excursión pagada por él solo buscaba alejarnos para luego apoderarse de nuestras pertenencias.

B. Complete las oraciones, utilizando, en forma simple o pronominal según convenga, los siguientes verbos.

1. Los habitantes de la ciudad *se manifestaron/se han manifestado* masivamente para exigir la dimisión del alcalde incompetente y corrupto.

2. Cuando *se planteó* en la conferencia el problema de la prevención de enfermedades, muchos médicos notables del país aportaron importantes medidas prácticas.

3. *Me resisto* a creer que se pueda, mediante ingeniería genética, hacer reaparecer los dinosaurios.

4. Si quieres que el pastel tenga ese sabor que te gusta tanto, tienes que *añadir* a la masa un poco de margarina.

5. A todos nos pareció absurdo que un escritor que no poseía ni el más elemental conocimiento del tema, *pretendiese* escribir una novela de ciencia-ficción sobre la biotecnología.

6. En todos los medios de información *se denunció* la ilegal liberación, en el medio ambiente, de una especie de insecto genéticamente modificada.

7. La población *manifestó* su temor de quedar expuesta a una peligrosa radiación si se iniciaba aquella experimentación.

8. El caminante no pudo *resistir* más la fatiga y se dejó caer al suelo totalmente rendido.

9. Al mostrarme el catálogo, Araceli me dijo que los títulos escritos en cursiva eran los que *se añadieron* posteriormente.

10. Muchos consumidores *denunciaron* que el comerciante trataba de ocultar la procedencia de algunas mercancías que vendía.

11. Si los comestibles *contienen* esas sustancias químicas, pueden provocar alergia en un número no determinado de personas.

12. Al verse perdida entre la multitud, la niña no pudo *contenerse* y se echó a llorar y a gritar.

13. Nadie entendía qué era lo que *se pretendía* con modificar constantemente el letrero colgado encima de la puerta.

14. En el congreso, muchos participantes *plantearon* la necesidad de firmar un protocolo que controlase la comercialización de animales salvajes.

C. Al escuchar la perífrasis, diga el vocablo o expresión correspondientes.

1. abaratar	2. aconsejable	3. adverso	4. esqueleto	5. esterilidad
6. garantía	7. imitar	8. inmune	9. modificar	10. veneno

XI. Dictado.

录音（Transcripción）

Igual que muchos logros tecnológicos, la ingeniería genética también es una espada de doble filo. Si se desarrolla correctamente, es evidente que puede deparar muchos beneficios a la sociedad humana. En realidad, ya se han creado, mediante modificación genética, nuevas especies de cultivos dotados de diversas virtudes. Por ejemplo, algunos son inmunes a insectos y enfermedades, y no necesitan la protección de insecticidas y pesticidas. Todo esto implica una sensible elevación de rendimiento y un notable abaratamiento de los productos. Otros han adquirido capacidad de crecer en condiciones adversas, como el suelo salino, el clima frío, etc. Esta ampliación de adaptabilidad resulta, sin duda alguna, muy benéfica para la sociedad humana.

Sin embargo, este tipo de manipulación puede conducir a una situación complicada que podría ser un caos muy peligroso, lo que podría ocurrir si la operación se escapara de las manos. El riesgo está allí, sobre todo cuando priman los intereses económicos de algunas empresas. No hace falta enumerar todos los riesgos. Basta con señalar dos: la accidental creación de plantas y animales sumamente nocivos a la salud humana y la eventual contaminación genética que vuelva al medio ambiente de modo incontrolable, con consecuencias adversas al hombre.

XII. Escuche la grabación y luego haga una versión oral resumida.

录音（Transcripción）

Adolfo era un hombre de pocas luces y su mayor problema consistía en no saber comportarse adecuadamente en sociedad. Eso le tenía constantemente preocupada a Berta, su mujer, una mujer guapa e inteligente. Ella lo quería —eso nadie lo dudaba—, apreciaba en él, sobre todo, su rectitud y su honradez, pero le atormentaba su modo de conducirse cada vez que recibían invitados o salían los dos de visita.

En una ocasión, el matrimonio tenía que ir a casa de los padres de ella, o sea, los suegros de Adolfo. Berta había pasado toda la noche pensando en cómo evitar la escena que su marido, de seguro, armaría en la mesa con su habitual descontrol. Por fin se le ocurrió una buena idea.

Por el camino, la mujer fue dándole al hombre una serie de consejos. Por ejemplo, cómo tenía que saludar, tomar asiento, aceptar el té que se le ofrecía y por último, en el momento de servirse la comida en la mesa, él tenía que seguir las indicaciones que ella le daría en forma disimulada. Adolfo juró seguirlas al pie de la letra.

Una vez en la sala y tras las cortesías de rigor, Berta se metió de inmediato en la cocina con el pretexto de ayudar. Quería estar segura de que funcionaría la cuerda de nylón, fina y transparente que, antes, había atado, sigilosamente, al tobillo de su marido, mientras que ella sostenía el otro extremo en la mano. Pensaba tirar de la cuerda en los momentos oportunos, especialmente, cuando se trataba de controlar el modo y el ritmo con que su marido debía servirse la comida. Adolfo había aceptado seguir estrictamente los tirones de la cuerda.

Durante gran parte del almuerzo, los dueños de casa se admiraron de la corrección con que se comportaba el yerno, en especial, la moderación con que se servía cada bocado. Así transcurría la comida hasta que Berta tuvo que ir al baño y ocurrió algo imprevisto: la cuerda que llevaba en la mano se enredó en las patas de una gallina que, asustada, corría aleteando sin cesar por el pasadizo.

En la mesa, de repente, Adolfo, ante el asombro de sus suegros, se levantó y, al ritmo de los tirones de la cuerda, comenzó a lamer frenéticamente los platos sin parar y sin importarle a quién se los arrebatara ni que él mismo se ensuciara la ropa. Entre tanto, Berta, en su afán de recuperar la cuerda, perseguía a la gallina, que corría y volaba cada vez más aterrada...

XIII. **Rellene los espacios en blanco con las preposiciones o la forma contracta de preposición y artículo, según convenga.**

Bajan *por* unas escaleras estrechas *con* alfombras *de* color rojo. *Hacia* la mitad *de* la escalera, *en* un rincón, está el guardarropa. Eduardo, Perico y Natalia dejan allí sus cazadoras. Paloma prefiere llevarse la suya.

—No sé cómo puedes llevar puesta la chupa *con* este calor tan horrible.

—Me gusta tener algo encima: unos brazos, una sábana, un abrigo... Y, además, si voy *al* guardarropa, me parece que voy *a* quedarme en el mismo sitio *durante* toda la noche.

En la escalera todo es *de* color rojo. Parece que no tiene final. Abajo hay mucho humo y poca luz. Las personas que bajan *por* las escaleras adivinan, más que ven, los cuerpos *de* los que bailan. *En* el fondo todavía están colgadas las grandes cortinas que tenía el antiguo teatro.

Tocan una canción *de* Radio Futura. Juan y Luis se ocupan *de* acercarse *al* bar y traer las bebidas. Casi todos toman cerveza. Paloma prefiere tomar otro gintonic.

Luego empieza *a* bailar sola. No es la única chica que lo hace. Todo está lleno *de* jóvenes que se mueven *entre* luces de colores que no paran *de* girar.

(Fragmento de *Pánico en la discoteca*, Fernando Uría, p.17,

Santillana/Universidad de Salamanca, Madrid, 1991)

XIV. Trabajos de casa.

3. Traduzca al español las siguientes oraciones:

    1) Paseando por la calle, un ladrón me arrebató el celular de la mano.

    2) Tanto el profesorado como el estudiantado estaban en huelga y la Universidad era un caos.

    3) Estoy fascinado con la novela de ciencia-ficción.

    4) La policía todavía no ha detectado ninguna pista de aquel grupo de estafadores.

    5) La secretaria nos dijo que, de momento, no podía garantizarnos nada respecto a la entrevista con el señor ministro.

    6) Si te limitas a imitar el estilo de algunos escritores, por célebres que sean, nunca conseguirás crear algo original y propio.

    7) ¿Puedo sugerir algunas modificaciones que espero que haga usted en su texto?

    8) El tipo de expresiones, como las siguientes, se llama, en retórica, paradoja: *un vivo muerto, este fuego helado, hielo ardiente, voz que endulza su amargura.*

    9) Yo no soy ningún profeta y no puedo predecir el futuro de nadie.

    10) Los consumidores exigían que les informasen de la procedencia de aquellos productos.